発刊のことば

　当会の法律相談センター運営委員会は，昭和61年に「遺言問題法律相談ガイドブック」を発行し，その改訂版として平成5年に「相続・遺言法律相談ガイドブック」を発行しました。その後，平成11年に改訂版を発行しておりますが，以後，改訂や追加の出版は実施しておりません。

　上記各ガイドブックは，コンパクトに遺言相続についてまとめており，定評があったようですが，最終の出版から15年以上が経過しました。その間，民法改正，家事事件手続法の制定，さらには重要裁判例の出現等があり，全面的に改訂する必要があるところです。

　また，近年相続・遺言を巡る紛争は増加の一途をたどっており，弁護士が同分野における市民のニーズにしっかりと応えていく必要があります。

　そこで，上記の法律改正や裁判例等をもふまえて，相続・遺言事件に関して必要な知識を，幅広く，コンパクトにわかりやすくまとめた，「相続・遺言ガイドブック」を出版する次第であります。同ガイドブックが相続・遺言の問題を扱う弁護士の「ガイド」として，皆様の役に立つことを願って止みません。

平成28年2月

第二東京弁護士会

会　長　三　宅　　弘

目　次

第1編　相続・遺言と弁護士倫理

第1　利益相反の問題 ・・ 2

第2　遺言執行者と相続人との関係 ・・・・・・・・・・・・・・・・・・・・・・・・・・・・・・ 3

第3　後見人と相続人との関係 ・・・・・・・・・・・・・・・・・・・・・・・・・・・・・・・・・・・ 4

第2編　遺産分割

第1章　遺産分割手続の基本・流れ ・・・・・・・・・・・・・・・・・・・・・・・・・・・・・ 8

第2章　遺産分割の当事者（相続人等）の確定 ・・・・・・・・・・・・・・・・・ 27

第3章　遺産の範囲の確定 ・・・・・・・・・・・・・・・・・・・・・・・・・・・・・・・・・・・・・・・ 48

第4章　遺産の評価 ・・ 63

第5章　各相続人の取得額の算定①（全体像） ・・・・・・・・・・・・・・・・・ 72

第6章　各相続人の取得額の算定②（指定相続分と法定相続分） ・・・・・・・・・ 73

第7章　各相続人の取得額の算定③（特別受益） ・・・・・・・・・・・・・・・ 79

第8章　各相続人の取得額の算定④（寄与分） ・・・・・・・・・・・・・・・・・ 80

第9章　各相続人の取得額の算定⑤（具体的算定例） ・・・・・・・・・・・ 103

第10章　遺産分割の方法の決定 ・・・・・・・・・・・・・・・・・・・・・・・・・・・・・・・・ 107

第11章　遺産分割の瑕疵 ・・・・・・・・・・・・・・・・・・・・・・・・・・・・・・・・・・・・・・・ 112

第3編　遺言

第1　遺言能力 ・・・ 123

第2　遺言の方式（総論） ・・・・・・・・・・・・・・・・・・・・・・・・・・・・・・・・・・・・・ 124

第3　遺言の方式（普通方式） ・・・・・・・・・・・・・・・・・・・・・・・・・・・・・・・・ 126

第4　遺言の方式（特別方式） ・・・・・・・・・・・・・・・・・・・・・・・・・・・・・・・・ 132

第5　遺言の作成と遺言事項 ・・・・・・・・・・・・・・・・・・・・・・・・・・・・・・・・・・ 135

第6　遺言事項各論① ・・・ 138

第7　遺言事項各論②（遺贈） ・・・・・・・・・・・・・・・・・・・・・・・・・・・・・・・・ 146

第8　遺言の撤回,変更 ・・・・・・・・・・・・・・・・・・・・・・・・・・・・・・・・・・・・・・・ 149

第9　遺言の効力発生,探索・検認,解釈 ・・・・・・・・・・・・・・・・・・・・・・ 151

第10　遺言執行と遺言執行者 ・・・・・・・・・・・・・・・・・・・・・・・・・・・・・・・・・・ 153

第11　遺言の無効事由・遺言無効の主張方法 ・・・・・・・・・・・・・・・・・・ 162

第12　死因贈与 ・・ 164

第4編　遺留分

第1　遺留分 ･･ 169

第2　遺留分減殺請求権の成立（遺留分侵害額の算定） ･･･････････ 174

第3　遺留分減殺請求権の行使 ････････････････････････････････ 177

第4　遺留分減殺請求権行使の効果 ････････････････････････････ 183

第5　遺留分減殺請求権行使後の権利関係（共有関係解消） ･･･････ 187

第6　遺留分減殺請求権と時効 ････････････････････････････････ 189

第5編　家事事件手続法

第1　家事事件手続法の概要 ･･････････････････････････････････ 193

第2　調停手続・審判手続共通 ････････････････････････････････ 194

第3　審判手続について ･･････････････････････････････････････ 195

第4　調停手続について ･･････････････････････････････････････ 198

第6編　相続税

第1　相続税とは ･･ 203

第2　相続税の計算 ･･ 205

第3　財産評価 ･･ 212

第4　相続税の申告 ･･ 223

第5　相続税の納付 ･･ 228

第6　贈与税（暦年単位課税） ････････････････････････････････ 231

第7　相続時精算課税制度による贈与 ･･････････････････････････ 242

索引

用　語　･･ 245

判　例　･･ 249

凡 例

【主要法令略語】

民　　　　：民法

民訴法　　：民事訴訟法

民執法　　：民事執行法

家事法　　：家事事件手続法

家事規則　：家事事件手続規則

相法　　　：相続税法

国通法　　：国税通則法

【裁判例表示】

大：大審院

最：最高裁判所

高：高等裁判所

地：地方裁判所

家：家庭裁判所

支：支部

出：出張所

判：判決

決：決定

審：審判

【裁判例集表示】

大審院民集：大審院民事判例集

民録　　　：大審院民事判決録

民集　　　：最高裁判所民事判例集

集民　　　：最高裁判所裁判集民事

高民　　　：高等裁判所民事判例集

下民　　　：下級裁判所民事裁判例集

家月　　　：家庭裁判月報

判時　　　：判例時報

判タ　　　：判例タイムズ

訟月　　　：訟務月報

金融商事　：金融・商事判例

法学　　　：法学（東北大学）

【主要参考文献・略語】

（学術書）

・新版「注釈民法」(27) 補訂版

：谷口知平＝久貴忠彦編／新版注釈民法（27）相続（2）相続の効果　補訂版（有斐閣 2013）

・新版「注釈民法」(28) 補訂版

：中川善之助＝加藤永一編／新版注釈民法（28）相続（3）遺言・遺留分　補訂版（有斐閣 2002）

・基本法コンメンタール第5版「相続」

：島津一郎＝松川正毅編／基本法コンメンタール　第5版　相続（日本評論社 2007）

・新基本法コンメンタール人事訴訟法・家事事件手続法

：松川正毅＝本間靖規＝西岡清一郎編／新基本法コンメンタール人事訴訟法・家事事件手続法（日本評論社 2013）

・「家族法」（第4版）

：二宮周平著／「家族法」第4版（新世社 2013）

・民法（9）第4版増補版

：遠藤浩＝川井健＝原島重義＝広中俊雄＝水本浩＝山本進一編／民法（9）相続　第4版増補版（有斐閣 2000）

・民法3「親族法・相続法」

：我妻榮＝有泉亨＝遠藤浩／民法3「親族法・相続法」（頸草書房 2003）

（実務書）

・新版「遺産分割・遺留分の実務」

：片岡武＝菅野眞一編著／新版　家庭裁判所における遺産分割・遺留分の実務（日本加除出版 2013）

・「遺産分割（改訂版)」

：上原裕之＝髙山浩平＝長秀之編／遺産分割　改訂版（青林書店 2014）

・改訂版「遺産分割の理論と審理」

：井上繁規著／改訂版　遺産分割の理論と審理（新日本法規出版 2014）

・「遺産分割事件の処理をめぐる諸問題」

：田中壯太＝岡部喜代子＝橋本昇二＝長秀之著（司法研修所 1994）

・実務解説「相続・遺言の手引き」

　：東京弁護士会 相続・遺言研究部編／実務解説　相続・遺言の手引き（日本加除出版 2013）

・改訂・実務解説「遺言執行」

　：NPO 法人 遺言・相続リーガルネットワーク編著／改訂　実務解説　遺言執行（日本加除出版 2012）

（雑誌）

・「遺産分割事件の運営（上）」

　：東京家庭裁判所家事第 5 部（遺産分割専門部）著／判例タイムズ 1373 号　遺産分割事件の運営（上）（判例タイムズ社 2012）

・「遺産分割事件の運営（中）」

　：東京家庭裁判所家事第 5 部（遺産分割専門部）著／判例タイムズ 1375 号　遺産分割事件の運営（中）（判例タイムズ社 2012）

・「遺産分割事件の運営（下）」

　：東京家庭裁判所家事第 5 部（遺産分割専門部）著／判例タイムズ 1376 号　遺産分割事件の運営（下）（判例タイムズ社 2012）

・「東京家庭裁判所家事第 5 部における遺産分割事件の運用」

　：小田正二＝山城司＝小林謙介＝松川春佳＝上野薫＝長門久美子著／判例タイムズ 1418 号「東京家庭裁判所家事第 5 部における遺産分割事件の運用」（判例タイムズ 2016）

・「遺言無効確認請求事件を巡る諸問題」

　：東京地方裁判所民事部プラクティス委員会第二小委員会著／判例タイムズ 1380 号　遺言無効確認請求事件を巡る諸問題（判例タイムズ社 2012）

・「相続調査（前編 相続人調査）」

　：田島潤講演／二弁フロンティア 2014 年 12 月号　相続調査〜相続財産と相続人の調べ方（前編 相続人調査）（第二東京弁護士会 2014）

・「相続調査（後編 相続財産調査）」

　：田島潤講演／二弁フロンティア 2015 年 1・2 月号　相続調査〜相続財産と相続人の調べ方（後編 相続財産調査）（第二東京弁護士会 2015）

・「本当は怖い遺留分（前編）」

　：湊信明講演／二弁フロンティア 2015 年 5 月号　本当は怖い遺留分（前編）（第二東京弁護士会 2015）

・「本当は怖い遺留分（後編）」

：湊信明講演／二弁フロンティア 2015 年 6 月号 本当は怖い遺留分（後編）（第二東京弁護士会 2015）

第1編
相続・遺言と
弁護士倫理

【目次】

第1　利益相反の問題
第2　遺言執行者と相続人との関係
第3　後見人と相続人との関係

遺言・相続に関連してよく問題となるのが，

> 「第1　利益相反の問題」
> 「第2　遺言執行者と相続人との関係」
> 「第3　後見人と相続人との関係」

の3つである。ここでは概説にとどめ，詳細は「解説弁護士職務基本規程第2版」（日本弁護士連合会倫理委員会編著）66頁以下（なお，81頁以下に「利益相反に関する諸問題」として詳細解説あり）に当たられたい。

第1　利益相反の問題

1　問題の所在

相続人が複数の場合，弁護士が複数の相続人から相談を受け，受任をすることはあり得る。しかし，遺産分割は，いわば一つのパイを相続人が分け合う関係にあるものであるから，相談や受任時は問題がなくとも，その後相続人間で利害対立が生じ，利益相反の問題（弁護士法25条，弁護士職務基本規程27条，28条違反）が生じうる。遺留分減殺請求においても同様の問題が起こりうる。

2　相談時

(1)　ポイント

複数の相続人からの相談を打診され，相続人間の利害対立が不明である場合，ひとまずは1名からのみの相談にとどめ他の相続人からの相談を拒否する，あるいは，複数の相続人の相談を受けた場合は，相続人間に利害対立が生じる場合，いずれの相続人からも受任できなくなることを事前に説明すべきである。

(2)　解説

相続人が複数揃って同一の弁護士に遺産分割の相談に来ることはよくある。しかし，相続人間に利害対立があるかどうかが不明な場合，複数の相続人から同時に相談を受けることは利益相反のリスクがある。実際に利害対立がある場合，一方の相続人からの相談が「相手方の協議を受けて賛助した事件」（弁護士職務基本規程27条1号）にあたり，他方の相続人からの相談や依頼を受けられないという事態も生じうる。

3　事件受任時

(1)　ポイント

依頼者それぞれに対して，利害対立が生じた場合は全員から辞任することとなり，一部の相続人のみの代理人となることはできなくなることその他不利益を及ぼすおそれがあることを説明すべきである。

(2) 解説

弁護士は，同一の事件について複数の依頼者があってその相互間に利害の対立が生じるおそれがあるときは，事件を受任するに当たり，依頼者それぞれに対し，辞任の可能性その他の不利益を及ぼすおそれのあることを説明しなければならない（弁護士職務基本規程 32 条）。

4 受任中

(1) ポイント

受任中に利害対立が発生した場合，依頼者それぞれにその事情を告げて，辞任その他の事案に応じた適切な措置をとらなければならない。

(2) 解説

弁護士職務基本規程 42 条。利害対立が生じた場合，全員から辞任するのが原則である。これは，守秘義務に起因するものであり，受任時に知り得た秘密を用いてその後の業務を遂行するおそれがある以上，一部の相続人からの受任のみを続けることは許されないと考えられているからである。

なお，遺産分割調停においては，利害対立が生じない場合であっても，遺産分割成立時には一方の代理人から辞任するのが原則である（例外的な取り扱いもある）。

第2 遺言執行者と相続人との関係

1 問題の所在

弁護士が遺言執行者となった場合において，遺留分減殺請求など相続人間に遺言や相続財産等に関して紛争が生じた場合，遺言執行者となった弁護士は，一部相続人の代理人となれるかどうかが問題となる（「解説弁護士職務基本規程第 2 版」84 頁）。

2 ポイント

遺言執行が終了していない時点において，一部の相続人の代理人となるのは差し控えるべきであると言わざるを得ない。また，遺言執行が終了した後であっても，少なくとも当事者間に深刻な争いがあって，話し合いによる解決が困難な状況においては，遺言執行者に就任した弁護士が一部の相続人の代理人になることは，やはり差し控えるべきだ

ろう（「解説弁護士職務基本規程第2版」86頁）。

3　解説

　【日弁連懲戒委員会平18.1.10議決例集9-3】は，「遺言執行者は，特定の相続人の立場に偏することなく，中立的な立場でその任務を遂行することが期待されており，当事者間に深刻な争いがあり，話し合いによって解決することが困難な状況があった場合は，遺言執行が終了していると否とに関わらず，遺言と相続財産を巡る相続人間の紛争について，特定の相続人の代理人となって訴訟活動をすることは慎まなければならない。」と議決した。懲戒処分の取消訴訟である【東京高判平18.12.12判タ1283-30】は，請求を棄却し，上記議決が確定した。

4　補足

　なお，【日弁連懲戒委員会平27.10.20「自由と正義」2015年12月号99頁】は，上記議決を前提としつつ，「相続人間の相続を巡る紛争において，遺言執行者たる弁護士が一部の相続人の代理人となることは許されず，たとえ遺言執行行為が終了した後であっても，遺言執行者としての職務の公正さを疑わしめ，遺言執行者に対する信頼を害するおそれがあり，ひいては，弁護士の職務の公正さを疑わしめるおそれがあるため，懲戒処分を免れない場合もある。しかしながら，具体的事案に即して実質的に判断したときに，遺言の内容からして遺言執行者に裁量の余地がなく，遺言執行者と懲戒請求者を含む各相続人との間に実質的にみて利益相反の関係が認められないような特段の事情がある場合には，非行には当たらないと解すべきである。」と判断して，原弁護士会（単位会）の懲戒処分を取り消した。

第3　後見人と相続人との関係

1　問題の所在

　後見人として被後見人の財産管理をしていたところ，被後見人に相続が生じた場合，後見人弁護士が一部の相続人の代理人として遺産分割事件に関与することが許されるかが問題となる（「解説弁護士職務基本規程第2版」86頁）。

2　ポイント

　当該弁護士が後見人として知り得た事実を遺産分割において当該相続人に有利に利用しているのではないかという疑いを生じさせるおそれがある点を十分理解し，慎重な対応

をする必要がある。特に相続人間の対立が激しい場合は注意が必要である。

3 解説

　成年後見人の職務の中立性・公正性を害するとして，弁護士職務基本規程5条及び6条の誠実公正義務，品位保持義務の問題となる。

　この問題については，【日弁連懲戒委員会平25.2.12議決例集16-3】があり，成年後見人の職にあった者が一部の相続人の代理人となり，活動した場合に非行に該当するか否かについて問題とされる場合は，①成年後見中の行為について，善管注意義務違反や後見報告書の内容の不正不備が存し，一部相続人からの受任がそれを隠匿する目的である場合，②相続人間で争いとなった内容について，成年後見人でなければ知り得なかった事実を，依頼相続人のために利用するような場合であるとして，結論としては，原弁護士会（単位会）がなした懲戒処分を日弁連が取り消した。ただし，同議決には反対意見も付されていることには注意が必要である。

第2編
遺産分割

【目次】

第1章　遺産分割手続の基本・流れ
第2章　遺産分割の当事者（相続人等）の確定
第3章　遺産の範囲の確定
第4章　遺産の評価
第5章　各相続人の取得額の算定①（全体像）
第6章　各相続人の取得額の算定②（指定相続分と法定相続分）
第7章　各相続人の取得額の算定③（特別受益）
第8章　各相続人の取得額の算定④（寄与分）
第9章　各相続人の取得額の算定⑤（具体的算定例）
第10章　遺産分割の方法の決定
第11章　遺産分割の瑕疵

【遺産分割手続の全体像】

Ⅰ　遺産分割当事者（相続人）の範囲の確認
↓
Ⅱ　遺産の範囲の確定
↓
Ⅲ　遺産の評価
↓
Ⅳ　各相続人の取得額の計算
↓
Ⅴ　遺産の分割方法の決定
↓
Ⅵ　遺産分割の成立

第1章　遺産分割手続の基本・流れ

【目次】

第1　遺産分割手続の基本的な考え方
　　1　遺産分割調停・審判の流れ（段階的進行モデル）
　　2　遺言書・遺産分割協議書と遺産分割との関係
　　3　前提問題と付随問題
第2　遺産分割手続の流れ①（遺産分割協議）
　　1　遺産分割協議の当事者
　　2　遺産分割協議の時期
　　3　遺産分割協議の進め方
　　4　遺産分割協議書の作成
　　5　遺産分割の禁止
　　6　特別受益証明書（相続分不存在証明書）
　　7　専門職後見人からの相続財産の引継ぎ
第3　遺産分割手続の流れ②（遺産分割調停）
　　1　申立人
　　2　管轄
　　3　提出書類
　　4　調停記録について
　　5　運用の特徴
　　6　調停期日の運営
　　7　調停の終了原因
第4　遺産分割手続の流れ③（遺産分割審判）
　　1　管轄
　　2　遺産分割審判の開始原因
　　3　申立書類
　　4　記録の閲覧・謄写
　　5　先行する調停との関係
　　6　審判手続の内容
　　7　審理の終結日
　　8　審判日の指定
　　9　審判
　　10　不服申立

第1　遺産分割手続の基本的な考え方

1　遺産分割調停・審判の流れ（段階的進行モデル）

(1)　はじめに

　　遺産分割は，協議で行うことができるが，協議が整わない場合や協議をすることができないときは，家庭裁判所において遺産分割調停・審判により解決をすることになる（民907）。

　　遺産分割が常に協議で解決するとは限らないのであるから，遺産分割協議の相談を受けた場合であっても，その後移行しうる遺産分割調停・審判の運用を意識する必要がある。

　　この点，東京家庭裁判所は，遺産分割調停・審判を「段階的進行モデル」と呼ばれる方式で運用している。この段階的進行モデルの考え方は，遺産分割の問題を整理するうえで極めて有用であり，遺産分割協議を進める場合であっても，この考え方に従い分割協議を進めた方が合理的である。

(2)　段階的進行モデルとは

　　段階的進行モデルとは，①分割主体たる当事者（相続人）の範囲（I），②分割対象となる遺産の範囲・評価（II，III），③各相続人の取得額の計算（IV），④具体的な分割方法（V）について，順次，整理，確定の上，最終的な調停の成立又は審判によりその解決が図られる事件処理の方法をいう（「遺産分割事件の運営（上）」判タ1373-56，61参照」）。当該問題がどの段階か常に意識することが重要である。

【段階的進行モデル】

I　遺産分割当事者（相続人）の範囲の確認
　↓
II　遺産の範囲の確定
　↓
III　遺産の評価
　↓
IV　各相続人の取得額の計算
　↓
V　遺産の分割方法の決定
　↓
VI　遺産分割の成立

2 遺言書・遺産分割協議書と遺産分割との関係

　遺言書や遺産分割協議書によって処分が決まっている遺産は，原則として遺産分割の対象とならない。全ての遺産について遺言書や遺産分割協議において処分が決まっている場合，遺産分割の余地はないことになる。他方，遺言書や遺産分割協議書の対象となっていない遺産がある場合，当該遺産について遺産分割の対象になることになる。

　もっとも，遺言や遺産分割協議書によって遺産の処分が決まっている場合であっても，相続人全員（受遺者や相続分の譲受人を含む）の合意がある場合は遺産分割が可能である（※遺言執行者がある場合や遺産分割が禁止されている場合は議論の余地有り）。

　また，遺言書や遺産分割協議書の効力に争いがあるが，遺言書や遺産分割協議書の無効が訴訟にて確認できた場合や，効力についての争いにかかわらず相続人全員の合意が得られた場合には，争いがある部分の遺産についても，遺産分割調停・審判をすることは可能である。

【遺言書・遺産分割協議書と遺産分割の関係】

全ての遺産が遺言書・遺産分割協議書の対象

　【原則】遺産分割不可

　【例外①】相続人全員の合意がある場合遺産分割可

　【例外②】訴訟で無効となった場合当該部分について遺産分割可

一部の遺産のみ遺言書・遺産分割協議書の対象

　【原則】残余の遺産のみ遺産分割可

　【例外①】相続人全員の合意があれば全体について遺産分割可

　【例外②】訴訟で無効となった場合当該部分について遺産分割可

---

3 前提問題と付随問題

(1) はじめに

　遺産分割手続に関連して様々な法的な問題が発生するが，その法的問題のすべてが遺産分割調停・審判で終局的に解決できるものではなく，別途訴訟等の遺産分割調停・審判とは別個の手続きが必要な場合がある。

　また，遺産分割手続に関連する法的な問題の中には，当該問題が解決しないと遺産分割調停・審判を進めることができない前提問題と，当該問題が解決しなくとも遺産分割調停・審判を進めることができる付随問題がある。この前提問題と付随問題の区別も手続きの進行を考えるうえで重要である。

　前提問題　→解決しないと遺産分割調停・審判を進めることができない。

　付随問題　→解決しなくとも遺産分割調停・審判を進めることができる。

⑵ 前提問題

ア　前提問題とは

　　前提問題とは，最終的な遺産の分割をするための判断事項の中に含まれている訴訟事項及び審判事項で，遺産分割手続の進行にあたり，分割方法を定める前に解決しておかなければならない事項である（「遺産分割事件の運営（中）」判夕1375-67参照）。

　　前提事項について当事者間に合意が成立しなければ，そのまま遺産分割調停・審判を進めることはできず，いったん手続を取り下げたうえで，訴訟等で前提問題の結論を確定させてから改めて遺産分割調停・審判を申し立てることになる。

　　したがって，遺産分割調停・審判の進行を考えるうえで，前提問題が何か把握することは極めて重要である。

イ　前提問題の具体的内容

　　前提問題には，①相続人の確定の問題，②遺言の効力又は解釈の問題，③遺産分割協議の効力の問題，④遺産の帰属の問題がある（新版「遺産分割・遺留分の実務」51頁参照）。

㋐①相続人の範囲

　　相続人の範囲に争いがある場合，前提問題として解決しておかなければならない。具体的には以下の類型が考えられる。

　ⅰ　被相続人との身分関係を争うもの

類　型	具体的事由	終局解決手段
身分関係の形成に関する事項	婚姻取消，離婚取消，縁組取消，離縁取消，認知，認知の取消，嫡出否認など	訴　訟
相続人たる地位の形成に関する事項	推定相続人排除及びその取消	審　判
身分関係の確認に関する事項	婚姻無効，離婚無効，縁組無効，離縁無効及び親子関係不存在	訴　訟

　ⅱ　相続人の死亡に関する事項

類　型	具体的事由	終局解決手段
相続人の死亡に関する事項	失踪宣告及び取消	審　判

　ⅲ　遺産分割の当事者の資格を争うもの

類　型	終局解決手段
相続人欠格事由の存否	訴　訟
相続放棄，相続分譲渡の効力を争うもの	
推定相続人廃除を争うもの	審　判
包括受遺者であることを争うもの	訴　訟

㋑②遺言の効力や解釈

　　遺言の効力や解釈が争われる場合は，最終的には遺言無効確認の訴え等民事訴訟

で解決することになる。

(ウ)③遺産分割協議の効力

遺産分割協議の効力が争われる場合は，最終的に遺産分割協議無効の訴え等の民事訴訟で解決することになる。

(エ)④遺産の帰属についての争い

遺産の帰属について争いがある場合，終局的には民事訴訟（遺産確認の訴え）により解決することになる。但し，争いのない資産については，遺産分割手続をすすめる余地がある。

(3) 付随問題

ア　付随問題とは

付随問題とは，遺産分割（調停・審判）事件に持ち込まれる遺産分割以外の様々な紛争のことをいう（「遺産分割事件の運営（中）」判タ 1375-69）。

前提問題がそれに争いがある限り遺産分割調停・審判手続を進めることはできないのに対して，付随問題について争いがあっても遺産分割調停・審判手続を進めることはできる。

東京家庭裁判所では，調停初期の段階で，付随問題について論ずる期日を3期日程度と設定し，その間に合意できなければ以後その付随問題を調停では取り上げないとの扱いをしている（いわゆる「3回ルール」，上記判タ 1375-70）。

イ　主要な付随問題

付随問題には，合意があれば遺産分割調停・審判の対象とできる場合と，合意があっても遺産分割審判の対象とすることができない（調停の対象とすることは可）場合がある。

【具体例】

①使途不明金，②葬儀費用，遺産管理費用の清算，③遺産収益（相続開始後の賃料，配当金等）の分配，④相続債務の整理・分担，⑤被相続人と共有していた不動産の相続人固有の持分の扱い，⑥遺言の執行，⑦同族会社の経営権，⑧老親の扶養，介護，⑨遺産土地の境界・通行，⑩金銭貸借，⑪祭祀承継（「遺産分割事件の運営(中)」判タ 1375-69）。

第2　遺産分割手続の流れ①（遺産分割協議）

1　遺産分割協議の当事者

(1)　当事者

①共同相続人，②包括受遺者（民 990），③相続分の譲受人である。

これらの者の一部を除外してなされた遺産分割協議は無効である。

(2) 当事者の意思能力・行為能力に問題がある場合の扱い

　ア　成年後見・保佐・補助の申立

　　　成年後見人等を選任したうえで，遺産分割協議をすることになる。

成年後見申立

【申立人】　本人，配偶者，4親等内の親族，検察官等（民7）

【管　轄】　本人の住所地を管轄する家庭裁判所

【書　式】　東京家庭裁判所の「後見（こうけん）サイト」参照

　　　　　　http://www.courts.go.jp/tokyo-f/saiban/koken/index.html

　イ　補足（成年後見等の申立が必要な事案の増加について）

　　　相続人の超高齢化に伴い，相続開始時において認知症等により相続人の判断能力が低下したケースの増加が見込まれる。そのようなケースでは，成年後見人が選任されていなければ，遺産分割を進めることができないことも想定される。

　　　当該相続人の子など身の回りの世話をしている親族がいるのであれば，当該親族に成年後見の申立を促すのが適当な場合もある（但し，当該親族が必ず後見人に選任されるわけではない点は要注意）。

　　　具体的には，自治体の成年後見相談（社会福祉協議会等）や弁護士会の高齢者専門相談を案内する，家庭裁判所の窓口を案内（東京家裁だと窓口で申立書類のセットを配布しているのでそれを渡すなども考えられる）するなどして早期の後見人選任を目指すことも考えられる。

(3) 未成年者の扱い

　ア　法定代理人（原則）

　　　法定代理人（親権者あるいは未成年後見人）が遺産分割協議を行うのが原則である（民824）。法定代理人が複数の場合，全員の参加が必要である。

　イ　特別代理人の選任が必要な場合

　　　当該法定代理人が未成年者とともに共同相続人である場合は，利益相反行為となりうるので，特別代理人の選任が必要である（民826Ⅰ）。

　　　また，数名に対し親権を行う場合において，一人の子と他の子が共同相続人である場合，利益相反行為となり得るので，特別代理人の選任が必要である（民826Ⅱ，最判昭48.4.24家月25-9-80）。

特別代理人の選任申立

【申立人】　親権者，利害関係人（民826，家事法19）

【管　轄】　子の住所地を管轄する家庭裁判所（家事法19，167，別表第1 65項）

⑷ **不在者の扱い①（不在者財産管理人）**

　相続人の中に不在者（従来の住所又は居所を去り，容易に帰ってくる見込みがない者）がいる場合で，任意の財産管理人をおかず，かつ，法定代理人がいないときは，不在者財産管理人（民25）を選任して，不在者財産管理人が共同相続人と遺産分割協議を行うことになる。

　長期の不在者については，失踪宣告を検討する（→⑸へ）

> 不在者財産管理人の選任申立

【申立人】　利害関係人，検察官（民25）

【管　轄】　不在者の従来の住所地又は居所地を管轄する家庭裁判所（家事法145）

⑸ **不在者の扱い②（失踪宣告）**

　生死不明の者に対して，法律上死亡したものとみなす効果を生じさせる制度（民30，31）。不在者につき，その生死が7年間明らかでないとき（普通失踪），又は戦争，船舶の沈没，震災などの死亡の原因となる危難に遭遇しその危難が去った後その生死が1年間明らかでないとき（危難失踪）は，家庭裁判所は，申立てにより，失踪宣告をすることができる。

> 失踪宣告の申立

【申立人】　利害関係人（民30）

【管　轄】　不在者の従来の住所地又は居所地を管轄する家庭裁判所（家事法148）

2　遺産分割協議の時期

　共同相続人は，いつでも，その協議で，遺産の分割をすることができる（民907Ⅰ）。但し，遺言による分割禁止や家庭裁判所の分割禁止の審判があるとき，または相続人間で分割を禁止した場合には，その期間中は分割することはできない。

　なお，相続税の申告と納税は，被相続人が死亡したことを知った日の翌日から10か月以内に行うことになっていることに注意が必要である。この場合，遺産分割未了という理由では，相続税の申告期限は延長できないため，各相続人が法定相続分を取得したものとして相続税計算を行ない，申告期限内に申告納税を行う。未分割の申告では，小規模宅地等の特例や配偶者の税額軽減の特例は適用できないため，税務署に「申告期限後3年以内の分割見込書」を提出することが重要である。その後遺産分割が確定したら，改めて税務署に修正申告を行ない，相続税を払い過ぎた場合は還付，不足している場合は追加で納付の手続を行うことになる。

3 遺産分割協議の進め方

(1) 相続人・相続財産の調査

分割協議の前提として，相続人・相続財産の調査が必要である。

(2) 遺産分割協議の実施

ア 協議の方法

　最終的に遺産分割協議書を作成することを目指して遺産分割協議を進めることになる。協議の方法には，一堂に会して協議する場合もあれば，種々の通信手段によることもある。当該相続人と長期間疎遠であるような場合は，手紙などで相続開始の事実や当方の連絡先を知らせてから開始することもあるだろう。

イ 段階的進行モデルを念頭においた進行

　協議の進行にあたっては，段階的進行モデル（①相続人の範囲の確認→②遺産の範囲の確定→③遺産の評価→④各相続人の取得額の計算→⑤遺産の分割方法の決定→⑥遺産分割の成立）を念頭に置いた進行が合理的である。

(3) 遺産分割協議書の作成

合意が成立した場合には遺産分割協議書に署名捺印等することになるが，共同相続人の全員が承諾すれば，持ち回りにより署名捺印等することも可能である。

(4) 相続分の譲渡の利用

相続人が多数いる場合，相続人が遠隔地（海外等）にいる場合，相続財産の細分化を防ぐ場合には相続分の譲渡を活用することが考えられる（→第2章第7）。

4 遺産分割協議書の作成

(1) 必要性

遺産分割協議書は，遺産分割が合意により成立した証拠資料となり，各資産の名義変更の際に必要な書類となる。たとえば，遺産中の不動産については，これを登記原因証明情報（不動産登記法61）として登記をすることができる。また，遺産取得の代価としての債務負担の取り決めなどあれば，その履行を求める際の資料となる。

(2) 遺産分割協議書作成上の注意点

以下にとどまらないだろうが，主要な注意点を列挙する。

【遺産分割協議書作成上の注意点】

【被相続人に関するもの】
□被相続人が特定されているか（氏名，住所，本籍地，生年月日，死亡日等）。

【相続人に関するもの】
□相続人全員が参加しているか。
□相続人全員の住民票上の住所が記載されているか。
□相続人全員の署名，捺印（実印）があるか。
□相続人全員の印鑑証明書（銀行等指定の有効期限に注意）が添付されているか。

【対象財産に関するもの】
□対象財産は特定されているか。
□対象財産の分割方法が記載されているか。
□当該分割方法の記載により各手続（各種名義書換，払戻等）が可能か。

【その他】
□分割協議が成立した日付が記載されているか。

〔遺産分割協議書モデル〕

遺 産 分 割 協 議 書

〔被相続人の表示〕

　　　最後の本籍地：東京都○○区○○町○丁目○番

　　　氏名　　　　　：甲野一郎

　　　生年月日　　　：昭和○○年○○月○○日

　　　死亡年月日　　：平成○○年○○月○○日

亡甲野一郎の相続人，甲野雪子，甲野二郎，乙山花子は，被相続人の遺産を次のとおり分割することに合意する 。

1．相続人甲野二郎は次の遺産を取得する。

(1) 土地

　　所在　　　　　東京都○○区○○町○丁目

　　地番　　　　　○○番

　　地目　　　　　宅地

　　地積　　　　　○○．○㎡

(2) 建物

　　所在　　　　　東京都○○区○○町○丁目○番地

　　家屋番号　　　○○番

　　構造　　　　　木造瓦葺二階建

　　種類　　　　　居宅

　　床面積　　　　1階　○○．○㎡

　　　　　　　　　2階　○○．○㎡

2．相続人乙山花子は次の遺産を取得する。

(1) 預金

　　○○銀行　○○支店　普通預金　○○○○

(2) 株式

　　○○株式会社　　○○○○株

3．相続人甲野雪子は次の遺産を取得する。

(1) 建物

(一棟の建物の表示)

所在　　　　　　　東京都○○区○○町○丁目○番地

建物の名称　　　　○○

構造　　　　　　　鉄骨鉄筋コンクリート造陸屋根3階建

床面積　　　　　　1階　○○㎡

　　　　　　　　　2階　○○㎡

　　　　　　　　　3階　○○㎡

```
(専有部分の建物の表示)
家屋番号      ○○の○○
建物の名称    ○○号室
種類          居宅
構造          鉄骨鉄筋コンクリート造1階建
床面積        ○階部分    ○○．○○㎡
(2) 第1項ないし第3項に記載する以外の現金その他の遺産


 上記のとおり遺産分割の協議が成立したことを証するため，協議書3通を作成し
各署名押印し，各その1通を所持するものとする 。
      平成○○年○月○日


                    東京都○○区○○町○丁目○番
                       相続人 甲 野 雪 子      実印
                    東京都○○市○○町○丁目○番
                       相続人 甲 野 二 郎      実印
                    埼玉県○○市○○町○丁目○番
                       相続人 乙 山 花 子      実印
```

5　遺産分割の禁止

(1) 遺言による分割禁止 (民908)

　　被相続人は，遺言で，相続開始の時から5年を超えない期間を定めて，遺産の全部又は一部の分割を禁止することができる (民908)。

(2) 協議による分割禁止

　　明文の規定はないが，共同相続人は，法が被相続人に遺言で分割禁止をすることを認めていることとの均衡などを理由として，協議により分割禁止をすることができると解されている。分割禁止の期間は，遺言の場合 (民908) や共有物の場合 (民256 I 但書) との均衡から5年を超える期間を定めることはできないと解されている。

(3) 審判による分割禁止

　　家庭裁判所は，遺産の分割を請求された場合において特別の事由があるときは，期間を定めて，遺産の全部または一部について，その分割を禁ずることができる(民907 III)。分割禁止の期間は，5年を超えてはならないと解されている (民908，256 I 但書参照)。

　　分割禁止期間中に分割の必要性が生じた場合等事情の変更があるときは，家庭裁判所は，相続人の申立てにより，いつでも，遺産の分割の禁止の審判を取り消し，または変更する審判をすることができる (家事法197，別表第二⑬)。

6 特別受益証明書（相続分不存在証明書）

相続人の一部から特別受益があることから，自己には相続分がない旨の証明書（表題として，「特別受益証明書」や「相続分不存在証明書」などもある。印鑑登録証明書を添付）が提出されることがある。登記実務上，このような特別受益証明書を登記原因証書として，被相続人から不動産を取得する相続人に所有権移転登記を行うことができる（昭和31年3月23日付民事甲614号民事局長電報回答）。

実務上，目にする機会はあるが，実際には特別受益を受けておらず，相続人の真意に基づかない場合，後になって紛争が起きる可能性もあり，取扱には注意を要する。

7 専門職後見人からの相続財産の引継ぎ

被相続人に専門職後見人（弁護士等）が付されていた場合に，当該専門職後見人がその遺産を引き継ぐ方法として，以下の方法が考えられる。

①共同相続人全員の合意により代表者を選任し，その代表者に引き継ぐ。

②遺産分割協議が成立したのであれば，当該協議に従って相続人各人に引き継ぐ。

③民法918条2項の申立てにより裁判所が選任した「相続財産管理人」に引き継ぐ。

④遺言書に遺言執行者の定めがある場合には，遺言執行者に引き継ぐ。

第3 遺産分割手続の流れ②（遺産分割調停）

1 申立人

①共同相続人，②包括受遺者（民990），③相続分の譲受人（最高裁HP参照）。

2 管轄

相手方の住所地を管轄する家庭裁判所又は当事者が合意で定める家庭裁判所（家事法245 I）。

3 提出書類

⑴ 申立書類（東京家裁HP参照）

```
【書類の一覧】
①申立書　　　　：裁判所提出用1通＋相手方全員の人数分
②事情説明書　　：1通（審判申立の場合は原本1通と相手方用写し相手方人数分）
③連絡先等の届出書　：1通
④進行に関する照会回答書　：1通
```

⑤相続人全員の戸籍謄本，戸籍附票（又は住民票）

⑥被相続人の出生時（被相続人の親の除籍謄本又は改製原戸籍謄本等）から死亡時
　までの連続した全戸籍謄本（その他の戸籍も必要な場合あり→29頁へ）

⑦不動産登記事項証明書，固定資産評価証明書（遺産に不動産があるとき）

⑧遺言書の写し，遺産分割協議書の写し（作成されているとき）

※戸籍謄本等の証明書類は，3ヶ月以内に発行されたものであることを要する。

【書式の入手先】

　東京家庭裁判所のHP「家事調停の申立」で①〜④の書式のダウンロード可能。

　http://www.courts.go.jp/tokyo-f/saiban/tetuzuki/syosiki02/

　　→手続の迅速化のために，各書式はアレンジをせずに利用すること

　（NIBEN Frontier・2013年3月号6頁，東京家裁裁判官講演録参照）。

(2) 手続代理人の委任状書式

当然であるが，通常の訴訟委任状書式は使用できず，「手続代理委任状」が必要である。
書式は以下で入手できる。

　・第二東京弁護士会会員用HP「ログイン」→「書式・マニュアル」→「2家事関係」

　　https://niben.jp/member/

　・東京弁護士会のHP内「民事訴訟問題等特別委員会」の頁

　　http://www.toben.or.jp/know/iinkai/minjisosyou/ininjo/

(3) 主張書面・証拠資料

　ア　主張書面
　　　準備書面との表題を付して提出する。
　イ　証拠資料
　　　以下に①〜③に分類される。③については，甲(申立人)，乙(相手方)に枝番をふり，
　資料説明書（訴訟の証拠説明書と類似の形式）とともに，裁判所提出用1通＋相手
　方全員の人数分提出する必要がある。
　①A群（身分関係を明らかにするための証拠資料）
　　　ex. 戸籍謄本，住民票等
　②B群（遺産の土地建物を特定するために必要な証拠資料）
　　　ex. 不動産登記事項証明書，固定資産評価証明書等
　③C群（①，②以外のもので遺産分割に関するその他の資料）
　　　ex. 預金残高証明書，公図の図面等

　　　　　　　　　　　　　　　　　　　　　　　　（東京家裁配布のパンフレット参照）

4　調停記録について

(1) 記録の謄写・閲覧

当事者又は利害関係を疎明した第三者は，記録の閲覧若しくは謄写を請求ができ，
家庭裁判所は，相当と認めるときは，これを許可することができる（家事法254Ⅰ，Ⅲ）。

(2) 非開示の希望に関する申出書

　　提出書類の中で相手方に知られたくない情報がある場合は,「非開示の希望に関する申出書」に必要事項を記載し, その申出書の下に当該書類を付けて一体として提出する。裁判所は, 上記申出書を閲覧・謄写請求に対する許可判断の際に参考にするにとどまり, 上記申出書が提出されている場合であっても, 閲覧・謄写が許可される場合がある。

　　　　　　　　　　　　　　　　　　　　　　　　　（東京家裁配布のパンフレット参照）

(3) 審判との関係

　　審判において, 当事者からの記録の閲覧・謄写は原則許可される（家事法 47 I, III）。したがって, 調停の段階で許可されなかった記録であっても, 調停が不成立になって審判に移行した際に閲覧・謄写の対象になること注意すべきである。

5　運用の特徴

(1) 段階的進行モデル

　　段階的進行モデルに従って整理し, II〜Vの項目については, 当事者間で中間合意調書を作成して整理しながら進行する。

```
┌─────────────────────────────────────┐
│  I　遺産分割の当事者（相続人）の範囲の確認  │
└─────────────────────────────────────┘
              ↓
┌─────────────────────────────────────┐
│  II　遺産の範囲の確定                    │
└─────────────────────────────────────┘
              ↓
┌─────────────────────────────────────┐
│  III　遺産の評価                        │
└─────────────────────────────────────┘
              ↓
┌─────────────────────────────────────┐
│  IV　各相続人の取得額の計算              │
└─────────────────────────────────────┘
              ↓
┌─────────────────────────────────────┐
│  V　遺産の分割方法の決定                 │
└─────────────────────────────────────┘
              ↓
┌─────────────────────────────────────┐
│  VI　遺産分割の成立                      │
└─────────────────────────────────────┘
```

(2) 運用上の調停前置

　　遺産分割審判の申立てがなされた場合でも, 職権により調停手続に付し（家事法 274 I）, 調停手続において, 段階的進行モデルの各事項を整理, 確定して調停の成立を目指している。調停が成立せず, 審判に移行する場合も（家事法 272 IV）, 原則として調停手続で遺産の範囲・評価を確定している。

(3) 当事者主義的運用

　　遺産分割事件は, 当事者間の私的な財産紛争であるから, 調停・審判を問わず, 当

事者主義的運用が望ましい。したがって，調停手続中の資料の収集，提出は，当事者の責任において行われるため，裁判所が職権で調査をすることは通常予定していない（「遺産分割事件の運営（上）」判タ1373-57）。

6　調停期日の運営

(1)　調停機関

原則として，調停委員会で調停を行うが，家庭裁判所が相当と認める場合，裁判官のみで行うことができる（家事法247 I）。但し，当事者の申立がある場合は，調停委員会で調停を行わなければならない（同 II）。

(2)　当事者本人の出頭（当事者出頭主義）

原則として，当事者本人が出頭しなければならないが，やむを得ない事由がある場合は代理人を出頭させることができる（家事法258 I・51 II）。

(3)　双方当事者本人立会の下での手続説明

東京家庭裁判所においては，原則として，各調停期日の開始時と終了時に，当事者本人全員が同時に調停室に入り，調停の手続，進行予定や次回までの課題等に関する説明を行う。手続代理人が選任されている場合も同様である。但し，顔を合わせることについて具体的な支障がある場合には，「進行に関する照会回答書」にその具体的な事情を記載する必要がある（東京家裁HP参照）。

したがって，相談者や依頼者には，相手方当事者と顔を合わせることがある旨説明する必要がある。

(4)　電話会議システムの利用

当事者が遠隔の地に居住しているときその他相当と認めるときは，当事者の意見を聴いて，電話会議システムを利用して調停手続を実施できる。この場合，当該利用者は，その期日に出頭したものとみなされる（家事法258 I・54）。

7　調停の終了原因

【調停の終了原因】
(1) 調停の成立
(2) 受諾手続による調停の成立
(3) 調停の不成立
(4) 調停の取り下げ
(5) 調停をしない措置（なさず）
(6) 調停に代わる審判

【ポイント】調停で話し合いがまとまらない場合の全てが審判に移行するわけではない。たとえば，前提問題について争いがあり，決着がつかないような場合，調停は取り下げるか，調停をしない措置をするほかない。

(1)　調停の成立

調停において当事者間に合意が成立し，調停委員会がその合意が相当であると認めてこれを調書に記載したときは，調停が成立したものとし，その記載は，確定した審判と同一の効力を有する（家事法268 I）。

(2) 受諾手続による調停の成立

当事者が遠隔の地に居住していることその他の事由により出頭することが困難であると認められる場合において，その当事者があらかじめ調停委員会から提示された調停条項案を受諾する旨の書面を提出し，他の当事者が家事調停の手続の期日に出頭して当該調停条項案を受諾したときは，当事者間に合意が成立したものとみなされる（家事法270 I）。

→受諾書面に印鑑証明書を添付させる方法等により，当事者の真意の確認（家事規則131 II）が行われる（新版「遺産分割・遺留分の実務」35頁）。

(3) 調停の不成立

調停委員会は，当事者間に合意が成立する見込みがない場合又は成立した合意が相当でないと認める場合には，調停が成立しないものとして，家事調停事件を終了させることができる（家事法272 I）。この場合，家事調停の申立ての時に，当該事項についての家事審判の申立てがあったものとみなされる（同IV）。

(4) 調停の取下げ

家事調停の申立ては，家事調停事件が終了するまで，その全部又は一部を取り下げることができる（家事法273 I）。

前提問題について争いがあり，家事審判に移行するのが困難な場合，調停委員会は調停の取り下げを勧告する場合がある。この場合，いったん調停を取り下げたうえで，別途訴訟を提起するなどして，前提問題について法的解決を図り，改めて遺産分割調停を申し立てる他ない。

(5) 調停をしない措置（なさず）

調停委員会は，事件が性質上調停を行うのに適当でないと認めるとき，又は当事者が不当な目的でみだりに調停の申立てをしたと認めるときは，調停をしないものとして，家事調停事件を終了させることができる（家事法271）。たとえば，上記(4)後段の取り下げの勧告がなされ，当事者がこれに従わない場合が考えられる。

(6) 調停に代わる審判

ア 内容

家庭裁判所は，調停が成立しない場合において相当と認めるときは，当事者双方のために衡平に考慮し，一切の事情を考慮して，職権で，事件の解決のため必要な審判（「調停に代わる審判」）をすることができる（家事法284 I）。たとえば，わずかな相違で合意に至らない場合，積極的には協力しないが反対まではしない当事者がいる場合等に活用される（新版「遺産分割・遺留分の実務」46頁）。

イ　異議の申し立て

　　調停に代わる審判には，審判の告知を受けてから2週間以内に異議を申し立てることができ（家事法286Ⅰ，Ⅱ，279Ⅱ・Ⅲ），適法な異議の申立てがあった場合，調停に代わる審判はその効力を失い（同法286Ⅴ），家事調停の申立の時点において，当該事項について家事審判の申立があったものとみなされる（同法286Ⅶ）。

ウ　効力

　　調停に代わる審判が確定した場合は，確定した審判と同一の効力を有する（家事法287）。

第4　遺産分割手続の流れ③（遺産分割審判）

1　管轄

　　相続開始地を管轄する家庭裁判所（家事法191Ⅰ）又は当事者が合意で定めた家庭裁判所（同66Ⅰ）。

　　調停不成立で審判に移行する場合で，調停時に相続開始地の家庭裁判所で調停が行われていない場合，移送するか自庁処理の裁判をすることになる（家事法9）。

2　遺産分割審判の開始原因

(1)　調停不成立の場合

　　調停が不成立になった場合，家事調停の申立ての時に，当該事項についての家事審判の申立てがあったものとみなされる（家事法272Ⅳ）。開始原因の大多数はこの場合である。

(2)　遺産分割審判の申立をした場合

　　調停を経ずにいきなり遺産分割審判を申し立てることは可能ではあるが，調停に付されるのが通常である（運用上の調停前置主義）。

(3)　調停に代わる審判に適法な異議が申し立てられた場合

　　適法な異議の申立てがあった場合，家事調停の申立の時点において，当該事項について家事審判の申立があったものとみなされる（同法286Ⅶ）。

3　申立書類

　　遺産分割調停と同様である（第3.3(1)参照，但し提出部数に違いあり）。

4 記録の閲覧・謄写

当事者からの閲覧・謄写請求は原則許可され（家事法47 I，Ⅲ），利害関係を疎明した第三者の請求は，家庭裁判所が相当と認めた場合許可される（同Ⅴ）。

5 先行する調停との関係

調停事件記録は当然に審判手続の記録となる訳ではないが，裁判所による事実の調査（家事法56）の対象となることにより審判の基礎となる。また，調停の段階で成立した中間合意を前提として審理が進められる。

6 審判手続の内容

(1) 陳述の聴取

ア　陳述の聴取を要すること

裁判所は，原則として当事者の陳述を聴取しなければ裁判をすることができない（家事法68 I）。

イ　陳述の聴取の方法

陳述の聴取は，審問による方法や家庭裁判所調査官による調査によって間接的に陳述を聴取する方法，書面照会などがあり，方式には定めはない（新版「遺産分割・遺留分の実務」38頁参照）。但し，当事者の申出がある場合は，審問の期日においてしなければならない（家事法68Ⅱ）。

ウ　審問について

(ア)審問とは

審判期日において，当事者が口頭でその認識，意見，意向等を述べるのを裁判官が直接聴く手続である（「遺産分割（改訂版）」23頁参照）。

(イ)当事者の立会権

審問の期日を開いて当事者の陳述を聴くことにより事実の調査をするときは，他方の当事者は，立会により事実の調査に支障が生ずるおそれがある場合を除いて，審問に立ち会うことができる（家事法69）。

(2) 事実の調査とその通知

ア　事実の調査とは

家庭裁判所が自由な方法で，かつ，強制力によらないで審判の資料を収集することである（「遺産分割（改訂版）」22頁）。

イ　審判の資料

①当事者から提出された主張書面及び証拠資料，②審問，③調査嘱託（家事法61・62，家事規45），④家裁調査官による事実の調査（家事法58）等により収集される。また，審判移行時の調停事件記録も事実の調査の対象となる（「遺産分割（改訂版）」22頁参照）。

ウ　事実の調査の通知

　　家庭裁判所は，事実の調査をしたときは，特に必要がない場合を除いて，その旨を当事者及び利害関係人に通知しなければならない（家事法70）。これは，当事者等に事実の調査結果について閲覧謄写の機会を与える趣旨である。

7　審理の終結日

　　家庭裁判所は，申立てが不適法であるとき又は申立てに理由がないことが明らかなときを除き，相当の猶予期間を置いて，審理を終結する日を定めなければならない。

　　ただし，当事者双方が立ち会うことができる家事審判の手続の期日においては，直ちに審理を終結する旨を宣言することができる（家事法71）。審理の終結日は，審判の基準日としての意味を持つことになる。

8　審判日の指定

　　家庭裁判所は，審理を終結した際に審判をする日を定めなければならない（家事法72）。

9　審判

(1)　審判の確定

　　即時抗告期間（2週間，家事法86）の満了により確定する（家事法74Ⅳ）。

(2)　審判の執行力

　　金銭の支払，物の引渡し，登記義務の履行その他の給付を命ずる審判は，執行力のある債務名義と同一の効力を有する（家事法75）。

10　不服申立

(1)　方法

　　審判に対しては，即時抗告をすることができる（家事法85）。

(2)　期間

　　即時抗告期間は，2週間である（家事法86）。

　　【最判平15.11.13民集57-10-1531】は，各相続人への審判の告知の日が異なる場合における遺産の分割の審判に対する即時抗告期間については，相続人ごとに各自が審判の告知を受けた日から進行すると判示する。

(3)　即時抗告の効果

　　審判の確定が遮断される（家事法74Ⅴ）。

第2章 遺産分割の当事者（相続人等）の確定

【目次】

第1 遺産分割の当事者
第2 相続人の調査
   1 はじめに
   2 ①戸籍等による相続人の特定，②各相続人の住所の特定
   3 ③相続人の状況の把握
第3 遺産分割の当事者確定に関する争い（前提問題）
   1 被相続人との身分関係を争うもの
   2 相続人の死亡に関する事項
   3 遺産分割における当事者資格を争うもの
第4 相続人の範囲
   1 血族相続人
   2 配偶者
   3 内縁関係（内縁配偶者や事実上の養子）
第5 遺産分割の当事者資格の確定・変動①（相続権の剥奪）
   1 相続欠格（民891）
   2 推定相続人の廃除
第6 遺産分割の当事者資格の確定・変動②（相続の選択）
   1 単純承認
   2 限定承認
   3 相続放棄
第7 遺産分割の当事者資格の確定・変動③（相続分の処分）
   1 相続分の譲渡
   2 相続分の放棄
第8 相続人の存否不明の場合の扱い
   1 相続財産管理人
   2 特別縁故者

第1　遺産分割の当事者

【遺産分割の当事者】
・相続人
・相続分の譲受人
・割合的包括受遺者

【ポイント】

　遺産分割の当事者を把握する上で，戸籍により相続開始時の相続人を確定させるのが先決であるが，遺産分割の当事者の把握はそれにとどまらない場合もある。たとえば，当該相続人につき，その身分関係が争われる場合（→第3.1）もあれば，欠格事由や廃除により相続人の資格を失うこと（→第5）もあり，また，相続放棄や相続分の譲渡・放棄により遺産分割の当事者から外れる場合（→第6）もある。さらには，相続人が判明しても，行方不明である場合，その判断能力に問題がある場合（→第2.3）もある。他方，相続人以外の第三者であっても，割合的包括遺贈を受けることや相続分を譲り受けること（→第7）により遺産分割の当事者となることもある。

第2　相続人の調査

1　はじめに

　相続人を調査することが遺産分割手続を進めるうえでの第一歩である。相続人に関してまず把握すべきポイントは以下の3つである。

(1)　①戸籍等による相続人の特定

　戸籍等により正確に特定して，最終的に相続関係図を作成する。なお，相続人が存否不明の場合は，「第8　相続人の存否不明の場合の扱い」を参照。

(2)　②各相続人の住所の特定

　遺産分割協議等を進めるうえで当然必要である。

(3)　③各相続人の現状を把握

　相続人の判断能力に問題がある場合，相続人が未成年である場合，行方不明である場合の対応が問題となる（第1章.第2参照）。

【相続人の調査事項】
①相続人の確定：戸籍等により確定。
②相続人の住所：住民票，戸籍の附票等で確定。
③相続人の現状：意思能力等の問題，未成年者，所在不明者。

【文献紹介】NIBEN Frontier2014 年 12 月号・田島潤「相続調査（前編相続人調査）」は相続人調査について解説があるのでそちらも参考にされたい（→二弁会員用 HP でＰＤＦ版を入手可能，それ以外は富士山マガジンサービスで購入可能）。

2 ①戸籍等による相続人の特定，②各相続人の住所の特定

依頼者からの事情聴取を手がかりに調査を開始することになるが，最終的には戸籍等により正確に調査する必要がある。戸籍等は，依頼者から取り寄せる場合もあるが，弁護士自らが職務上請求書（所属弁護士会で購入可能）により取り寄せる場合もある。

【家庭裁判所において，申立時に提出を求められる書類】

【共通】
1. 被相続人の出生時から死亡時までのすべての戸籍（除籍，改製原戸籍）謄本
2. 相続人全員の戸籍謄本
3. 被相続人の子（及びその代襲者）で死亡している場合，その子（及びその代襲者）の出生時から死亡時までのすべての戸籍（除籍，改製原戸籍）謄本
4. 相続人全員の住民票又は戸籍附票

【第2順位相続人：被相続人の（配偶者と）父母・祖父母等（直系尊属）の場合】
5. 被相続人の直系尊属に死亡している者（相続人と同じ代及び下の代の直系尊属に限る（例：相続人が祖母の場合で，父母と祖父が死亡しているケース））がいる場合，その直系尊属（例：父母と祖父）の死亡の記載のある戸籍（除籍，改製原戸籍）謄本

【第3順位相続人：被相続人の配偶者のみの場合，又は被相続人の（配偶者と）兄弟姉妹及びその代襲者（おいめい）（第三順位相続人）の場合】
5. 被相続人の父母の出生時から死亡時までのすべての戸籍（除籍，改製原戸籍）謄本
6. 被相続人の直系尊属の死亡の記載のある戸籍（除籍，改製原戸籍）謄本
7. 被相続人の兄弟姉妹に死亡している者がいる場合，その兄弟姉妹の出生時から死亡時までのすべての戸籍（除籍，改製原戸籍）謄本
8. 代襲者としてのおいめいに死亡している者がいる場合，そのおい又はめいの死亡の記載のある戸籍（除籍，改製原戸籍）謄本

3 ③相続人の状況の把握

相続の状況によって，別途対応が必要な場合として以下があげられる。詳細は，12頁以下を参照されたい。

(1) 当事者の意思能力・行為能力に問題がある場合の扱い

→成年後見等の申立

(2) 未成年者の扱い

→親権者の把握，特別代理人の選任

(3) 不在者の扱い

→不在者財産管理人の選任，失踪宣告の申立

第3 遺産分割の当事者確定に関する争い（前提問題）

前提問題に争いがある場合は，遺産分割調停・審判の手続を進めることができない。遺産分割の当事者に関する前提問題は以下のとおりである。

1 被相続人との身分関係を争うもの

類型	具体的事由	終局解決手段
身分関係の形成に関する事項	婚姻取消，離婚取消，縁組取消，離縁取消，認知，認知の取消，嫡出否認など	訴訟
相続人たる地位の形成に関する事項	推定相続人排除及びその取消	審判
身分関係の確認に関する事項	婚姻無効，離婚無効，縁組無効，離縁無効及び親子関係不存在	訴訟

2 相続人の死亡に関する事項

類型	具体的事由	終局解決手段
相続人の死亡に関する事項	失踪宣告及びその取消	審判

3 遺産分割における当事者資格を争うもの

類型	終局解決手段
相続人欠格事由の存否	訴訟
相続放棄，相続分の譲渡・放棄の効力を争うもの	
推定相続人廃除を争うもの	審判
包括受遺者であることを争うもの	訴訟

第4　相続人の範囲

相続人は，血族相続人と配偶者である。

1　血族相続人

(1)　相続順位

血族相続人には相続順位があり，

> ①子（またはその代襲相続人）
> ②直系尊属（親等の異なる者の間ではその近い者を先にする）
> ③兄弟姉妹（またはその代襲相続人）

の順位に従って相続人となる（民887，889）。

(2)　代襲相続人

ア　被代襲者の要件

被相続人の子，兄弟姉妹（民887Ⅱ，889Ⅱ）

イ　代襲原因

被代襲者の相続開始前の死亡，欠格，廃除である。

相続放棄は代襲原因にならない。

ウ　代襲者についての要件

(ア)被代襲者の直系卑属であること

(イ)被相続人の直系卑属であること（民887Ⅱ但書）

養子縁組後に出生した養子の子は，代襲相続人になるが，養子縁組前の養子の子（連れ子）は，直系卑属でないので代襲相続人にならない。

(ウ)相続開始時に存在すること

(エ)被相続人から廃除された者または欠格者でないこと

(3)　再代襲相続人

ア　再代襲相続とは

代襲者（孫）が相続開始前に代襲相続権を失った場合，代襲者の子（曾孫）が相続人になる。

イ　適用範囲

子（直系卑属）の場合のみで，兄弟姉妹（傍系卑属）の場合には適用されない（民889Ⅱが民887Ⅲを準用していない）。

但し，昭和55年12月31日以前に発生した相続については，兄弟姉妹についても再代襲相続が認められる（昭和55年民法改正前）。

(4) **胎児について**

　胎児は，相続については，既に生まれたものとみなされる（民886 I）。「既に生まれたものとみなす」の解釈については，停止条件説（生きて生まれることを停止条件として相続能力が与えられる）が通説・判例である。

　停止条件説の立場に立てば，胎児が現に出生するまで遺産分割協議は見合わせるべきであるし，遺産分割調停（審判）申立も認められないこととなる。

(5) **普通養子について**

　ア　普通養子の相続権

　　普通養子は，養親と実親の双方に対して相続権を有することになる。

　　→養子は，縁組の日から養親の嫡出子たる身分を取得する（民809）一方，実親との親子関係もそのまま存続する。なお，【最判平成29年1月31日最高裁ウェブページ】は，専ら相続税の節税のために養子縁組をする場合であっても，直ちに当該養子縁組について民法802条1号にいう「当事者間に縁組をする意思がないとき」に当たるとすることはできないとした。

　イ　養子の相続資格の重複

　　①実親（被相続人）が非嫡出子を養子にした場合（養子としての相続資格と非嫡出子としての相続資格の重複）

　　→非嫡出子としての相続資格は消滅するとの見解が有力。

　　②祖父母（被相続人）が孫を養子にした場合（養子としての相続資格と代襲相続人としての相続資格が重複）。

　　→通説及び登記実務は両方の資格併有を肯定する（登記先例（昭26-9-18民甲1881号民事局長回答））。

　　③いわゆる婿養子たる夫が妻（被相続人）の相続人となる場合（配偶者としての相続資格と兄弟姉妹としての相続資格の重複）

　　→登記実務は配偶者としての相続資格を有するに過ぎないとする（登記先例（昭和23.8.9民事甲第2371号民事局回答））。ただし，学説では併存肯定説も有力。

(6) **特別養子について**

　特別養子は家庭裁判所の審判によって，養子と実方の父母およびその血族との親族関係は婚姻障害の点を除きすべて消滅するから（民817の9本文），特別養子については，一般に実親の遺産を相続することはない。ただし，夫婦の一方が他方の嫡出子（実子及び特別養子）を特別養子としたときは，他の一方の親及びその血族と特別養子との親族関係は消滅せず（民817の9但書），その養子は他の一方の親の相続人となる。

(7) **非嫡出子について**

　ア　相続権

　　婚姻外で生まれた子は認知を受ければ父の相続に関し相続権を主張することができる。

非嫡出子の相続分については，「第6章・第3 法定相続分」を参照。

イ　認知の手続（父死亡の場合）

> 認知の訴え（父死亡の場合）

【原告】：子，その直系卑属又はこれらの法定代理人（民787）

【被告】：検察官（人事訴訟手続法42 I）

【出訴期間】：死亡から3年以内（民787但書）

　　父の死亡の日から3年1か月を経過したのちにその死亡の事実が子の法定代理人らに判明したが，子またはその法定代理人において父の死亡の日から3年以内に認知の訴を提起しなかったことがやむをえないものであり，また，右認知の訴を提起したとしてもその目的を達することができなかったことに帰すると認められる判示の事実関係の下においては，他に特段の事情がないかぎり，民法787条但書所定の認知の訴の出訴期間は，父の死亡が客観的に明らかになった時から起算すべきであるとする（最判昭57.3.19（民集36-3-432））。

2　配偶者

　　配偶者は常に血族相続人とともに（血族相続人がないときは単独で）相続人となる（民890）。

3　内縁関係（内縁配偶者や事実上の養子）

⑴　相続権（否定）

　　内縁配偶者や事実上の養子について，相続権は認められない。

　　【最決平12.3.10民集54-3-1040】は，内縁の夫婦の一方の死亡により内縁関係が解消した場合に，財産分与に関する民法768条の規定を類推適用することはできないと判示する。

⑵　内縁関係の保護

ア　特別縁故者の相続財産の分与請求（民958の3）

　　特別縁故者として，相続人が不存在の場合に相続財産の全部または一部の分与を請求できる（民958の3）。

イ　借家権承継（借地借家法36 I）

　　居住の用に供する建物の賃借人が相続人なしに死亡した場合において，その当時婚姻又は縁組の届出をしていないが，建物の賃借人と事実上夫婦又は養親子と同様の関係にあった同居者があるときは，その同居者は，建物の賃借人の権利義務を承継する。但し，相続人なしに死亡したことを知った後1月以内に建物の賃貸人に反対の意思を表示したときは，この限りでない（借地借家法36 I）。

ウ　相続人の借家権援用

(ア)事実上の養子

　　家屋賃借人の事実上の養子として待遇されていた者が賃借人の死後も引き続き家屋に居住する場合，賃借人の相続人らにおいて養子を遺産の事実上の承継者と認め，祖先の祭祀も同人に行わせる等の事情があるときは，その者は，家屋の居住につき，相続人らの賃借権を援用して賃貸人に対抗することができる（最判昭 37.12.25 民集 16-12-2455）。

(イ)内縁の夫

　　家屋賃借人の唯一の相続人が行先不明で生死も判然としない場合において，家屋賃借人の内縁の夫が賃借人の死亡後もひきつづき家屋に居住する等判示の事情があるときは，内縁の夫は，家屋の居住につき右相続人の賃借権を援用して賃貸人に対抗することができる（最判昭 42.4.28 民集 21-3-780）。

第5　遺産分割の当事者資格の確定・変動①　　　（相続権の剥奪）

1　相続欠格（民 891）

(1)　意義

　　相続に関して不正な利益を得ようと不正な行為をした者またはしようとした者については，相続における協同関係を破壊した者として，法律上当然に相続資格を喪失する。特に多く問題になるのは，遺言書の偽造，隠匿等による欠格（5号）である。

(2)　欠格事由

ア　故意に被相続人又は相続について先順位若しくは同順位にある者を死亡するに至らせ又は至らせようとしたために，刑に処せられた者（1号）

　　殺人の既遂のみならず未遂・予備も含まれるが，過失致死や傷害致死は含まれない。故意犯であることが必要である（大判大 11.9.25 大審院民集 1-534）。また刑の執行猶予が付された場合は相続欠格とはならない。

イ　被相続人の殺害されたことを知って，これを告発せず，又は告訴しなかった者（2号）

　　すでに犯罪が官署に発覚し，捜査が開始されている状態にあるときは，告訴・告発をしなくとも欠格事由には該当しないと解されている（大判昭 7.11.4 法学 2-7-829）。

ウ　詐欺又は強迫によって，被相続人が相続に関する遺言をし，撤回し，取り消し，又は変更することを妨げた者（3号）

エ　詐欺又は強迫によって，被相続人に相続に関する遺言をさせ，撤回させ，取り消させ，

又は変更させた者（4号）

オ　相続に関する被相続人の遺言書を偽造，変造し，破棄し，又は隠匿した者（5号）

(ア)5号に関する最高裁判例

【最判昭 56.4.3 民集 35-3-431】

単に被相続人の意思を実現させるためにその法形式を整える趣旨で遺言書を偽造または変造したにすぎない場合は，相続欠格とはならない。

【最判平 6.12.16 判時 1518-15】

遺言公正証書の正本の保管を託された相続人が，遺産分割協議が成立するまで法定相続人の1人に対して右遺言書の存在と内容を告げなかったとしても，遺言者の妻は公正証書によって遺言をしたことを知っていたなどの事実関係の下では，遺言書の発見を妨げるものということができず，遺言書の隠匿には当たらない。

【最判平 9.1.28 民集 51-1-184】（二重の故意の要否）

相続人が相続に関する被相続人の遺言書を破棄又は隠匿した場合において，相続人の右行為が相続に関して不当な利益を目的とするものでなかったときは，右相続人は，民法 891 条 5 号所定の相続欠格者には当たらない。

(イ)5号に関する下級審裁判例

【東京地判昭 41.12.17 判時 476-43】

法律の無知から遺言書の検認申立をしなかったに過ぎない場合は「遺言書の隠匿」には該当しない。

【東京高判昭 45.3.17 高民 23-2-92】

被相続人からその所有不動産全部の遺贈を受ける旨の遺言書を被相続人死亡当時保管していた相続人が，遺留分減殺の請求を受けることをおそれて二年余にわたり他の共同相続人に対し右遺言書の存在を秘匿していた判示の行為は，相続人及び受遺者の欠格事由たる相続に関する遺言書の隠匿にあたる。

(3) 相続欠格の効果

ア　相続人資格の喪失。手続も要せず法律上当然に発生するものである。欠格者は同時に受遺能力を失う（民 965）。

イ　欠格の効果は相対的であり，特定の被相続人に対する関係だけで相続人資格を失うに過ぎない。

ウ　欠格の効果は一身専属的なものであり，直系卑属には及ばない。よって，欠格者に直系卑属がある場合はこの者が代襲相続人となる（民 887 Ⅲ）。

2　推定相続人の廃除

(1) 意義

相続人の廃除とは，相続欠格事由ほど重大な非行ではないが，被相続人からみて自

己の財産を相続させるのが妥当ではないと思われるような場合には非行や被相続人に対する虐待侮辱がある場合に，被相続人の意思に基づいてその相続資格を剥奪する制度である（「家族法」第4版・290頁）。

(2) 廃除される者

遺留分を有する推定相続人（民892）。

(3) 廃除事由

被相続人に対する虐待または重大な侮辱その他の著しい非行があること（民892）。

(4) 廃除の方法

ア　生前の審判による場合

被相続人は，生前，推定相続人に排除事由がある場合，家庭裁判所に対して廃除の審判を申し立てることができる（民892，家事法188）

イ　遺言による（死後の審判）場合

被相続人は，遺言により推定相続人を廃除する意思表示をすることができる。

被相続人の死後，遺言執行者は，その遺言が効力を生じた後，遅滞なく，家庭裁判所に対して，その推定相続人の廃除の請求（審判の申立）をしなければならない（民893，家事法188）。

(5) 管轄

被相続人の住所地を管轄する家庭裁判所（被相続人の死亡後に審判が申し立てられた場合，相続開始地を管轄する家庭裁判所）（家事法188Ⅰ）。

(6) 手続

ア　推定相続人の陳述の聴取

申立てが不適法であるとき又は申立てに理由がないことが明らかなときを除き，審問期日において，廃除を求められた推定相続人の陳述を聴かなければならない（家事法188Ⅲ）

イ　審判手続の規定の準用

申立人及び廃除を求められた推定相続人を当事者とみなして，申立書の写しの送付（同法67），審問期日の立会権（同法69），事実の調査の通知（同法70），審理の終結（同法71），審判日（同法72）の規定が準用される。

(7) 廃除の効果

ア　生前の審判による場合は，廃除の審判確定時より，遺言による場合は，相続開始時に遡って相続人資格を喪失する。

イ　廃除の効果は相対的であり，特定の被相続人に対する関係だけで相続人資格を失うに過ぎない。

ウ　廃除の効果は一身専属的なものであり，直系卑属には及ばない。よって，被廃除者に直系卑属がある場合はこの者が代襲相続人となる（民887Ⅲ）。

(8) 廃除の取消

被相続人は，いつでも，推定相続人の廃除の取消しを家庭裁判所に請求（審判の申立）することができる（民894 I）。

(9) 不服申立（即時抗告）

以下のとおり，即時抗告可能（家事法188 V）。

ア　推定相続人の廃除の審判：廃除された推定相続人

イ　推定相続人の廃除又はその審判の取消しの申立てを却下する審判：申立人

第6　遺産分割の当事者資格の確定・変動②（相続の選択）

1　単純承認

(1)　単純承認とは

相続人が被相続人の権利と義務を全面的に承継することを内容として相続することをいう（民920）。単純承認により，相続人は被相続人の債務も全部弁済しなければならなくなる。被相続人の債権者は，相続人固有の財産に対しても強制執行が可能となる。

(2)　法定単純承認

民法は，単純承認を相続の本来的形態とし，以下の場合は単純承認をしたものとみなすとしている（民921）。

ア　相続財産の処分（民921①）

イ　熟慮期間徒過（民921②）

ウ　背信的行為（消費，隠匿，財産目録不登載）（民921③）

ア　相続財産の処分（民921①）

(ア)処分の意味

単純承認とみなされる「処分」の意味については，一般的に財産の変動を生む法律的処分行為のみならず財産の現状またはその性質を変える事実行為も含むと解されている。

(イ)処分の際の相続人の認識

相続人が自己のために相続を開始した事実を知りながら相続財産を処分したか，または少なくとも相続人が被相続人の死亡した事実を確実に予想しながらあえてその処分をしたことを要する（最判昭42.4.27民集21-3-741）。

(ウ)処分に関する事例

【処分に該当しないとされたケース】

・行方不明であった被相続人が死亡したことを警察署から通知され，相続人が同署から被相続人の着衣，身廻り品の引取りを求められ，その際被相続人の所持金2万余円の引渡を受けこれを火葬費用および治療費の残額の支払に支出した事例（大阪高決昭 54.3.22 家月 31-10-61）

・相続人らが被相続人の預貯金を解約し，その一部を仏壇及び墓石の購入費用に充てた事例（大阪高決平 14.7.3 家月 55-1-82）

・相続人が受取人と指定されている生命保険金を受領した事例（福岡高宮崎支決平 10.12.22 家月 51-5-49）

【処分に該当するとされたケース】

・相続人らが協議して，和服一五枚，洋服八着，ハンドバッグ四点，指輪二個につき，一人の相続人に引渡した事例（松山簡判昭 52.4.25 判時 878-95）。

・相続開始後，相続放棄の申述およびその受理前に，相続人が被相続人の有していた債権を取り立てて，これを収受領得した事例（最判昭 37.6.21 家月 14-10-100）

・賃借権確認訴訟の提起追行（東京高判平元 3.27 高民集 42-1-74）

イ　熟慮期間徒過（民 921 ②）

㋐熟慮期間徒過

　　自己のために相続の開始があったことを知ったときから3ヶ月（民 915 I 本文）以内に限定承認又は相続放棄をしなかった場合，単純承認をしたものとみなされる。

㋑熟慮期間起算点（「自己のために相続の開始があったことを知ったとき」）

　　相続放棄の申述に関し，熟慮期間の起算点が問題になる。

ⅰ　最判による緩和

　　自己が相続人になった事実を知ってから3ヶ月経過した場合でも，例外的に相続放棄の申述を認められる余地がある。

【最判昭 59.4.27 民集 38-6-698】

相続人において相続開始の原因となる事実及びこれにより自己が法律上相続人となった事実を知った時から3か月以内に限定承認又は相続放棄をしなかったのが，相続財産が全く存在しないと信じたためであり，かつ，このように信ずるについて相当な理由がある場合には，民法915条1項所定の期間は，相続人が相続財産の全部若しくは一部の存在を認識した時又は通常これを認識しうべかりし時から起算するのが相当であると判示した。

ⅱ　下級審裁判例による更なる緩和

【東京高決平 19.8.10（家月 60-1-102）】

相続人が相続開始時点において被相続人に積極財産があると認識していても，当該財産の財産的価値がほとんどなく，消極財産については，全く存在しないと信じ，か

つ，そのように信じるにつき相当の理由がある場合には，民法915条1項所定の期間は，相続人が消極財産の全部又は一部の存在を認識した時又はこれを認識し得べかりし時から起算するのが相当であると判示した。

→積極財産について認識がある場合でも相続放棄が受理される余地を認めたが，議論のあるところである。

(ｳ) 熟慮期間の延長 (民915 Ⅰ ただし書)

熟慮期間延長の申述

熟慮期間については家庭裁判所に延長の申立てができる。

【申立人】

利害関係人 (相続人も含む)，検察官

【管轄】

相続開始地 (被相続人の最後の住所地) を管轄する家庭裁判所 (家事法201)。

【申述期間】

自己のために相続の開始があったことを知った時から3か月以内

【期間延長を認めるうえでの考慮要素】

相続財産の構成の複雑性，所在地，相続人の海外や遠隔地所在の状況のみならず，相続財産の積極，消極財産の存在，限定承認をするについての共同相続人全員の協議期間並びに財産目録の調製期間などを考慮して審理するを要する (大阪高決昭50.6.25 家月28.8.49)。

ウ　背信的行為 (民921 ③)

相続人が，限定承認又は相続の放棄をした後であっても，(ｱ)相続財産の全部若しくは一部を隠匿し，(ｲ)私にこれを消費し，又は(ｳ)悪意でこれを相続財産の目録中に記載しなかったときは単純承認とみなされる。ただし，その相続人が相続の放棄をしたことによって相続人となった者が相続の承認をした後は，この限りでない。

(ｱ)相続財産の隠匿

「隠匿」とは，被相続人の債権者等の利害関係人に損害を与えるおそれがあることを認識して，相続財産の全部又は一部の所在を不明にすることをいう(下記地判から引用)。

【東京地判平12.3.21 家月53-9-45】：故人を偲ぶ遺品を分配するいわゆる形見分けは含まれないが，新品同様の洋服や3着の毛皮を含む被相続人の遺品のほとんどすべてを持ち帰る行為は，形見分けを超えるものであって，相続財産の隠匿に当たると判示した。

(ｲ)相続財産を私に消費したこと

「私に消費」したとは，ほしいままにこれを処分して原形の価値を失わせることをいい，そこで処分が公然と行われても本号の要件をみたすことがあり得る (新版「注釈民法」

(27) 補訂版・529頁)。

【大判昭 12.2.9 大審院判決全集 4-4-20】：借地権者の地位を相続により承継した相続人が限定承認後に，その賃料を相続財産たる家屋の売得金で弁済した場合は，「私に消費」したに該当するとする。

(ウ)悪意による相続財産目録への不登載

i 適用範囲

　財産目録を調整すべき場合，すなわち，限定承認の場合だけである（新版「注釈民法 (27)」補訂版・531頁）。

ii 「相続財産」の範囲

　消極財産（相続債務）も含まれ，限定承認をした相続人が消極財産を悪意で財産目録中に記載しなかったときにも，同号により単純承認したものとみなされると解するのが相当である（最判昭 61.3.20 民集 40-2-450）。

2 限定承認

(1) 意義

　限定承認とは，相続人が被相続人の遺した積極財産の範囲内で消極財産を負担することを内容とする相続の承認をいう（民 922）。

　→相続の放棄をせず限定承認を選択する場合には，公告費用，不動産の場合には鑑定費用等がかかることから，相談者，依頼者には時間がかかること，一定の費用がかかることを説明する必要がある。

(2) 手続

限定承認の申述

【申立人】

相続人全員が共同して行う（民 923）。相続放棄をした人は，相続人ではなかったものとみなされるので，それ以外の共同相続人全員で申述することになる。

【管轄】

相続開始地（被相続人の最後の住所地）を管轄する家庭裁判所（家事法 201）。

【申述期間】

自己のために相続の開始があったことを知ったときから 3 か月以内（熟慮期間）にしなければならない（民 924）。

【熟慮期間の起算点，熟慮期間の延長】

第 6.1「単純承認」参照。

(3) 限定承認による清算手続

　限定承認者（相続人が複数のときは，申述の受理と同時に選任された相続財産管理人

(民936 I))は，相続財産の清算手続を行わなければならない。まずは，期間内(限定承認者の場合は5日以内(民927 I)，相続財産管理人の場合は選任後10日以内(民936 III))に，限定承認をしたこと及び債権の請求をすべき旨の公告(官報掲載)の手続をする。その後は，弁済や換価(民931, 932)などの清算手続を行っていくことになる。

　不動産換価の場合，競売にするか，先買権(優先的に買い取る権利)を行使するかは当事者の判断によるが，一般的には先買権を行使する場合が多い。先買権の行使の場合不動産の評価は裁判所が選任した鑑定人の評価による(民932)。但し，鑑定人と契約をするのは当事者であり，鑑定費用も当事者負担となる。

⑷ 限定承認の効果

　限定承認の審判には既判力は生じないので，仮に家庭裁判所が申述を受理したとしてもそれで実体的な権利関係が確定するものではなく，民事訴訟により確定されることになる。

3　相続放棄

⑴ 意義

　相続放棄とは，相続人が相続開始による包括承継の効果を全面的に拒否する意思表示である(「家族法」第4版303頁)。

⑵ 効果

　当該相続に関し，はじめから相続人とならなかったものとみなされる(民939)。

⑶ 手続

> 相続放棄の申述

【申立人】

相続人

【管轄】

相続開始地を管轄する家庭裁判所(家事法201)。

【申述期間】

自己のために相続の開始があったことを知ったときから3か月以内(熟慮期間)にしなければならない(民924)。

【熟慮期間起算点・熟慮期間の延長】

第6.1「単純承認」参照。

⑷ 不服申立(即時抗告)

　相続放棄申述を却下した審判に対し，即時抗告が可能(家事法201 IX③)

⑸ 相続放棄の有無の照会

　相続人，被相続人に対する利害関係人(債権者等)は，家庭裁判所に対して，相続

41

放棄の有無の照会をすることが可能である。

(6) **相続放棄の効果**

相続放棄の申述が受理されても，実体関係は終局的に確定するわけではなく，訴訟で争うことは可能である。たとえば，相続債権者が当該相続人に対して法定単純承認を主張して相続放棄の効力を争うことは可能である。

(7) **相続放棄と取得分をゼロとする遺産分割協議の相違**

相続債務は遺産分割の対象とならず，当然に分割承継されるものであるから（最判昭34.6.19民集13-6-757），当該相続人が相続取得分をゼロとする遺産分割協議を締結したとしても，相続債務を免れることはできない。したがって，相続債務を免れるためには，相続放棄を選択するのが適切である。

また，【最判昭49.9.20民集28-6-1202】は，相続放棄につき詐害行為取消権行使の対象とならないとする一方，【最判平11.6.11民集53-5-898】は，共同相続人の間で成立した遺産分割協議は，詐害行為取消権行使の対象となるとする。したがって，相続取得分をゼロとする遺産分割協議を締結したとしても，相続の債権者から詐害行為取消権を行使されるリスクはあり得ることになる。

第7 遺産分割の当事者資格の確定・変動③ （相続分の処分）

1 相続分の譲渡

(1) **意義**

遺産全体に対する共同相続人の有する包括的持分又は法律上の地位を譲渡すること（新版「遺産分割・遺留分の実務」111頁）。

(2) **機能**

・遺産分割に参加を希望しない当事者が相続分を譲渡することにより離脱する。

・相続当事者が多数人に及ぶ場合に相続分の譲渡により当事者を整理する。

・内縁関係にある者など第三者が遺産分割に参加することが可能になる。

・相続分の譲渡により他の相続人に対して相続分を集中させる。

(3) **相手方**

ア 共同相続人

民法上の定めはないが，民法905条が第三者に対する相続分譲渡を認めていることから相続人に対しても認められると解される。

イ 第三者

民法 905 条が認めている。相続人による取戻権については後述。

(4) 効果

ア　相続分の移転

共同相続人間で相続分の譲渡がされたときは，積極財産と消極財産とを包括した遺産全体に対する譲渡人の割合的な持分が譲受人に移転する（最判平 13.7.10 民集 55-5-955）。

但し，相続債務については，譲渡人と譲受人が重畳的に債務を引き受けるものと解される（民法（9）相続・第4版増補版・95頁）。

イ　譲渡人の離脱

全部譲渡の場合であれば，当該譲渡人は遺産分割手続から離脱する。但し，移転登記義務，占有移転義務などを負うときは利害関係人として参加することはあり得る（家事法 42，258 I）。

ウ　譲受人の参加

譲受人が第三者であれば，遺産分割手続に参加可能になる。

(5) 手続

ア　作成書類

遺産分割調停においては，相続分譲渡届出書と共に，相続分譲渡証書（印鑑証明書添付）の提出を求められる。調停外で行う場合でも，相続分譲渡証書（印鑑証明書添付）は作成するのが一般的であろう。

イ　譲渡人の排除

家庭裁判所は，相続分を譲渡した者については，当事者となる資格を有しない者又は当事者である資格を失った者として排除の決定をする（家事法 43 I，258 I）。

ウ　譲受人の参加

家庭裁判所は，相続分を譲り受けた第三者について，申立又は職権により，当事者となる資格を有する者として，手続に参加させることができる（家事法 41，258 I）。

(6) 相続人による取戻権

ア　意義

共同相続人の一人が遺産の分割前にその相続分を第三者に譲り渡したときは，他の共同相続人は，その価額及び費用を償還して，その相続分を譲り受けることができる（民 905 I）。遺産分割手続に相続人以外の第三者が参加することにより，円滑な手続が阻害されることを回避できるようにしたものである。

イ　手続

取戻権は形成権であり，譲受人に対する一方的な意思表示で足りる（基本法コンメンタール第5版「相続」85頁）。但し，価額及び費用の償還は必要である。

ウ　行使期間

行使期間（1ヶ月以内，民905 II）の起算点は，譲渡時と解される（新版「注釈民法（27）」補訂版・290頁）。

2 相続分の放棄

(1) 相続分の放棄

共同相続人がその相続分を放棄すること（新版「遺産分割・遺留分の実務」106頁）。

(2) 機能

・遺産分割に参加を希望しない当事者が相続分を放棄することにより離脱する。

・相続当事者が多数人に及ぶ場合に相続分の放棄により当事者を整理する。

・相続分の放棄により他の相続人に対して相続分を集中させる。

(3) 効果

ア　放棄した相続分だけ他の相続人の相続分が増加する。

イ　相続人の地位は失わないので，相続債務については依然負担することになる。

(4) 手続

ア　作成書類

遺産分割調停においては，相続分放棄届出書と共に，相続分放棄証書（印鑑証明書添付）の提出を求められる。調停外で行う場合でも，相続分放棄証書（印鑑証明書添付）は作成するのが一般的であろう。

イ　放棄した者の排除

遺産分割調停においては，家庭裁判所は，相続分を放棄した者について，当事者となる資格を有しない者又は当事者である資格を失った者として排除の決定をする（家事法43 I，258 I）。

第8　相続人の存否不明の場合の扱い

1 相続財産管理人

(1) 意義

相続人の存否が不明の場合（相続人全員が相続放棄した場合も含む），家庭裁判所は，申立てにより，相続財産管理人を選任する（民951，952）。

相続財産管理人は，被相続人の債権者等に対して被相続人の債務を支払うなどして清算を行い，清算後残った財産を国庫に帰属させる。特別縁故者に対する相続財産分与がなされることもある。

(2) 手続

| 相続財産管理人の選任の申立 |

ア　申立人

　　利害関係人 (被相続人の債権者, 受遺者, 特別縁故者等), 検察官

イ　管轄

　　相続開始地を管轄する家庭裁判所 (家事法 203 ①)。

(3) 手続の流れ・概要　　　　　　　　　　　　　　（※裁判所ホームページを参照）

① **相続財産管理人選任の公告**

　　家庭裁判所は, 相続財産管理人選任の審判をしたときは, 相続財産管理人が選任されたことを知らせるための公告をする (民 952 Ⅱ)。

↓

② **債権者・受遺者確認のための公告**

　　①の公告から 2 か月が経過してから, 財産管理人は, 相続財産の債権者・受遺者を確認するための公告をする (民 957 Ⅰ)。

↓

③ **相続人捜索のための公告**

　　②の公告から 2 か月が経過してから, 家庭裁判所は, 財産管理人の申立てにより, 相続人を捜すため, 6 か月以上の期間を定めて公告をする (民 958)。期間満了までに相続人が現れなければ, 相続人がいないことが確定する (民 958 の 2)。

↓

④ **特別縁故者の財産分与申立て**

　　③の公告の期間満了後, 3 か月以内に特別縁故者に対する相続財産分与の申立てがされることがある (民 958 条の 3)。　　　　　　　　　　　　　※詳細は 2 へ

↓

⑤ **相続財産管理人の財産処分行為**

　　必要があれば, 随時, 財産管理人は, 裁判官の許可を得て, 被相続人の不動産や株を売却し, 金銭に換えることもできる (民 953, 28)。

↓

⑥ **相続財産管理人による清算等**

　　財産管理人は, 法律にしたがって債権者や受遺者への支払 (民 957 Ⅱ) や, 特別縁故者に対する相続財産分与の審判にしたがって特別縁故者に相続財産を分与するための手続をする (民 958 の3)。

↓

⑦ **国庫への帰属**

　　⑥の支払等をして, 相続財産が残った場合は, 相続財産を国庫に引き継いで手続が終了する (民 959)。

(4) **後見事件における相続財産管理人の選任**

被相続人に専門職後見人（弁護士等）が付されていた場合に，相続開始後，後見人がその遺産を引き渡すべき者が決まらないときには，実務上，民法918条2項の申立てにより，裁判所が相続財産管理人を選任することが行われている。この場合，相続財産管理人が，その遺産を引き渡すことができるまでの間，相続財産を管理する。

2 特別縁故者

(1) 意義

相続人を捜索するための公告で定められた期間内に相続人である権利を主張する者がなかった場合，家庭裁判所は，相当と認めるときは，被相続人と特別の縁故のあった者の請求によって，その者に，清算後残った相続財産の全部又は一部を与えることができる（民958条の3）。

(2) 手続

> 特別縁故者による相続財産分与の申立

ア　申立人
- ・被相続人と生計を同じくしていた者
- ・被相続人の療養看護に努めた者
- ・その他被相続人と特別の縁故があった者

イ　申立期間

相続人を捜索するための公告で定められた期間の満了後3か月以内

ウ　管轄

相続開始地を管轄する家庭裁判所（家事法203③）

(3) 特別縁故者の具体例

ア　「被相続人と生計を同じくしていた者」の認定例

(ア) 20年以上生活を共にした内縁の妻（千葉家審昭38.12.9家月16-5-175）

(イ) 30年余りの間生活の苦楽を共にした病弱の事実上の養子（大阪家審昭40.3.11家月17-4-70）

(ウ) 20年にわたって同居し被相続人（姪）の家事一切の世話をした他，田畑を耕作して作物を作り，家族の一員であった叔母（大阪家審昭41.11.28家月19-7-96）

イ　「被相続人の療養看護に努めた者」の認定例

報酬を得て療養看護に当たった者（家政婦，看護婦）でも対価としての報酬以上に献身的に被相続人に尽くした場合には，特別縁故者たりうる（神戸家審昭51.4.24判時822-17）

ウ　「その他被相続人と特別の縁故があった者」の認定例

㋐ 50 年以上にわたって被相続人の相談相手として孤独をなぐさめ，経済面で相助けて，死に水までとった人生の奇縁ともいうべき被相続人の教え子（大阪家審昭 38.12.23 家月 16-5-176）

㋑被相続人を雇用するとともに同人一家のため家を購入してやり，その後負傷した被相続人のため若干の経済的援助を続けた会社経営者（大阪家審昭 41.5.27 家月 19-1-55）

㋒法人も特別縁故者となりうる。

(4) 死後縁故の問題

被相続人の死後の縁故者（葬儀や法要を営み事実上相続財産の管理などを行った人）も特別縁故者となりうるとする見解がある（名古屋高決昭 48.1.17 家月 25-6-139）。

しかし，学説では，死後縁故を認めない見解が多く，否定する見解に立つ審判例もある（横浜家小田原支審昭 55.12.26 家月 33-6-43，東京高決昭 53.8.22 判時 909-54）。

第3章　遺産の範囲の確定

【目次】

第1　総論

第2　遺産等の調査

    1　相続財産全般

    2　預貯金の調査

    3　不動産

    4　生命保険

第3　①当然に遺産分割調停・審判の対象となる場合

    1　不動産

    2　不動産賃借権

    3　現金

    4　預貯金（最決平成28年12月19日）

    5　株式

    6　国債・社債

    7　投資信託

    8　ゴルフ会員権

    9　農地

第4　②合意があれば遺産分割調停・審判の対象となる場合

    1　可分債権

    2　相続開始後に遺産から生じた果実

    3　代償財産（不動産の売却代金等）

第5　③合意があれば遺産分割調停の対象（審判対象は不可）となる場合

    1　生命保険金請求権

    2　死亡退職金

    3　遺族給付

    4　可分債務・連帯債務

    5　保証債務

    6　祭祀財産

    7　遺体・遺骨

    8　葬儀費用

    9　香典

    10　遺産の管理費用

    11　使途不明金

第1　総論

　相続人が必ずしも，被相続人の財産の全てを把握しているわけではなく，相談・受任の段階で遺産の範囲が確定している例は多くない。遺産の範囲を確定する前提として，その調査は必要である。

　また，相続開始を契機に種々の財産問題が発生するが，そのすべてが遺産分割調停・審判の対象となるわけではない。

　遺産分割とは，相続開始時に存在し，遺産分割時点でも存在する積極財産を相続分に応じて分配する手続（「遺産分割事件の運営（中）」判夕1375号69頁）にすぎず，それ以外について相続人に重大な関心があったとしても，遺産分割調停・審判とは別個の処理が必要になることもある。

　相続を契機とした財産問題は，①当然に遺産分割調停・審判の対象となる場合，②合意があれば遺産分割調停・審判の対象となる場合，③合意があれば遺産分割調停の対象となる（審判対象は不可）に分類することができる。

　①の範囲について争いがある場合それは前提問題となり遺産分割調停・審判を進めることはできないが（但し争いがない部分については進める余地あり），②，③について争いがある場合，それは付随問題になり，それが解決されなくとも遺産分割調停・審判を進めることは可能である。

	調停	審判	範囲に争いある場合
①性質上当然	○	○	前提問題
②合意がある場合	○	○	付随問題
③合意がある場合	○	×	付随問題

第2　遺産等の調査

　遺産の調査の手かがりとしては，以下のものが考えられる。なお，NIBEN Frontier2015年1・2月号「相続調査（後編）相続財産調査」も参照にされたい）。

1　相続財産全般

相続税申告書が一番の手がかりになる。

2 預貯金の調査

(1) 残高証明書

相続開始時の残高を把握する必要がある。各相続人が金融機関で発行を受けることが可能である。

(2) 取引履歴

使途不明金が問題になる場合等には，取引履歴を取り寄せる必要がある。

ア 解約されていない場合

各相続人が金融機関から発行を受けることが可能である。

【最判平21.1.22民集63-1-228】は，預金者が死亡した場合，その共同相続人の一人は，預金債権の一部を相続により取得するにとどまるが，これとは別に，共同相続人全員に帰属する預金契約上の地位に基づき，被相続人名義の預金口座について，その取引経過の開示を求める権利を単独で行使することができる（民法264条，252条但書）というべきであり，他の共同相続人全員の同意がないことは上記権利行使を妨げる理由となるものではないと判示する。

イ 解約されている場合

【東京高判平23.8.3金融法務事情1935-118】は，取引履歴の開示義務を否定している（現在上告・上告受理申立て中）。したがって，金融機関によっては，弁護士会照会による場合であっても，拒否することはあり得ると考えられる。

3 不動産

不十分な調査により，不動産の一部が遺産分割の対象から脱漏することも少なくないので，種々の資料を手がかりに慎重に調査する必要がある。

(1) 土地建物の全部事項証明書

既に不動産が判明しているのであれば，ブルーマップ等を手がかりに地番を把握して，被相続人所有の土地建物の全部事項証明書を取り寄せることになる。当該不動産に担保がついている場合，共同担保目録付きのものを取ることにより，被相続人所有の他の不動産を把握できる場合がある。

(2) 名寄帳

納税義務者が所有する固定資産（土地・家屋）の一覧であり，各市区町村・都税事務所で取り寄せることができる。これにより当該市区町村に所有する不動産（固定資産税が非課税のものを除く）を把握することができる。非課税のものは除かれるので，全てを把握できるわけではない点には注意が必要である。

(3) 公図・住宅地図

遺産分割の対象となる不動産が判明した場合，当該不動産の公図・住宅地図等により土地の形を確認して，私道部分などの当該不動産に付属する不動産がないか確認する

必要がある。

4 生命保険

生命保険は，必ずしも相続財産に含まれるものではないが，税務上みなし相続財産となるし，また，特別受益で問題になることもあり得るので，その調査が必要となる。

生命保険に加入していたか不明の場合，生命保険協会に対する弁護士会照会により参加保険会社の資料を得られる。また，平成19年10月1日より前に契約した簡易保険については，簡易保険のサービスセンターに同照会をかけることにより情報を入手できる。

なお，弁護士会照会の書式については，第二東京弁護士会会員用HPに掲載されている。他会会員であれば，東京弁護士会調査室編「弁護士会照会制度」第4版を参照。

第3　①当然に遺産分割調停・審判の対象となる場合

1 不動産

遺産分割調停・審判の対象となる。

2 不動産賃借権

遺産分割調停・審判の対象となる。

但し，公営住宅の入居者が死亡した場合に，その相続人は，当該公営住宅を使用する権利を当然に承継するものではない（最判平2.10.18民集44-7-1021）。

3 現金

遺産分割調停・審判の対象となる。

相続人は，遺産の分割までの間は，相続開始時に存した金銭を相続財産として保管している他の相続人に対して，自己の相続分に相当する金銭の支払を求めることはできない（最判平4.4.10家月44-8-16）。

4 預貯金

(1) 預貯金は，当然に遺産分割調停・審判の対象になる。

【最決平28.12.19最高裁ウェブサイト，金融法務事情2058-6,金融・商事判例1508-10】は，相続分に応じて当然に分割されるとしていた従来の見解を変更し，「共同相続された普通預金債権，通常貯金債権及び定期貯金債権は，いずれも，相続開始と同時に当然に相続分に応じて分割されることはなく，遺産分割の対象となるものと解する

のが相当である」と判示した。なお，上記最決は定期預金債権について判示はしていないが，定期預金債権もその射程内と解される（金融法務事情2058-4，2058-16，銀行法務21・810-10参照）。

(2) 相続分に応じた単独の権利行使について

　従前，預金債権は相続分に応じて当然に分割されると解されていたため，各相続人は単独で相続分に応じた預金の払戻し請求が可能であった（但し，訴訟によらなければ金融機関は払戻請求に応じないことが多かった）。しかし，上記最決により各相続人単独による相続分に応じた払戻請求はできなくなった。そうすると，被相続人の債務を返済する必要がある場合や相続人が被相続人から扶養を受けている場合など，相続開始後遺産分割前において各相続人が被相続人の預金を払い戻す必要性がある場合，その対応方法が問題になる。補足意見はこの点について以下の通り，解決の方向性について述べている。

【前掲最決・大谷剛彦裁判官，小貫芳信裁判官，山崎敏充裁判官，小池裕裁判官，木澤克之裁判官補足意見】

　「従来，預貯金債権は相続開始と同時に当然に各共同相続人に分割され，各共同相続人は，当該債権のうち自己に帰属した分を単独で行使することができるものと解されていたが，多数意見によって遺産分割の対象となるものとされた預貯金債権は，遺産分割までの間，共同相続人全員が共同して行使しなければならないこととなる。そうすると例えば，共同相続人において被相続人が負っていた債務の弁済をする必要がある，あるいは，被相続人から扶養を受けていた共同相続人の当面の生活費を支出する必要があるなどの事情により被相続人が有していた預貯金を遺産分割前に払い戻す必要があるにもかかわらず，共同相続人全員の同意を得ることができない場合に不都合が生ずるのではないかが問題となり得る。このような場合，現行法の下では，遺産の分割の審判事件を本案とする保全処分として，例えば，特定の共同相続人の急迫の危険を防止するために，相続財産中の特定の預貯金債権を当該共同相続人に仮に取得させる仮処分（仮分割の仮処分。家事事件手続法200条2項）等を活用することが考えられ，これにより，共同相続人間の実質的公平を確保しつつ，個別的な権利行使の必要性に対応することができるであろう。

　もとより，預貯金を払い戻す必要がある場合としてはいくつかの類型があり得るから，それぞれの類型に応じて保全の必要性等保全処分が認められるための要件やその疎明の在り方を検討する必要があり，今後，家庭裁判所の実務において，その適切な運用に向けた検討が行われることが望まれる。」

(3) 相続開始後の被相続人名義の預貯金への入金の扱いについて

　前掲最決は，相続開始時の被相続人名義の預貯金の扱いについて判示したものであって，相続開始後に被相続人名義の入金された場合（たとえば，果実，代償財産，可分

債権の弁済金等が入金された場合)については直接判示していないものと解される。

この点，相続開始後入金された被相続人名義の口座に入金された場合の扱いについて補足意見は以下のとおり述べている。

【前掲最決・鬼丸かおる裁判官補足意見】

「1　遺産分割とは，被相続人の死亡により共同相続人の遺産共有に属することとなった個々の相続財産について，その共有関係を解消し，各共同相続人の単独所有又は民法第2編第3章第3節の共有関係にすることであるから，遺産分割の対象となる財産は，相続開始時に存在し，かつ，分割時にも存在する未分割の相続財産であると解される。そして，多数意見が述べるとおり，普通預金債権及び通常貯金債権は相続開始と同時に当然に分割される債権ではないから，相続人が数人ある場合，共同相続人は，被相続人の上記各債権を相続開始時の残高につき準共有し，これは遺産分割の対象となる。一方，相続開始後に被相続人名義の預貯金口座に入金が行われ，その残高が増加した分については，相続を直接の原因として共同相続人が権利を取得するとはいえず，これが遺産分割の対象となるか否かは必ずしも明らかでなかった。

しかし，多数意見が述べるとおり，上記各債権は，口座において管理されており，預貯金契約上の地位を準共有する共同相続人が全員で預貯金契約を解約しない限り，同一性を保持しながら常にその残高が変動し得るものとして存在するのであるから，相続開始後に被相続人名義の預貯金口座に入金が行われた場合，上記契約の性質上，共同相続人は，入金額が合算された1個の預貯金債権を準共有することになるものと解される。

そうすると，被相続人名義の預貯金債権について，相続開始時の残高相当額部分は遺産分割の対象となるがその余の部分は遺産分割の対象とならないと解することはできず，その全体が遺産分割の対象となるものと解するのが相当である。多数意見はこの点について明示しないものの，多数意見が述べる普通預金債権及び通常貯金債権の法的性質からすると，以上のように解するのが相当であると考える。

2　以上のように解すると，①相続開始後に相続財産から生じた果実，②相続開始時に相続財産に属していた個々の財産が相続開始後に処分等により相続財産から逸出し，その対価等として共同相続人が取得したいわゆる代償財産（例えば，建物の焼失による保険金，土地の売買代金等），③相続開始と同時に当然に分割された可分債権の弁済金等が被相続人名義の預貯金口座に入金された場合も，これらの入金額が合算された預貯金債権が遺産分割の対象となる（このことは，果実，代償財産，可分債権がいずれも遺産分割の対象とならないと解されることと矛盾するものではない。）。この場合，相続開始後に残高が増加した分については相続開始時に預貯金債権として存在したものではないところ，具体的相続分は相続開始時の相続財産の価額を基準として算定されるものであることから（民法903条，904条の2），具体的相続分の算定

の基礎となる相続財産の価額をどう捉えるかが問題となろう。この点については，相続開始時の預貯金債権の残高を具体的相続分の算定の基礎とすることが考えられる一方，上記②，③の場合，当該入金額に相当する財産は相続開始時にも別の形で存在していたものであり，相続財産である不動産の価額が相続開始後に上昇した場合等とは異なるから，当該入金額に相当する相続開始時に存在した財産の価額を具体的相続分の算定の基礎に加えることなども考え得るであろう。もっとも，具体的相続分は遺産分割手続における分配の前提となるべき計算上の価額又はその価額の遺産の総額に対する割合を意味するのであるから（最高裁平成 11 年（受）第 110 号同 12 年 2 月 24 日第一小法廷判決・民集 54 巻 2 号 523 頁参照），早期にこれを確定することが手続上望ましいところ，後者の考え方を採る場合，相続開始後の預貯金残高の変動に応じて具体的相続分も変動し得ることとなり，事案によっては具体的相続分の確定が遅れかねないなどの遺産分割手続上の問題が残される。従来から家庭裁判所の実務において，上記①〜③の財産も，共同相続人全員の合意があれば具体的相続分の算定の基礎ないし遺産分割の対象としてきたとみられるところであり，この問題については，共同相続人間の実質的公平を図るという見地から，従来の実務の取扱いとの均衡等も考慮に入れて，今後検討が行われることが望まれよう。」

(4) 文献紹介

ア　金融法務事情№ 2058 (2017 年 1 月 25 日号)

- 「画期的な最高裁新判例　預貯金と相続・家事審判」（弁護士・元日本弁護士連合会会長久保井一匡）
- 「相続預金に係る判例変更が金融実務に与える影響」（みずほ銀行法務部藤原彰吾）
- 「様々な見直しを迫る大法廷決定」（三井住友銀行法務部長浅田隆）
- 「預貯金債権の共同相続に関する大法廷決定の意義と課題」（京都大学大学院法学研究科教授潮見佳男）他

イ　銀行法務 21　№ 810 (2017 年 2 月号)

- 最高裁平成 28 年 12 月 19 日決定の与える影響（小沢・秋山法律事務所弁護士香月裕爾）
- 相続預金の払戻し等における金融機関の実務対応（みずほフィナンシャルグループ・みずほ銀行法務部弁護士佐藤亮）

5　株式

遺産分割調停・審判の対象となる。

共同相続人が株式を相続により準共有することになる（会社法 106 条参照）。

6　国債・社債

遺産分割調停・審判の対象となる。

【最判平26.2.25 民集68-2-173】は，共同相続された個人向け国債は，相続開始と同時に当然に相続分に応じて分割されることはないとする。

7 投資信託

遺産分割調停・審判の対象となる。

【最判平26.2.25 民集68-2-173】は，共同相続された委託者指図型投資信託の受益権は，相続開始と同時に当然に相続分に応じて分割されることはないとする。

【最判平26.12.12 集民248-155】は，共同相続された委託者指図型投資信託の受益権につき，相続開始後に元本償還金又は収益分配金が発生し，それが預り金として上記受益権の販売会社における被相続人名義の口座に入金された場合，上記預り金の返還を求める債権は当然に相続分に応じて分割されることはなく，共同相続人の1人は，上記販売会社に対し，自己の相続分に相当する金員の支払を請求することができないと判示する。

8 ゴルフ会員権

(1) ゴルフ会員権の性質

①預託会員制，②株主会員制，③社団会員制の3つの形態のものがある（新版「遺産分割・遺留分の実務」176頁参照）。

(2) 遺産分割調停・審判の対象となる場合

①預託会員制については，会則が相続性を肯定している場合，相続について定めがない場合や②株主会員制の場合，相続・遺産分割の対象となる。但し，多くの場合，譲渡には，ゴルフ場会社（理事会）の承認が必要であるから，事前に承認が得られるかどうか確認すべきである（同176頁参照）。

(3) 遺産分割調停・審判の対象とならない場合

①預託会員制のうち，会則が相続性を否定している場合，③社団会員制の場合，相続の対象とならないと解される（同176頁参照）。

9 農地

遺産分割調停・審判の対象となる。遺産分割の場合，農業委員会による許可は不要である（農地法3Ⅰ⑫）。

第4 ②合意があれば遺産分割調停・審判の対象となる場合

1 可分債権

遺産分割調停・審判の対象とならない。但し，相続人全員の合意により，遺産分割調停・審判の対象とすることは可能である。

【最判昭 29.4.8 民集 8-4-819】は，相続人数人ある場合において，相続財産中に金銭その他の可分債権あるときは，その債権は法律上当然分割され各共同相続人がその相続分に応じて権利を承継すると判示する。

なお，預貯金債権については当然に遺産分割調停・審判の対象となることは前掲最決のとおり（最決平 28.12.19）。また，被相続人名義の預貯金に可分債権の弁済金が入金された場合について，相続開始時の預貯金と合算された預貯金債権が遺産分割調停・審判の対象となるとする前掲最決鬼丸かおる裁判官補足意見がある。

2 相続開始後に遺産から生じた果実

当然には，遺産分割調停・審判の対象とはならない。但し，共同相続人全員の合意により遺産分割調停・審判の対象とすることは可能である。【最判平 17.9.8 民集 59-7-1931】は，相続開始から遺産分割までの間に遺産である賃貸不動産を使用管理した結果生ずる金銭債権たる賃料債権は，遺産とは別個の財産として，各共同相続人がその相続分に応じて分割単独債権として確定的に取得すると判示する。なお，相続人間で，相続開始後遺産から生じた果実について争いがある場合，不当利得返還請求訴訟等により解決することになる。その場合，果実から差し引かれるべき費用（固定資産税他）について争いになることが多い。

なお，被相続人名義の預貯金に相続開始後に遺産から生じた果実の入金があった場合，相続開始時の預貯金と合算された預貯金債権が遺産分割調停・審判の対象となるとする前掲最決（平 28.12.19）鬼丸かおる裁判官補足意見がある。

3 代償財産（不動産の売却代金等）

遺産分割調停・審判の対象とはならない。【最判昭 52.9.19 家月 30-2-110】は，共同相続人が全員の合意によって遺産分割前に遺産を構成する特定不動産を第三者に売却したときは，その不動産は遺産分割の対象から逸出し，各相続人は第三者に対し持分に応じた代金債権を取得し，これを個々に請求することができると判示する。但し，共同相続人の全員の合意により遺産分割調停・審判の対象とすることは可能である（最判昭 54.2.22 家月 32-1-149 参照）。

なお，被相続人名義の預貯金に代償財産の入金があった入金があった場合，相続開始時の預貯金と合算された預貯金債権が遺産分割調停・審判の対象となるとする前掲最決（平28.12.19）鬼丸かおる裁判官補足意見がある。

第5　③合意があれば遺産分割調停の対象（審判対象は不可）となる場合

1　生命保険金請求権

(1)　保険金受取人として相続人が指定されている場合

遺産分割審判の対象とならない。但し，特別受益として考慮する余地はある。

〈保険金受取人に関する判例〉

【最判昭40.2.2民集19-1-1】：被相続人が自己を保険契約者及び被保険者とし，共同相続人の1人又は一部の者を保険金受取人と指定して締結した養老保険契約に基づく死亡保険金請求権は，その保険金受取人が自らの固有の権利として取得するのであって，保険契約者又は被保険者から承継取得するものではなく，これらの者の相続財産に属するものではない。

【最判平6.7.18民集48-5-1233】：保険契約において保険契約者が死亡保険金の受取人を被保険者の「相続人」と指定した場合は，特段の事情のない限り，右指定には相続人が保険金を受け取るべき権利の割合を相続分の割合によるとする旨の指定も含まれ，各保険金受取人の有する権利の割合は相続分の割合になる。

〈特別受益に関する判例〉

【最決平16.10.29民集58-7-1979】：保険金受取人である相続人とその他の共同相続人との間に生ずる不公平が同条の趣旨に照らして到底是認することができないほどに著しいものであると評価すべき特段の事情が存する場合には，民法903条の類推適用により，特別受益に準じて持戻しの対象となると解するのが相当である。

→特段の事情については，第7章・第4「特別受益の範囲」参照

(2)　受取人が被相続人と指定された場合

相続財産となり（改訂版「遺産分割の理論と審理」173頁），遺産分割調停・審判の対象となる。

(3)　受取人を指定しなかった場合

約款において相続人に支払う定めがあるのが通常であり，この場合遺産分割審判の対象とはならない。

【最判昭48.6.29民集27-6-737】：被相続人による保険金受取人の指定がなく，約款

において，保険金を被保険者の相続人に支払う旨の定めがある場合において，保険金受取人を被保険者の相続人と指定した場合と同様，特段の事情のないかぎり，被保険者死亡の時におけるその相続人たるべき者のための契約であると解するのが相当である。

2 死亡退職金

遺産分割審判の対象とならない。

【最判昭 55.11.27 民集 34-6-815】は，死亡退職金の受給権は相続財産に属さず，退職手当規定により受給権者として定められた遺族固有の権利であると判示する（最判昭 58.10.14 集民 140-115，最判昭 60.1.31 集民 144-75，最判昭 62.3.3 集民 150-305 も同趣旨）。

3 遺族給付

遺産分割審判の対象とならない。

【大阪家審昭 59.4.11 家月 37-2-147】は，厚生年金保険法５８条にいう被保険者の死亡による遺族年金は，相続法とは別個の立場から受給権者と支給方法を定めたものとみられ，妻が支給を受けた遺族年金は同人の固有の権利に基づくもので被相続人の遺産ではないと判示する。

4 可分債務・連帯債務

遺産分割審判の対象とはならない。

【最判昭 34.6.19 民集 13-6-757】は，相続開始と同時に各相続人の持分に応じて当然に分割承継されるとし，また，連帯債務は，相続開始と同時に債務額および負担割合が各相続人の相続分に応じて当然に分割承継され，その範囲で本来の連帯債務者と連帯責任を負うと判示する。

法定相続分と異なる割合による負担をすることを相続人間において合意をすることは可能であるが，債権者の同意がなければ負担割合を主張できない。

5 保証債務

そもそも相続の対象となるかどうか個別に検討することを要する。そして，相続の対象となる場合，遺産分割審判の対象とはならない。

⑴ 身元保証

使用人の身元保証契約においては，特別の事由のない限り，保証人の死亡によって相続が開始されても，その相続人は契約上の義務を承継しない（大判昭 18.9.10 大審院民集 22-948）。他方，被相続人の死亡前に発生した具体的な身元保証債務は相続の対象となる（大判昭 10.11.29 大審院民集 14-1934）。

(2) 信用保証（根保証）

継続的売買取引について将来負担することあるべき債務についてした責任の限度額ならびに期間の定めのない連帯保証契約における保証人たる地位は，特段の事由のないかぎり，当事者その人と終始するものであつて，保証人の死亡後生じた債務については，その相続人においてこれが保証債務を負担するものではない（最判昭 37.11.9 民集 16-11-2270）。他方，被相続人の死亡前に発生した具体的な信用保証債務は相続の対象となる（上記判例反対解釈）。

(3) 通常の保証債務

判例通説は，相続性を肯定する。【大判昭 9.1.30 大審院民集 13-103】は，賃貸借契約における保証人の相続人は，相続開始後に生じた賃料債務についても保証の責を負うとする。

6 祭祀財産

(1) 審判対象の可否

遺産分割審判の対象とならない。系譜，祭具，墳墓などの祭祀財産は相続財産とは別個の財産として祖先の祭祀を主宰すべきものが承継する（民 897 I）。

但し，当事者間に争いのない場合は，遺産分割調停の中で祭祀承継者を指定して祭祀財産を取得させる調停を成立させることは可能である（新版「遺産分割・遺留分の実務」68 頁）。

(2) 祭祀承継者の決定

被相続人の指定がある場合には，その指定された者が祭祀承継者になり，指定がない場合には地方の習慣によって決められ，習慣も明らかでない場合には家庭裁判所の審判（遺産分割とは別個の事件）で決められる（民 897 I，II，家事法 39，別表第2⑪）。

7 遺体・遺骨

遺産分割審判の対象とならない。

【最判平元 7.18 家月 41-10-128】は，遺骨について，慣習に従って祭祀を主宰すべき者に帰属すると判示する。

8 葬儀費用

(1) 審判対象の可否

遺産分割審判の対象とはならない。葬儀費用は，相続開始後に生じた債務であり，遺産とはいえず，遺産分割の対象となる相続財産を構成するものではない。

葬儀費用の負担については，本来，民事訴訟手続によって解決が図られるべきであるが，相続人全員の合意があれば調停で解決をすることができる（「遺産分割の理論と審理」

189頁）。具体的には，葬儀費用から香典額（香典返しを控除した残額）を差し引いた額を相続財産から控除することはあり得る。

⑵ 葬儀費用の負担者

裁判例は分かれている。具体的には，①喪主（葬式主宰者）が負担すべきとする説（東京地判昭 61.1.28 家月 39-8-48 など），②法定相続分に応じて相続人が負担すべきである説（東京高決昭 30.9.5 家月 7-11-57），③相続財産から負担すべきとする説（東京地判昭 59.7.12 判時 1150-205),④条理・慣習による決まるとする説(東京地判平 6.1.17 判タ 870-248) 等がある。

9　香典

遺産分割審判の対象とならない。

香典は葬儀費用の一部を負担することを目的とした贈与と考えられる（東京家審昭 44.5.10 家月 22-3-89) ので，香典から香典返しに充てられる費用を控除したその余の部分は当然に葬儀費用に充てられることになる。余った場合には喪主（葬式主宰者）に帰属することになる。

10 遺産の管理費用

⑴ 管理費用に含まれるもの

固定資産税や火災保険料，地代・家賃，修繕費などの有益費などが含まれる。

⑵ 解決方法

遺産の管理費用は，相続開始後に生じた債務であり，原則として遺産分割の対象とはならない。

但し，相続人全員の合意があれば遺産分割調停により解決することができる。しかし，遺産分割審判の対象とすることはできないから，最終的には民事訴訟により解決することになる。

11 使途不明金

⑴ 意義

使途不明金とは 被相続人名義の預金が，生前又は相続開始後に払い戻されてその使途が問題になる場合である。使途不明金については，使途不明金の問題は，いわゆる付随問題であり，同問題が解決しなくとも遺産分割手続を進行することは可能である。

使途不明金の問題は，以下①～③のいずれで整理できる場合のみ，遺産分割手続の中に位置づけられることとなる。全当事者でこれらの合意ができない場合には，同問題は遺産分割手続とは切り離されることとなり，同問題の解決を望む当事者は不当利得返還請求訴訟または損害賠償請求訴訟（不法行為）といった民事訴訟を提起することとに

なる (「東京家庭裁判所家事第5部における遺産分割事件の運用」判タ 1418-12) 参照)。

---

①ある当事者が預金を既に取得したものとして相続分・具体的取得金額を計算する。

②ある当事者が一定額の現金を保管しているとしてこれを分割対象財産とする。

③払い戻した現金が被相続人からの贈与と認められるとして，当該当事者に同額の
特別受益があるとの前提で具体的相続分を計算する。

⑵　**使途不明金が問題になる場合**

前掲判タは次頁のとおり類型化している。

⑶　**文献紹介**

使途不明金については，前掲「東京家庭裁判所家事第5部における遺産分割事件の
運用」（判タ 1418-12）の他，「被相続人の生前に引き出された預貯金等を巡る訴訟につ
いて」（名古屋地方裁判所民事プラクティス検討委員会・判タ 1414 − 74）を参照にされ
たい。法律構成，事実認定上のポイント等について解説がなされている。

〈生前の払戻〉

払戻時期	経緯	使用状況に関する払戻者の説明	額・使途について争いの有無	取り扱い
生前	被相続人からもらった			特別受益が問題となる
	被相続人から預かった又は勝手に払い戻した	生前に被相続人のために使った	争いなし	問題なし
			争いあり	使途不明金
		死後に相続債務，祭祀，遺産の管理等のために使った	争いなし	問題なし
			争いあり	使途不明金
		自分のために使った	取得分として合意	遺産の先取得分または保管現金として遺産分割で取り扱う
			取得分として合意できない	使途不明金
		残っている	残金について遺産として合意	遺産分割
			残金について遺産として合意できない	使途不明金

〈死後の払戻〉

払戻時期	経緯	使用状況に関する払戻者の説明	額・使途について争いの有無	取り扱い
死後	相続人全員が同意して払い戻した	払戻しの趣旨に従って使った	争いなし	問題なし
			争いあり	使途不明金
		自分のために使った	取得分として合意	遺産の先取得分または保管現金として遺産分割で取り扱う
			取得分として合意できない	使途不明金
		残っている	残金について遺産として合意	遺産分割
			残金について遺産として合意できない	使途不明金
	勝手に払い戻した	相続債務，祭祀，遺産の管理等のために使った	争いなし	問題なし
			争いあり	使途不明金
		自分のために使った	取得分として合意	遺産の先取得分または保管現金として遺産分割で取り扱う
			取得分として合意できない	使途不明金
		残っている	残金について遺産として合意	遺産分割
			残金について遺産として合意できない	使途不明金

第4章 遺産の評価

【目次】

第1 遺産の評価とは

第2 遺産の評価の基準時

第3 遺産の評価の方法

    1 当事者の合意

    2 鑑定

    3 家事調停委員（専門委員），参与員の意見

第4 土地の評価

    1 当事者間の合意形成の基礎資料

    2 不動産鑑定における評価方法

    3 負担付き土地の評価の考え方

第5 借地権の評価

第6 建物の評価

    1 当事者間の合意形成の基礎資料

    2 貸家の評価の考え方

    3 被相続人と同居していた相続人の居住利益の控除

第7 借家権の評価

第8 現金・預貯金の評価

    1 現金

    2 預貯金

    3 特別受益として現金・預貯金がある場合

第9 動産の評価

    1 交換価値の低い動産（家財道具）

    2 高価品（絵画，骨董品，貴金属等）

第10 株式の評価

    1 取引相場のある株式

    2 取引相場のない株式

第11 ゴルフ会員権の評価

    1 預託金会員制の場合

    2 株主会員制の場合

第12 債権の評価

第1 遺産の評価とは

遺産の評価とは，遺産に属する個々の財産の一定の時点における客観的な交換価値（時価）を把握することである（「遺産分割事件の処理をめぐる諸問題」・299頁）。

遺産分割は，共同相続人間において，遺産を相続分に応じて分配する手続であるから，その前提として遺産を評価する必要がある。

第2 遺産の評価の基準時（2つの基準時）

個々の相続人の最終取得分の算定における遺産の評価は，遺産分割時を基準時とする（札幌高決昭39.11.21家月17-2-38）が，特別受益・寄与分が問題となる場合は，具体的相続分の算定にあたり，相続開始時（民903Ⅰ，904の2Ⅰ）を基準時とする。第9章の算定例も参照されたい。

> ・特別受益・寄与分が問題となる場合の具体的相続分の算定　→　相続開始時
> ・最終取得額の算定　　　　　　　　　　　　　　　　　　　→　遺産分割時

第3 遺産の評価の決定方法

1 当事者間の合意

⑴ 当事者の合意による決定

遺産分割は，当事者が任意に処分できる財産に関する紛争であるから，遺産の評価に関する事項（評価額，評価方法，評価の基準時）に関し，合意をすることは可能である。

⑵ 調停・審判における合意の扱い

調停・審判においては，合意に至った事項につき，中間合意調書を作成することが多い。たとえば，評価額，評価の基準時に関する合意であれば，以下のとおりである。

> 【中間合意の記載例】
> ・「別紙遺産目録記載の土地の評価額は5000万円とする」（評価額に関する合意）
> ・「相続開始時の評価額と分割時の評価額を同一評価額とする」（評価の基準時に関する合意）

(3) 当事者の合意の撤回の可否

合意が成立した場合，特段の事情がない限り，当事者の一方的な意思表示により合意を撤回することはできないと解される(千葉家一宮支審平5・5・25家月46-11-42参照)。

2 鑑定

(1) 鑑定手続

当事者間に合意が形成されない場合，鑑定をすることになる。裁判所は，鑑定人を選任し，鑑定人は，宣誓のうえ，対象資産の評価を行う(家事法64 I，民訴法212条以下)。

(2) 鑑定費用の予納

鑑定費用は，原則として当事者等にその費用の概算額を予納させる(民事訴訟費用等に関する法律1・12 I)。予納されない場合は，鑑定は行われない(同法12 II)。

(3) 鑑定費用の負担

鑑定費用は，原則として，法定相続分に応じて各当事者が負担する。もっとも，それが困難な場合は，とりあえず鑑定を希望する当事者に費用全額を予納させ，その後，調停成立時に費用を清算する条項を盛り込み，あるいは，審判主文における費用負担の定めで公平を図ることになる(「遺産分割(改訂版)」332頁参照)。

3 家事調停委員(専門委員)，参与員の意見

(1) 家事調停委員(専門委員)

調停において，調停委員会は，調停委員会を組織していない家事調停委員の専門的な知識経験に基づく意見を聴取することができる(家事法264)。

たとえば，不動産鑑定士である家事調停委員から遺産である不動産の評価について意見を聴取する場合である。当事者間で家事調停委員の意見により不動産の評価額を決定する合意も考えられる(下記記載例参照)。

なお，家事調停委員は，係争物件の所在地に赴き検分することは予定されておらず，既存の記録等を調べたり調停期日に出席して当事者の実情を検分する程度である(新基本法コンメンタール「人事訴訟手続法・家事事件手続法」542頁)。

> 【中間合意の記載例】
> ・別紙遺産目録記載の土地の評価額について専門委員の意見により決定する。
> ・専門委員の意見について，当事者はこれに従い，異議を述べない。

(2) 参与委員

審判では，参与員を立ち会わせ，その意見を聴くことがある(家事法40)。たとえば，不動産鑑定士の資格を有する参与員が意見を述べる場合である。

第4 土地の評価

1 当事者間の合意形成の基礎資料

　紛争の早期解決を図るためには，評価額について当事者間の合意が形成されることが理想である。なお，以下の資料はあくまで参考資料であり，実際の価格を正確に算定できるものではない点には注意が必要である。

(1) 公的機関の参考資料

①地価公示価格

【ポイント】取引価格に近いと言われるが，対象とされる土地が少ない。
→国土交通省のウェブページ

　http://www.land.mlit.go.jp/landPrice/AriaServlet?MOD=2&TYP=0

②都道府県地価調査標準価格

【ポイント】取引価格に近いと言われるが，対象とされる土地が少ない。
→国土交通省のウェブページ

　http://www.land.mlit.go.jp/landPrice/AriaServlet?MOD=2&TYP=0

③固定資産税評価額

【ポイント】時価の7割程度と言われる（÷0.7により一応の時価が算定可）。
→固定資産評価証明書による

④相続税評価額（路線価）

【ポイント】時価の8割程度と言われる（÷0.8により一応の時価が算定可）。
→国税庁のウェブページ

　http://www.rosenka.nta.go.jp/

⑤不動産取引価格情報

【ポイント】実際に行われた不動産取引の価格を検索可能
→国土交通省のウェブページ

　http://www.land.mlit.go.jp/webland/

(2) その他の参考資料

　調停では，不動産業者による簡易査定書，買付証明書等を利用し，複数の価格のうちの中間値をとることもある。

2 不動産鑑定における評価方法

合意が形成出来なければ，鑑定によることになる。鑑定は，取引事例比較方式，原価法，収益還元法の3つの方法を併用して行われる。

3 負担付き土地の評価の考え方

(1) 借地権負担付の土地（底地）の価格

借地権負担付の土地（底地）の価格は，更地価格から借地権価格を控除した価格により算定する。

借地権価格は，更地価格に借地権割合を乗じた価格である。

借地権割合は，一般的に更地価格の60～80％程度であり，路線価図に記載された値を参考にする

→国税庁ウェブページ　http://www.rosenka.nta.go.jp/index.htm

借地権負担付の土地の価格＝更地価格－（更地価格×借地権割合）

(2) 使用借権負担付きの土地の価格

更地価格から使用借権割合（更地価格の1割～3割程度）を減価して評価する場合が多い（「遺産分割（改訂版）」336頁）。

使用借権負担付の土地の価格＝更地価格－（更地価格×使用借権割合）

なお，特別受益との関係については，第7章第4.4を参照。

(3) 抵当権が設定されている土地の価格

土地の評価の際，被担保債務額を控除すべきか否かが問題となる。主債務者がだれかにより場合分けされる。

ア　土地に被相続人を主債務者とする抵当権が設定されている場合

被担保債務は，相続開始により当然に各相続人に法定相続分に応じて，分割帰属するので，遺産分割の対象となるのは積極財産のみであり，当該不動産の評価に当たって被担保債務額を控除する必要はない（改訂版「遺産分割の理論と審理」319頁）。但し，調停の場合，当該不動産を取得する相続人が，被担保債務の返済を全額引き受けることを約束して，被担保債務額を当該不動産の評価額から控除することもある（「遺産分割（改訂版）」338頁）。

> イ　土地に第三者を主債務者とする抵当権が設定されている場合

第三者の支払能力に応じて考える。

【第三者の支払能力があり，土地の取得者である相続人が最終的に支払責任を負わないと認められるとき】

→被担保債務額を控除しない。

【第三者の支払能力が完全に欠如していることが明らかな事情が認められるとき】

→被担保債務額を控除する。

(改訂版「遺産分割の理論と審理」319 頁参照)

第5　借地権の評価

> 借地権の価格　＝　更地価格　×　借地権割合

借地権割合は，前述のとおり 60 〜 80％である。

→国税庁ウェブページ http://www.rosenka.nta.go.jp/index.htm

第6　建物の評価

1　当事者間の合意形成の基礎資料

固定資産評価証明に基づくなどして，合意の形成に努めることになる（新版「遺産分割・遺留分の実務」200 頁）。

2　貸家の評価の考え方

> 建物の価格　＝　家屋の評価額　－　（家屋の評価額×借家権割合）

借家権割合は，30％程度である。

→国税庁ウェブページ http://www.rosenka.nta.go.jp/index.htm

3 被相続人と同居していた相続人の居住利益の控除の可否

(1) 問題の所在

　被相続人と遺産建物において同居していた相続人がおり，相続開始後，継続して当該建物に居住した場合，当該相続人の居住利益を建物の時価から控除すべきかどうかが問題になる。

(2) 同居していた相続人の相続後の利用権限（使用貸借契約の成立）

　共同相続人の一人が相続開始前から被相続人の許諾を得て遺産である建物において被相続人と同居してきたときは，特段の事情のない限り，被相続人と右の相続人との間において，右建物について，相続開始時を始期とし，遺産分割時を終期とする使用貸借契約が成立していたものと推認される（最判平 8.12.17 民集 50-10-2778）。

(3) 居住利益の控除の可否

　肯定した裁判例（大阪高決昭 54.8.11 家月 31-11-94，福島家審平 2.12.10 家月 44-4-43，東京高決平 9.6.26 家月 49-12-74）もあるが，居住利益という権利自体の曖昧さや評価方法が確立されていないことから否定する見解もある（「遺産分割（改訂版）」337 頁）。

第7　借家権の評価

借家権の評価 ＝ 家屋の評価額　×　借家権割合

　借家権割合は，30％程度である。

→国税庁ウェブページ http://www.rosenka.nta.go.jp/index.htm

第8　現金・預貯金の評価

---

1 現金

　現金は，古銭などそれ自体に付加価値があるものを除き，評価額は明確である（「遺産分割（改訂版）」342 頁）。

2 預貯金

(1) 預貯金額の基礎資料

預貯金は，預金通帳や金融機関発行の残高証明書により，確認する。

(2) **参考判例（共同相続人1名による預金の取引履歴の開示請求）**

　　預金者の共同相続人の一人は，共同相続人全員に帰属する預金契約上の地位に基づき，被相続人名義の預金口座の取引経過の開示を求める権利を単独で行使することができる（最判平21.1.22民集63-1-228）。

3　特別受益として現金・預貯金がある場合

　　金銭で生前贈与を受けた場合は，消費者物価指数（総務省統計局編）に従って，贈与時の金額を相続開始時の貨幣価値に換算した価額で評価して（最判昭51.3.18　民集30-2-111），これを相続開始時の相続財産に持ち戻すことになる。

　　消費者物価指数による計算方法については，新版「遺産分割・遺留分の実務」247頁参照。

第9　動産の評価

1　交換価値の低い動産（家財道具）

　　家財道具については，交換価値が低いため，現に使用している相続人にそのまま取得させたり，別途，相続人間での形見分けの機会を設けたりして，遺産分割の対象から除外する取扱が多い（「遺産分割（改訂版）」343頁）。

　　例外的に問題になる場合，鑑定をするほどのことはないことが多いので，取得を希望する相続人に見積もりをさせて，他の相続人に同意させるのが相当である（「遺産分割事件の処理をめぐる諸問題」314頁）。

2　高価品（絵画，骨董品，貴金属等）

　　美術商等の査定書，貴金属の相場等に従い，適当な価格で合意を形成することが考えられる。合意が形成できなければ，鑑定となる。

第10　株式の評価

1　取引相場のある株式

　　株式市場で取引されている株式については，特定の基準日を定めて，日刊新聞等に記

載される終値により算定することになる。

2 取引相場のない株式

相続税申告書の価格を参考に合意形成を図る。

合意が得られない場合は，公認会計士等の鑑定が必要になる（「遺産分割（改訂版）」341頁）。

評価の方法としては，会社法上の株式買取請求（会社法116，117）における株価の算定方式として採用されている方式（①純資産方式，②配当還元方式，③類似業種比準方式，④収益還元方式，⑤混合方式）による場合や，税務上の評価の基準である財産評価基本通達において採られている方式が参考になる。

第11 ゴルフ会員権の評価

1 預託金会員制の場合

取引相場がある場合はその価格を参考にし，取引相場がない場合は返還を受けることができる預託金額などを参考に共同相続人の合意を形成する（改訂版「遺産分割の理論と審理」324頁）。

2 株主会員制の場合

「第10 株式」の評価と同様。

第12 債権の評価

弁済期が到来し，回収確実な債権は額面どおりに評価する。回収可能性が低い債権，債権に条件や期限が付されている債権は，当事者の意見を聴いて評価の合意形成を図ることが相当である（「遺産分割（改訂版）」342頁）。

71

第5章 各相続人の取得額の算定①（全体像）

　各相続人の取得額は，指定相続分または法定相続分に従い計算するのが基本である。

　もっとも，共同相続人間において，相続分の譲渡や相続分の放棄など相続分の変動がある場合は，その変動した相続分に従って算定する必要がある。

　また，特別受益や寄与分がある場合，それらを考慮して各相続人の取得額を修正する必要がある。

【各相続人の取得額の計算】

基本：指定相続分，法定相続分に応じて計算（第6章）

修正：相続分の変動（相続分の譲渡，相続分の放棄）による修正（第2章・第7）

修正：特別受益，寄与分による修正（第7章，第8章）

第6章 各相続人の取得額の算定②（指定相続分と法定相続分）

【目次】

第1　相続分の決定方法
　　1　指定相続分と法定相続分
　　2　相続分の意義
第2　指定相続分（民902）
　　1　意義
　　2　一部の相続人の相続分の指定
　　3　指定相続分と遺留分
第3　法定相続分（民900・901）
　　1　内容
　　2　具体的検討

第1　相続分の決定方法

1　指定相続分と法定相続分

　　相続分は，遺言により定めることができるが(指定相続分, 民902)，遺言がない場合は，民法の定める相続分によることになる (法定相続分，民900・901)。

2　相続分の意義

　　ここでいう「相続分」とは，共同相続に際して各共同相続人が権利義務を承継すべき割合，すなわち，各共同相続人が取得し得べき相続財産の総額に対する分数的割合のことをいう (新版「注釈民法 (27)」補訂版・139頁)。

　　特別受益，寄与分を算定した後の「相続分」(民903，904条の2) は，「具体的相続分」と呼んで区別されることがある。

第2　指定相続分（民902）

1　意義

　　指定相続分とは，被相続人が遺言で定めた共同相続人の相続分又は遺言で委託された第三者が定めた相続分のことをいう (民902 I)。

　　例えば，相続人が妻Aと3人の子 (B，C，D)である被相続人が遺言で相続分を「A5分の3，B5分の1，C及びD10分の1」と指定した場合である。

2　一部の相続人の相続分の指定

　　一部の相続人の相続分を指定する場合，指定されなかった他の共同相続人の相続分は法定相続分による (民902 II)。

3　指定相続分と遺留分

⑴　遺留分の規定に反する相続分の指定

　　相続分の指定は，遺留分に関する規定に違反することはできない (民902 I但書)。もっとも，遺留分の規定に反する相続分の指定も，当然に無効となるわけではなく，遺留分権利者の減殺請求によって，遺留分侵害の限度で効力を失うにすぎない。

⑵　遺留分減殺請求をされた場合の処理

　　【最決平24.1.26集民239-635】は，遺留分減殺請求により相続分の指定が減殺さ

れた場合には，遺留分割合を超える相続分を指定された相続人の指定相続分が，その遺留分割合を超える部分の割合に応じて修正されると判示した。

【事例による説明】

・相続人：妻A，子B，C
・指定相続分：遺言により相続分をAが3分の2，Bが3分の1，Cが0と指定

【個別的遺留分】
A：4分の1
B：8分の1
C：8分の1
【指定相続分から遺留分割合を超える部分】
A：2／3－1／4＝10／24
B：1／3－1／8＝　5／24
【遺留分割合を超える部分の割合】
A：B＝2：1
【結論】
AとBは，Cの遺留分合計1／8を控除した残り7／8を2：1の割合で分ける。
A：7／8×2／3＝14／24
B：7／8×1／3＝7／24
C：1／8（3／24）

第3　法定相続分（民900・901）

1　内容

相続分の指定がない場合，相続分は民法の定める割合による（法定相続分，民900・901）。

(1) 現行法（昭和56年1月1日以降）の各相続人の相続分

	相続人	割合	相続人	割合
第1順位	配偶者	1/2	子	1/2
第2順位	配偶者	2/3	直系尊属	1/3
第3順位	配偶者	3/4	兄弟姉妹	1/4

(2) 昭和55年12月31日以前の各相続人の相続分

ア　昭和22年5月3日から昭和55年12月31日までの相続

改正前の民法の規定に従う。

75

	相続人	割合	相続人	割合
第1順位	配偶者	1/3	子	2/3
第2順位	配偶者	1/2	直系尊属	1/2
第3順位	配偶者	2/3	兄弟姉妹	1/3

イ　昭和 22 年 5 月 2 日より前の相続

　　旧民法，旧旧民法の規定に従う。詳細は以下の文献を当たられたい。

【昭和 55 年 12 月 31 日以前の相続分に関する文献】

・NIBEN Frontier 2014 年 12 月号田島潤「相続調査〜相続財産と相続人の調べ方（前編）」

・河瀬敏雄他著「第 4 版旧民法・応急措置法から現行法　図解・相続登記事例集」

2　具体的検討

(1)　配偶者のみの場合	(5)　子，直系尊属，兄弟姉妹だけの場合
(2)　配偶者と子の場合	(6)　孫を養子にした場合（重複資格）
(3)　配偶者と直系尊属の場合	(7)　代襲相続人の相続分
(4)　配偶者と兄弟姉妹の場合	

(1)　配偶者のみが相続人の場合

　　子，直系尊属，兄弟姉妹，甥姪もいない場合には，配偶者が被相続人の相続財産をすべて相続する。

(2)　相続人が配偶者と子の場合

> 配偶者：1/2　子全体：1/2（民 900 ①）

ア　子が数人いる場合（1/2を頭数で均分）

　　配偶者：1/2　子（2人）：1/2×1/2＝各1/4

イ　養子の相続分

　　養子は，縁組の日から，養親の嫡出子の身分を取得する（民 809）から，養子は嫡出子の相続分を取得する。

ウ　非嫡出子の相続分

(ア)非嫡出子の相続分は，嫡出子の相続分と区別なく同等である。

(イ)【最決平 25.9.4 民集 67-6-1320】は，従来非嫡出子の相続分は嫡出子の相続分の2分の1としていた民法 900 条 4 号但書前半部分の規定に対し，これを違憲とする決定を下した。

　　これを受け，平成25年12月5日，法定相続分を定めた民法の規定のうち嫡出でない子の相続分を嫡出子の相続分の2分の1と定めた部分（900条4号ただし書前半部分）を削除し，嫡出子と嫡出でない子の相続分を同等にする改正がなされ，同月11日

に公布，施行された。

　新法は，最高裁判所決定が下された翌日の平成25年9月5日以後に開始した相続について適用することとされた（附則第2項）。

　ただし，最高裁判所決定が，遅くとも平成13年7月当時には憲法違反であったと述べていることから，既に遺産分割が終了しているなど確定的なものとなった法律関係を除いては，嫡出子と非嫡出子の相続分が同等のものとして扱われることが考えられる。

　そして，「家事事件・人事訴訟事件の実務」（東京家事事件研究会編，法曹会2015）169頁は，「①平成12年9月までに開始した相続については，旧規定を前提に相続分を算定することにし，②平成12年10月から同13年6月までに開始した相続については，旧規定の合憲性につき個別の判断が必要であり，③平成13年7月から同25年9月4日までに開始した相続については，嫡出子・嫡出でない子を問わずその相続分を平等に扱うことにし，④平成25年9月5日以降に開始した相続については，新規定を前提に相続分を算定することになった」としている。

(3) 相続人が配偶者と直系尊属の場合

> 配偶者：2/3　直系尊属：1/3（民900②）

　ア　同親等の直系尊属が数人いる場合，1/3を頭数で均分する（民900④本文）。

　　　配偶者：2/3　養父・養母・実母（3人）：1/3×1/3＝各1/9

　イ　父母の世代に生存者がいない場合のみ，祖父母が相続する（民889Ⅰ①）。

　　　配偶者：2/3　父方の祖母・母方の祖父母（3人）：1/3×1/3＝各1/9

(4) 相続人が配偶者と兄弟姉妹の場合

> 配偶者：3/4　兄弟姉妹：1/4（民900③）

　ア　複数の兄弟姉妹（全員が全血又は半血）の場合，1/4を頭数で均分する（民900④本文）。

　イ　複数の兄弟姉妹のうち，半血兄弟姉妹（被相続人と親の一方を共通にするだけの者）がいる場合，その相続分は全血兄弟姉妹（被相続人と両親を共通にする者）の1/2である（民900④但書）。

　　　配偶者：3/4　全血兄弟姉妹（1人）：1/4×2/3＝2/12　半血兄弟姉妹（1人）：1/4×1/3＝1/12

(5) 被相続人に配偶者がなく，子，直系尊属又は兄弟姉妹だけが相続人の場合

　複数であれば，頭数で均分する（民900④本文）。ただし，兄弟姉妹の場合のみ半血兄弟姉妹は全血兄弟姉妹の相続分の1/2である（民900④但書）。

(6) 孫を養子にした場合（相続資格の重複）

　登記先例（昭26.9.18民甲1881号民事局長回答）は相続資格の重複を認めている。

(7) 代襲相続人の相続分（民901）

　ア　代襲相続人の相続分は被代襲者の相続分である。

イ　一人の被代襲者に代襲相続人が数人いる場合，その被代襲者の受けるべき相続分につき民法 900 条の規定により各代襲相続人の相続分が定められる（民 901 Ⅰ但書・株分け方式）。

例えば，死亡した夫には，妻と子ＡＢがいたが，相続開始前に既にＡが死亡しており，そのＡには子ＣとＤ（被相続人の孫）がいる場合，被代襲者Ａが受けるべき相続分は 1/4 であるから，Ｃ及びＤの相続分はそれぞれ 1/4×1/2 ＝ 1/8（民 901 Ⅰ・900 ①④）となる。

第7章 各相続人の取得額の算定③（特別受益）

【目次】

第1　特別受益の意義・趣旨
　　1　意義
　　2　趣旨
第2　特別受益の算定の手続
　　1　当事者間の合意がある場合
　　2　当事者間の合意がない場合
第3　特別受益者の範囲
　　1　特別受益者の範囲
　　2　代襲相続の場合
　　3　相続人の配偶者，子等（間接受益者）の場合
　　4　再転相続と特別受益
第4　特別受益の範囲
　　1　遺贈
　　2　相続させる旨の遺言
　　3　婚姻もしくは養子縁組のための贈与，生計の資本としての贈与
　　4　特別受益財産の範囲に含まれるか問題になるもの
第5　特別受益の基準時・評価の方法
　　1　基準時
　　2　受贈財産の減失又は価格の増減があった場合の評価の方法
　　3　対象物ごとの評価の方法
第6　持戻し免除の意思表示（民903Ⅲ）
　　1　意義
　　2　意思表示の方式
　　3　黙示の意思表示の認定

【文献紹介】

　「東京家庭裁判所家事第5部における遺産分割事件の運用」（判タ1418-31以下）には，東京家庭裁判所家事第5部が活用している「特別受益ツール」（当事者への説明文，主張書式等）が引用されているのでそちらも参照されたい。

第1　特別受益の意義・趣旨

1　意義

　　共同相続人中に，被相続人より遺贈を受けたり，生前贈与を受けているといった特別の利益を受けている者がいる場合，その特別の利益を「相続分の前渡し」とみて，相続財産に加算（持戻し）し，これを基礎（みなし相続財産）として一応の相続分を算出し，特別の利益を受けた者については，その相続分から特別の利益の価格分を控除してその者の相続分（具体的相続分）を算定すると規定した（民903）。

2　趣旨

　　共同相続人間の衡平を図る。

第2　特別受益の算定の手続

1　当事者間の合意がある場合

　　当事者全員が特別受益の有無，評価等について合意した場合は，その合意を前提として調停・審判手続を進めることになる（「遺産分割事件の運営（下）」，判タ1376-58）。

2　当事者の合意がない場合

　　合意がなければ，審判で特別受益の有無や価額について判断されることになる。

⑴　審判手続

　　遺産分割手続と別個独立に判断の対象とはならない。

　　【最判平7.3.7民集49-3-893】は，ある財産が特別受益財産に当たるかどうかは，遺産分割申立事件，遺留分減殺請求に関する訴訟など具体的な相続分又は遺留分の確定を必要とする審判事件又は訴訟事件における前提問題として審理判断されるのであり，右のような事件を離れて，その点のみを別個独立に判決によって確認する必要もないとして，特定の財産が特別受益財産であることの確認を求める訴えは，確認の利益を欠くものとして不適法であると判示する。

⑵　当事者の主張が必要

　　遺産分割事件の当事者主義的運用に照らし，裁判所は当事者が主張しない特別受益を職権で取り上げることはしていない。当事者は特別受益の主張をする必要がある。

　ア　特別受益の主張

特別受益を主張する者は，①遺贈又は②贈与の事実があったこと，③その贈与が婚姻，養子縁組のため若しくは生計の資本としてなされたものであることを主張する。

イ　特別受益者の主張（抗弁）

被相続人が持戻し免除の意思表示をしたことを抗弁として主張する（新版「遺産分割・遺留分の実務」249頁参照）。

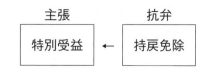

第3　特別受益者の範囲

1　特別受益者の範囲

特別受益を受けた者として持戻しをする必要がある者は，共同相続人に限られるのが原則である（民903Ⅰ）。

2　代襲相続の場合

(1)　被代襲者の受けた贈与

ア　原則

被代襲者の受けた贈与は持戻しの対象となるのが原則である。

イ　例外

一身専属的な利益については，否定する判例がある。

【鹿児島家審昭44.6.25　家月22-4-64】は，当該特別受益の性質が，特別高等教育を受けた費用という被代襲者にとって一身専属的性格のものである場合に，代襲相続人の持戻し義務を否定する。

【徳島家審昭52.3.14　家月30-9-86】は，代襲相続人が被代襲者を通して被代襲者が被相続人から受けた贈与によって現実に経済的利益を受けている場合に限り，その限度で特別受益に該当するとした上で，外国留学の費用は被代襲者の一身専属的なもので，代襲相続人は直接的利益を何ら受けていないとして持戻し義務を否定した。

(2)　代襲相続人の受けた贈与

ア　代襲原因が発生する前の代襲相続人が受けた贈与

通説は，代襲原因発生前の贈与等は，推定相続人に対するものではなく，第三者への贈与と同様の性質を有するに過ぎないので持戻しの対象とならないとする（「遺産分割（改訂版）」348頁，【大分家審昭49.5.14　家月27-4-66】も参照）。

イ 代襲原因が発生した後の代襲相続人の受けた贈与
　　持戻しの対象となる。

3 相続人の配偶者，子等（間接受益者）の場合

(1) 原則
　被相続人から相続人の配偶者や子などに対して生前贈与がなされたとしても，相続人に対する贈与ではないので，持戻しの対象とならない。

(2) 例外
　名義上は共同相続人の親族に対する遺贈又は贈与であっても，真実あるいは実質的には共同相続人に対する遺贈又は贈与であるといえるような場合には，例外的にこれを特別受益に該当するものとされる場合がある（「遺産分割（改訂版）」347頁参照）。
　【福島家白河支部審昭55.5.24　家月33-4-75】は，被相続人から共同相続人の一人の配偶者に対して贈与がなされた場合において，「贈与の経緯，贈与された物の価値，性質，これにより相続人の受けている利益などを考慮し，実質的には相続人が直接贈与されたのと異ならないと認められる場合には，たとえ相続人の配偶者に対してなされた贈与であってもこれを相続人の特別受益とみる」と判示した。

4 再転相続と特別受益

(1) 再転相続とは
　第1次被相続人Aにかかる相続が開始したが，その遺産分割が未了の間に，第1次相続の共同相続人のうちの1人Bが死亡して，Bを被相続人とする第2次相続が開始したような場合をいう（改訂版「遺産分割の理論と審理」406頁）。

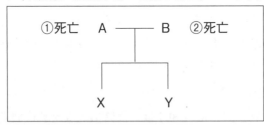

(2) 再転相続の場合の処理
　第1次被相続人Aの未分割遺産について第1次遺産分割の処理を行い，これによって第2次被相続人Bに帰属した財産についての第2次遺産分割を行うという処理が必要となる（同上）。

(3) 再転相続の場合の特別受益の処理
　まず，第1次被相続人Aの未分割遺産について，第1次被相続人Aから特別受益を受けた者の特別受益の持戻しをして，各共同相続人の具体的相続分を算定し，第1次遺産分割を行う。

↓

次に，これによって第2次被相続人Bに帰属した財産について，第2次被相続人B
から特別受益を受けた者の特別受益の持戻しをして，各共同相続人の具体的相続分
を算定し，第2次遺産分割を行う（改訂版「遺産分割の理論と審理」244頁，最決平
17.10.11民集59-8-2243）

第4　特別受益の範囲

1　遺贈

遺贈は，目的を問わず，包括遺贈も特定遺贈もすべて特別受益となる。

もっとも，対象財産は相続開始時の相続財産に含まれているから，生前贈与された財
産のように加算する必要はない。

2　相続させる旨の遺言

民法の規定はないが，「相続させる」旨の遺言により特定の財産を取得させる場合も，
遺贈と同様，特別受益となる（広島高岡山支決平17.4.11家月57-10-86）。

遺贈同様，対象財産は相続開始時の相続財産に含まれているから，生前贈与された
財産のように加算する必要はない。

3　婚姻もしくは養子縁組のための贈与，生計の資本としての贈与

(1)　考え方（判断基準）

贈与された金額，遺産総額との比較，他の共同相続人との均衡を考慮して，「遺産の
前渡し」とみられるか否かで判断される（「遺産分割（改訂版）」351頁参照）。

(2)　具体例

「婚姻もしくは養子縁組のための贈与」は，持参金，支度金が典型例と言われ，結納金，
挙式費用については争いがある（基本法コンメンタール「相続」第5版61頁）。

「生計の資本としての贈与」とは，親元から独立する際の不動産の贈与，事業資金の
贈与等広く生計の基礎として役立つような財産上の給付と言える場合である（上記61頁）。

4　特別受益財産の範囲に含まれるか問題になるもの

(1) 高等教育の費用（学資）	(5) 借地権の設定
(2) 被相続人の相続人に対する経済的援助	(6) 土地の使用貸借による利用
(3) 生命保険金	(7) 建物の使用貸借による利用
(4) 死亡退職金	

(1) 高等教育の費用（学資）

ア　考え方（判断基準）

親（被相続人）の資産や社会的地位を基準としたならば，その程度の教育をするのが普通であるという場合には，そのような学資の支出は親の負担すべき扶養義務の範囲内に入るものとみなし，それをこえた不相応な学資のみを特別受益と考える（新版「注釈民法（27）」補訂版 205 頁）。

イ　持戻し免除の意思表示

共同相続人全員が同程度の学資の援助を受けている場合には，黙示の持戻し免除の意思表示が認められることがある（改訂版「遺産分割の理論と実務」247 頁）。

ウ　裁判例

【大阪高決平 19.12.6 家月 60-9-89】は，「本件のように，被相続人の子らが，大学や師範学校等，当時としては高等教育と評価できる教育を受けていく中で，子供の個人差その他の事情により，公立・私立等が分かれ，その費用に差が生じることがあったとしても，通常，親の子に対する扶養の内容として支出されるもので，遺産の先渡しとしての趣旨を含まないものと認識するのが一般的であり，仮に，特別受益と評価しうるとしても，特段の事情のない限り，被相続人の持戻し免除の意思表示が推定されるものというべき」とした。

(2) 被相続人の相続人に対する経済的援助

ア　考え方（判断基準）

扶養の範囲に含まれると解される場合は，特別受益にならない。

イ　裁判例

【東京家審平 21.1.30 家月 62-9-62】は，遺産総額や被相続人の収入状況からすると，被相続人から相手方に対する送金のうち，月に 10 万円を超える部分は生計の資本としての贈与であり，特別受益と認められるが，その余の送金は親族間の扶養的金銭援助にとどまる旨判示した。

(3) 生命保険金

ア　原則

生命保険金は，被相続人と保険会社との間の保険契約に基づき受取人が支給を受けるものであるから，文理上民法 903 条 1 項の被相続人からの遺贈又は生前贈与に該当しない。

イ　例外【最決平 16.10.29 民集 58-7-1979】

（特別受益に当たる場合）

「保険金受取人である相続人とその他の共同相続人との間に生ずる不公平が民法903 条の趣旨に照らし到底是認することができないほどに著しいものであると評価すべき特段の事情が存する場合には，同条の類推適用により，当該死亡保険金請求権は

特別受益に準じて持戻しの対象となると解するのが相当である。」

（特段の事情の有無の判断基準）

　「上記特段の事情の有無については，保険金の額，この額の遺産の総額に対する比率のほか，同居の有無，被相続人の介護等に対する貢献の度合いなどの保険金受取人である相続人及び他の共同相続人と被相続人との関係，各相続人の生活実態等の諸般の事情を総合考慮して判断すべきである」

ウ　裁判例

　特段の事情は，保険金の額のみによって判断されるものではないが，保険金額が遺産総額の6割を超えるような場合は，持戻しの対象と判断される可能性が高くなるであろう（遺産分割事件の運営（下）判タ1376-57）。

特別受益性を否定	保険金の額及び遺産総額に対する保険金の比率	特別受益性を肯定
大阪家堺支審平18.3.22（家月58-10-84）	約6%（428万円）	
最決平16.10.29（民集58-7-1979）	約9.6%（574万円）	
	約61.1%（5154万円）	名古屋高決平18.3.27（家月58-10-66）
	約99.9%（1億129万円）	東京高決平17.10.27（家月58-5-94）

(4) 死亡退職金

　死亡退職金は，賃金の後払という性質と，遺族の生活保障という性質を備えている。前者を強調すれば，持ち戻すべき（肯定）ことになるし，後者を強調すれば持ち戻すべきでない（否定）ということになる（「遺産分割事件の処理をめぐる諸問題」262頁）。

　・肯定裁判例（大阪家審昭51.11.25家月29-6-27）

　・否定裁判例（東京家審昭55.2.12家月32-5-46）

(5) 借地権の設定

　被相続人の土地上に相続人の建物を建築する際，被相続人が借地権を設定する場合がその例である。借地権価格相当額の対価を支払っている場合を除き，借地権価格相当額の贈与を受けたとみることができるので，特別受益に当たる。

　借地権の評価については［更地価格×借地権割合］で算定するが，借地権割合は，一般的に更地価格の60〜80%程度である（第4章・第5「借地権の評価」）

(6) 土地の使用貸借による利用

ア　問題の所在

　被相続人の土地の上に，相続人の1人が建物を建て，無償で土地を使用している

場合がその例である。この場合、①使用貸借権の設定による利益、②土地を無償使用した利益（地代相当額）の2つについて特別受益に当たるかどうか問題になるが、実務では、以下のとおり、①を肯定し、②を否定する。

| ①土地への使用貸借権の設定による利益 | →肯定 |
| ②土地を無償使用した利益（地代相当額） | →否定 |

イ　①使用貸借権の設定
(ア)特別受益の該当性（肯定）
　　使用貸借権の設定により、被相続人の相続財産は減少し、他方相続人は利益を受けていたこととなるので、特別受益となる。
(イ)評価の方法
　　実務においては、使用貸借が設定されている土地として使用貸借権減価をしたうえで、使用借権評価額相当の利益を無償使用してきた相続人の特別受益として持戻し、結局更地評価になるという二段評価をする考え方が主流になっている（新版「遺産分割・遺留分の実務」234頁参照）。使用貸借権減価は、10~30％程度である。

【二段評価】

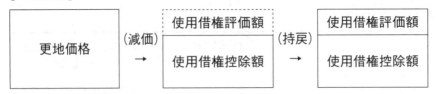

(ウ)裁判例
　　【東京地判平15.11.17家月57-4-67】は、無償使用による利益を土地の使用貸借権価格を更地の15％と評価し、それが特別受益に当たるとした。
(エ)持戻し免除
　　無償使用は相続人に老後の面倒を見てもらうためや家業を継ぐために行うことも多く、その場合持戻し免除の黙示の意思表示の有無が問題となる。

ウ　②土地を無償使用した利益（地代相当額）
(ア)特別受益の該当性（否定）
　　実務は特別受益に該当しない扱いである（新版「遺産分割・遺留分の実務」235頁参照）。
(イ)裁判例
　　【東京地判平15.11.17家月57-4-67】は、使用期間中の使用による利益は、使用貸借権から派生するものといえ、使用貸借権の価格の中に織り込まれていると見るのが相当であり、使用貸借権のほかに更に使用料まで加算することには疑問があり、採用することができないと判示する。

(7) 建物の使用貸借による利用

通常，恩恵的性格が強く，遺産の前渡しという性格は薄い。また，経済的価値も低いため，「生計の資本」としての贈与には当たらない。したがって，家賃相当額が特別受益に当たるということもおよそない（「遺産分割事件の運営（下）判夕1376-57」）。

第5　特別受益の基準時・評価の方法

1　基準時

相続開始時を基準とする（最判昭51.3.18民集30-2-111）。

2　受贈財産の滅失又は価格の増減があった場合の評価の方法

(1) 受贈者の行為による場合

受贈者の行為により，生前贈与された財産に滅失又は価格の増減が生じた場合，それが相続開始時において，贈与当時のままの形で存在するものとして評価する（民904）。

(2) 不可抗力による場合

滅失すれば特別受益はないものとし，価値の増減があるときは相続開始時の価格で評価するのが相当である。

3　対象物ごとの評価の方法について

(1) 金銭

金銭で生前贈与を受けた場合は，消費者物価指数（総務省統計局編）に従って，贈与時の金額を相続開始時の貨幣価値に換算した価額で評価して（最判昭51.3.18　民集30-2-111），これを相続開始時のみなし相続財産に持ち戻すことになる。

(2) 金銭以外

不動産，有価証券，動産等については，鑑定の結果などに従って相続開始時の時価を算定したうえで，これを相続開始時のみなし相続財産に持戻すことになる（改訂版「遺産分割の理論と審理」253頁）。

第6 持戻し免除の意思表示（民903 Ⅲ）

1 意義

　被相続人は，特別受益の持戻しにつき，遺留分に関する規定に反しない範囲内で，受益分の持戻しを免除する意思表示をすることができる（民903 Ⅲ）。

2 意思表示の方式

　特別の方式を必要としない。明示の意思表示，黙示の意思表示，生前行為，遺言のいずれでもよい。実際には，黙示の意思表示として認定される場合が多い（「遺産分割（改訂版）」362頁）。

3 黙示の意思表示の認定

(1) 判断要素

　①贈与の内容・価格，②贈与がされた動機，③被相続人と受贈者である相続人及びその他の相続人との生活関係，④相続人及び被相続人の職業・経済状態，⑤他の相続人が受けた贈与の内容・価額などの事情を総合考慮して判断する（「遺産分割（改訂版）」362頁）。

(2) 類型

ア　受贈財産による利益を取得する合理的な事情がある場合

　①身体的，精神的障害があるために経済的に恵まれない相続人に対し，将来扶養の意味を含めて贈与等がなされた場合

　②子がない，又は子からの扶養を期待できない妻に対して生命保険金を取得させた場合

　③被相続人と同居するために土地使用権又は建物使用権を与えた場合

　④寄与相続人に対し，その寄与に報いるために贈与がなされた場合

　⑤金銭的には評価されにくい貢献に対してその貢献に報いるために贈与がなされた場合

イ　各相続人に同程度の贈与をした場合

　婚資，学資などは被相続人が同程度の負担をしていれば持戻しをしないのが被相続人の意思に合致する（「遺産分割事件の処理をめぐる諸問題」265頁）。

(3) 裁判例

ア　肯定裁判例

【福岡高決昭45.7.31 家月22-11·12-91】

　被相続人の三男への生前贈与についての持戻し免除が問題となった事例で，日付の記

載の欠くために効力がないとされた自筆証書遺言の中に，全財産を三男に譲渡すると
の記載があったことや，三男が被相続人と同居して共に農業に従事し，被相続人とし
ては三男に農業を継がせる意思があったこと等の事情を考慮し，持戻し免除の意思表
示を認めた。

【東京家審昭 49.3.25 家月 27-2-72】

相続人が，被相続人（父）所有の土地上に，建物を新築し，被相続人（父）や母らと
同居して面倒をみることが前提になっていたという事実関係のもと，土地使用の権原
は，一種の負担付使用貸借権に基づくものとしたうえで，これに伴う特別受益（土地
の使用借権減価分）について，持戻し免除の意思表示を認めた。

【東京高決昭 51.4.16 判タ 347-207】

強度の神経症のため独立した生計を営むことが困難な心身の状態であった相続人に対
して，他の相続人と区別して特に宅地を贈与した事案で，その贈与にあたり黙示的に
持戻し免除の意思表示を推認できるとした。

【東京高決平 8.8.26 家月 49-4-52】

被相続人が相続人である妻に対して，土地の共有持分を生前贈与した事案において，
当該贈与が長年の妻の貢献に報い，老後の生活の安定を図るためにした贈与であり，
他に老後の生活を支えるに足りる資産も住居もないという事実関係のもと，土地の共
有持分を贈与した事案で黙示の持戻し免除の意思表示を認めた。

イ　否定裁判例

【東京家審平 12.3.8 家月 52-8-35】

持戻し免除の意思表示につき，被相続人が明示の意思表示をしていないにもかかわら
ず，黙示的意思表示あることを認定するためには，一般的に，これを是とするに足る
だけの積極的な事情，すなわち，当該贈与相当額の利益を他の相続人より多く取得さ
せるだけの合理的な事情あることが必要であるとしたうえで，結論として持戻し免除に
意思表示を否定した。

第8章 各相続人の取得額の算定④ （寄与分）

【目次】

第1　寄与分の意義
第2　寄与分の適用について
第3　寄与分算定の手続
　　1　概要
　　2　①協議
　　3　②調停
　　4　③審判
第4　寄与の主体
　　1　共同相続人
　　2　代襲相続人
　　3　相続人の配偶者・子等の寄与（相続人の履行補助者）
　　4　包括受遺者
第5　寄与分成立の一般的な要件（民904の2Ⅰ）
　　1　①特別の寄与であること（特別性）
　　2　②相続開始前までの行為であること
　　3　③対価を受けていないこと（無償性）
　　4　④被相続人の財産の維持又は増加との間に因果関係があること
第6　寄与分の評価・算定方法
　　1　評価時期
　　2　算定方法
　　3　遺贈との関係
　　4　遺留分との関係
第7　寄与行為の類型
　　1　家業従事型（労務の提供）
　　2　金銭等出資型（財産上の給付）
　　3　扶養型
　　4　療養看護型
　　5　財産管理型

【文献紹介】
　「東京家庭裁判所家事第5部における遺産分割事件の運用」（判タ1418-36以下）には，東京家庭裁判所家事第5部が活用している「寄与分ツール」（当事者への説明文，主張書式等）が引用されているのでそちらも参照されたい。

第1 寄与分の意義

　寄与分（民904の2）とは，共同相続人の中に，被相続人の財産の維持または形成に特別の寄与，貢献をした者がいる場合に，法定相続分に寄与に相当する額を加えた財産の取得を認めて，共同相続人間の衡平を図ろうとする制度である（新版「注釈民法(27)」補訂版・234頁参照）。

第2 寄与分の適用について

　寄与分の制度は，昭和55年の民法改正により創設された制度であり，昭和56年1月1日以降に相続が発生した場合に適用される。

　同日以降の相続については，当事者が寄与分に関する申立をしなければ，裁判所は寄与分について判断できない（民904の2Ⅱ）。

　なお，上記民法改正前から，寄与分は判例法の形で実務に定着していた経緯がある。上記民法改正前の裁判例に寄与分が登場するのはそのためである。

第3 寄与分算定の手続

1 概要

　寄与分は，①協議，②調停，③審判によって定められる。

2 ①協議

　寄与分を主張する相続人は，相続開始後，遺産分割終了までに他の共同相続人全員に対して，協議により自分の寄与分を定めてもらいたい旨の申し出をして，協議を行う。

3 ②調停

　寄与分の定めにつき，共同相続人全員の協議が整わないとき，または協議をすることができないときは，家庭裁判所に調停を申し立てることができる（民902の2Ⅱ，家事法244・別表第二⑭）。

⑴ 申立権者

寄与分を主張する相続人

(2) 管轄

ア　相手方住所地を管轄する家庭裁判所又は当事者が合意で定める家庭裁判所（家事法 245 I）

イ　既に遺産分割の調停が係属している場合

当該遺産分割の調停が係属している家庭裁判所（家事法 245 III, 191 II）。

(3) 遺産分割調停との関係

ア　申立時の扱い

寄与分を定める調停のみを申立てることも可能だが，通常は，遺産分割についても調停が申し立てられている場合が多い。その場合，遺産分割の調停と寄与分を定める処分の調停は，手続が併合される（家事法 245 III, 192）。

イ　調停が不成立の場合の扱い

寄与分を定める処分の調停が申し立てられ，調停が不成立になった場合，審判手続に移行する（家事法 272 IV）。但し，寄与分を定める処分事件の審判は遺産分割の審判が係属していることが前提条件となるので（民 904 の 2 IV），遺産分割の審判の申立がされていない場合には，不適法として却下される（改訂版「遺産分割の理論と実務」264頁）。

4 ③審判

(1) 申立権者

寄与分を主張する相続人

(2) 審判申立の要件（遺産分割審判の係属が必要）

寄与分を定める審判は，遺産分割の審判が係属している場合（民 907 II）又は死後認知を受けた相続人からの価額支払請求があった場合（民 910）にのみ申し立てをすることができる（民 904 の 2 IV）。

(3) 管轄

当該遺産分割の審判が係属している家庭裁判所（家事法 191 II）

(4) 寄与分を定める審判の申立ての期間指定（家事法 193）

家庭裁判所は，遺産分割の審判手続において，1ヶ月を下らない範囲内で寄与分を定める処分の審判の申立て期間を定めることができ（同条1項），上記期間を経過してなされた申立てを却下することができる（同条2項）。

【趣旨】申立権の濫用による審理の遅延防止

(5) 手続

遺産分割と寄与分を定める審判は併合されて審理される（家事法 192）。

第4　寄与の主体

1　共同相続人

寄与分を主張することができるのは共同相続人に限られている（民904の2Ⅰ）。

2　代襲相続人

代襲相続人も共同相続人であるから，寄与分の主張ができること自体は問題がない。①代襲者自身の寄与行為を主張できるか，②被代襲者自身の寄与行為を主張できるかが問題になる。

(1)　代襲者自身の寄与

代襲相続人は，代襲原因の発生時期の前後を区別せず，代襲者自身の寄与行為についての寄与分を主張しうる（「遺産分割事件の処理をめぐる諸問題」267頁」）。

(2)　被代襲者の寄与

被代襲者の寄与も主張できる（東京高決平元12.28家月42-8-45）。

3　相続人の配偶者・子等の寄与（相続人の履行補助者）

(1)　相続人の履行補助者

相続人の配偶者・子等自身は，寄与分の主張はできない。しかし，相続人以外の者の寄与行為が，相続人の寄与と同視し得るような場合（寄与者が共同相続人の履行補助者的地位にある場合），当該相続人の寄与行為と評価されうる。

(2)　履行補助者に関する裁判例

【東京家審平12.3.8家月52-8-35】は，相続人の配偶者（妻）と子が履行補助者的立場で被相続人を介護したとして，看護料金に基づいて，寄与分を認めた。

【盛岡家審昭61.4.11家月38-12-71】は，相続人とその配偶者及び子が，認知症にかかった被相続人の介護のために療養看護に尽くしたという事実を，相続人の寄与分算定の資料として考慮した。

【東京高決平22.9.13家月63-6-82】は，相続人の妻による被相続人に対する入院中の看護やその後の長年の介護は，相続人の履行補助者としての同居の親族の扶養義務の範囲を超えて相続財産の維持に貢献したと評価し，寄与分の主張を認めた。

4　包括受遺者

寄与者は，「共同相続人」に限定されている等の理由により，寄与分の主体にはならないとするのが通説である（基本法コンメンタール「相続」第五版70頁）。

第5　寄与分成立の一般的な要件（民904の2Ⅰ）

> ①特別の寄与であること（特別性）
> ②相続開始前までの行為であること
> ③対価を受けていないこと（無償性）
> ④被相続人の財産の維持又は増加との間に因果関係があること

　後述する各類型（第7）において，個別に検討すべき問題もあるが，一般的な要件としては以下のとおりである。

1　①特別の寄与であること（特別性）

　夫婦親族間の扶助（民752，877，730）として多くの人が通常行うと期待される程度を超える，特別の労務の提供や療養看護等（寄与）を行ったことが必要である。

　たとえば，被相続人と同居していた，頻繁に被相続人宅を訪れていた，月々小遣いをあげたり物を買ってあげたりした，旅行に連れて行った，入院中他の相続人よりも頻繁に見舞いに行ったなどの孝行では，特別の寄与とはいえない（「遺産分割事件の運営（下）」判タ1376-67）。

2　②相続開始前までの行為であること

　条文上「被相続人の財産の維持又は増加」（民904の2Ⅰ）となっており，相続開始前の行為であることを要する。

　たとえば，遺産不動産の維持管理，遺産整理，法要の実施などは，相続開始後の行為であるので，寄与分の対象とならない（「遺産分割事件の運営（下）」判タ1376-67）。

　【和歌山家審昭59.1.25　家月37-1-134】は，葬儀費用の提供は相続開始後の事情であるから寄与分としては考慮し得ないとした。

3　③対価を受けていないこと（無償性）

⑴　対価を受けていないこと

　無償又はこれに近い状態で寄与がなされていることが必要である。相応な対価を得てなされた寄与行為（たとえば当該寄与行為に賃金が支払われていた場合）は，これに対する実質的な清算が完了しているものということができるので，特別の寄与にはならない（改訂版「遺産分割の理論と審理」266頁）。

　また，当該相続人が被相続人から別の利益を得ていた場合（たとえば，被相続人の

収入で生活していたり，被相続人の家屋や土地を無償使用したりしている場合），無償性が否定される要因となる（「遺産分割事件の運営（下）」判タ 1376-59）。

(2) **無償性に関する裁判例**

【大阪高決平 2.9.19 家月 43-2-144】（寄与分肯定）

相続人が被相続人の事業に関して労務を提供し，提供した労務にある程度見合った賃金や報酬等の対価が支払われたときは，寄与分として認めることはできないが，支払われた賃金や報酬等が提供した労務の対価として到底十分でないときは，報いられていない残余の部分については寄与分と認められる余地があると解されるとした。

【広島高決平 6.3.8 家月 47-2-151】（寄与分否定）

被相続人に対する介護による寄与分を主張した相続人について，先行する他の親族の遺産分割において，被相続人を扶養することを前提に他の共同相続人より多い不動産の共有持分を取得していた事情を考慮して，寄与分を否定した。

4　④被相続人の財産の維持又は増加との間に因果関係があること

特別の寄与によって，被相続人の財産が減少することを食い止めたり，増加をさせたりというような財産上の効果が具体的に現れたことが必要である。精神的に支えになったなど，財産上の効果と直接結びつかないようなことは，因果関係があるとはいえない（（「遺産分割事件の運営（下）」判タ 1376-67）。

第6　寄与分の評価・算定方法

1　評価時期

相続開始時（民法 904 条の2第1項の文言）。

2　算定方法

寄与分の算定は，「寄与の時期，方法及び程度，相続財産の額その他一切の事情を考慮して，寄与分を定める」（民 904 条の2Ⅱ）とされており，具体的な算定方法の定めはない。もっとも，寄与行為の類型ごとに，算定方法を定める努力もなされているので，後述する（「第7　寄与行為の類型」）。

3　遺贈との関係

寄与分は，被相続人が相続開始時において有した財産の価額から遺贈の価額を控除した残額を超えることができない（民 904 の2Ⅲ）。

【事例】

・相続人が子の甲・乙の2名，被相続人の遺産：500万円

・被相続人が甲に対して遺贈300万円，乙は，寄与分が400万円に相当すると主張。
乙の寄与分が認められる限度はいくらか。

【結論】

寄与分は，200万円（500万円−300万円）を超えることはできない。

4　遺留分との関係

寄与分と遺留分の関係について明文の規定はないが，遺留分を侵害するような寄与分の定めは妥当ではない。**【東京高決平 3.12.24 判タ 794-215】**は，「寄与分の制度は，相続人間の衡平を図るために設けられた制度であるから，遺留分によって当然に制限されるものではない」としつつも，「裁判所が寄与分を定めるにあたっては，他の相続人の遺留分についても考慮すべきは当然である」と判示する。

第7　寄与行為の類型

寄与行為は，以下の5つの類型に整理することができるが，複数の類型の混合型の事案もある。裁判例上必ずしも計算式が示される訳ではないが，一つのモデルとして計算式を示すことにする。

　1　家業従事型（労務の提供）
　2　金銭等出資型（財産上の給付）
　3　扶養型
　4　療養看護型
　5　財産管理型

1　家業従事型（労務の提供）

⑴　内容

家業従事型とは，民法904条の2第1項の規定する「被相続人の事業に関する労務の提供」に該当する類型である。

たとえば，相続人が，被相続人の事業（例えば，農林漁業，商業，工業，医師，弁護士，税理士等）に労務に見合った報酬を得ることなく，長期間従事した場合である。

⑵　認定上のポイント

①無償性

相続人が被相続人から世間並みの給料を受けている場合には，寄与分を認めるこ

とはできない（「遺産分割事件の処理をめぐる諸問題」281頁）。

　　また，寄与者が被相続人の収入や資産によって生活していたときは，たとえ無給であっても寄与分が認められないことがある（「遺産分割事件の運営（下）」判タ1376-68）。

②継続性

　　一般的な数字（年数）で表すことは困難であるが，家業従事のみの場合は，概ね3，4年程度を要するのではないかという指摘がある（「遺産分割事件の処理をめぐる諸問題」282頁）

③専従性

　　事業に専従していたことが必要。

(3) 算定方法

ア　従事期間による算定方法

> 寄与分額　＝　寄与相続人の受けるべき相続開始時の年給額（※1）
>
> 　　　　　　　×（1－生活費控除割合，※2）×　寄与年数

【解説】

※1：具体的な資料がなければ，相続開始時を含む年度の賃金センサス（家業従事期間の寄与相続人と同年齢層の平均賃金）を参考資料とする。

※2：寄与相続人が被相続人に生活を依存していた場合は，寄与者は，被相続人から既に生活費相当額の支給を受けていると考え，生活費分を控除することになる。実額が判明すればそれによるし，標準的な生活費控除割合を5割とすることも差し支えない（「遺産分割事件の処理をめぐる諸問題」285頁参照）。

【裁判例（神戸家審昭50.5.31 家月28-4-110）】

　被相続人（夫）のたばこ販売等の小売店の営業を手伝った配偶者を寄与者とする事例において，以下の計算の通り400万円の寄与分を認めた。

> 〔計算〕
> ・相続開始時の平均賃金：70万円，従事期間：23年
> ・生活費控除割合：50％，更なる減額：50％
> ・70万円×23×（1－0.5）×（1－0.5）≒400万円

イ　遺産増加額に対する貢献度による算定方法

> 寄与分額　＝　遺産増加額　×　寄与相続人の貢献度の割合

【解説】

　遺産の増加と寄与行為との間に明確な因果関係が認められる場合等の計算方法として用いることが考えられる。

【裁判例（福岡家久留米支審平 4.9.28（家月 45-12-74)】

　被相続人（父親）の薬局経営を手伝った子の寄与分について，遺産の維持又は増加に特別の寄与貢献を相当程度したものとしたうえで，その程度は，本件における一切の事情を斟酌し，被相続人の相続開始時における遺産の評価額の総額 1 億 2943 万 6880 円から当時の負債 3715 万 1256 円を控除した 9228 万 5624 円の 32 パーセント強であると寄与分を認定した。

2　金銭等出資型（財産上の給付）

(1)　内容

　民法 904 条の 2 第 1 項の規定する「被相続人の事業に関する財産上の給付」又は「その他の方法」に該当する類型である。

【典型例】

ア　子が親に対し，被相続人の家屋の新築，新規事業の開始，借金の返済などのために，金銭を贈与する場合

イ　共働きの夫婦の一方である夫が夫名義で不動産を取得するに際し，妻が自己の得た収入を提供する場合

ウ　相続人が被相続人に対し，自己所有の不動産を贈与する場合

エ　相続人が被相続人に対して，自己所有の不動産を無償で使用させる場合

(「遺産分割事件の処理をめぐる諸問題」286 頁参照)

(2)　裁判例

・被相続人（夫）の不動産取得の際に，寄与者（妻）がその代金の 90.6％を拠出した事案について，当該不動産の相続開始時の価額の，遺産総額に対する割合を算出し，寄与分を 83.3％と認定した事例【和歌山家審昭 59.1.25 家月 37-1-134】。

・抵当権の実行を回避するための債務の弁済を寄与分として認めた事例【東京家審昭 49.8.9 家月 27-6-63】

・被相続人の妻が婚姻中勤務を続け，被相続人と同等の収入を得ていた場合，婚姻期間中に得た財産が被相続人の名義になっているとしても実質的には被相続人とその妻との共有と考えるべきであり，妻の寄与分を 5 割とした事例【大阪家審昭 51.11.25 家月 29-6-27】

(3)　財産給付の相手方（第三者に対する財産上の給付）

　財産給付の相手方は，被相続人でなければならず，第三者に対する財産上の給付は寄与分の対象とはならないのが原則である。

　但し，例外の余地もあり，【高松高決平 8.10.4 家月 49-8-53】は，被相続人と会社（第三者）との間に経済的に極めて密着した関係を認定した上で，会社への援助と被相続人の資産の確保との間に明確な関連性がある場合には，被相続人に対する寄与が認めら

れる余地があると判示した。

(4) 算定方法

具体的態様により算定方式が異なるが，一般的には，給付財産の相続開始時
における価格（金銭の場合は貨幣価値変動を考慮）に裁量割合を乗じて算定する。

①金銭の贈与

> 寄与分額 ＝ 贈与金額 × 貨幣価値変動率 × 裁量割合

②妻の夫に対する不動産取得のための金銭贈与

> 寄与分額 ＝ 相続開始時の不動産価額
> 　　　　　　 ×（妻の出資金額÷取得当時の不動産価額）

③動産・不動産の贈与

> 寄与分額 ＝ 相続開始時の価額 × 裁量割合

④不動産の使用貸借

> 寄与分額 ＝ 相続開始時の賃料相当額 × 使用期間 × 裁量割合

（新版「遺産分割・遺留分の実務」302頁，「遺産分割事件の処理をめぐる諸
問題」289頁参照）

3　扶養型

(1) 内容

民法904条の2第1項の規定する「その他の方法」に該当する類型である。

相続人が被相続人を扶養して，被相続人が出費を免れたために相続財産が維
持された場合である。相続人自らが引き取って扶養する場合と相続人が扶養料を
負担する場合がある。

(2) 扶養型の寄与分を認めた裁判例

【大阪家審昭61.1.30 家月38-6-28】，【盛岡家一関支審平4.10.6 家月46-1-
123】，【長野家審平4.11.6 家月46-1-128】，【山口家萩支審平6.3.28 家月47-4-
50】，【千葉家一宮支審平3.7.31 家月44-4-46】

(3) 算定方法

> 寄与分額 ＝ 扶養のために負担した額※
> 　　　　　　 ×（1－寄与相続人の法定相続分割合）

【解説】

※扶養のために負担した額

：飲食費・被服費・医療費・住居関係費・公租公課等である。具体的金額の立証が困難な場合は，厚生労働省の定める「生活保護基準」や総務省統計局による「家計調査」を参考にする（新版「遺産分割・遺留分の実務」332頁参照）。

4 療養看護型

(1) 内容

「被相続人の療養看護」（民904の2Ⅰ）に該当する類型である。たとえば，相続人が看護や介護が必要となった被相続人の身の回りの世話をして，それにより，被相続人が本来支払わなければならない費用を免れ，被相続人の財産の維持に貢献した場合である。

(2) 履行補助者（相続人の妻や子による介護）

相続人の妻や子による介護が相続人による寄与と同視できる場合があることは既述のとおり（【東京高決平22.9.13 家月63-6-82】，【東京家審平12.3.8（家月52-8-35）】，【盛岡家審昭61.4.11 家月38-12-71】等）。

(3) 認定上のポイント

①療養介護の必要性

：疾病などで療養や介護を要する状態であったことが寄与分主張の前提となる。介護の場合は，「要介護2」以上が目安（新版「遺産分割・遺留分の実務」311頁）。

②特別性

：寄与行為が，通常であれば第三者に有償で委託する行為であることが必要である。被相続人が職業的な援助を必要とするような状態，すなわち，本来なら施設入所や入院等が必要な状態であるにもかかわらず，自宅で療養看護したような場合が典型例（「遺産分割（改訂版）」375頁参照）。

：入院・施設へ入所していた場合，その期間は原則として寄与分が認められない（「遺産分割事件の運営（下）判タ1376-68）。

：自宅を訪問する，食事を作るなど親族間の協力にとどまる場合は寄与分が認められない。【広島家呉支審平22.10.5 家月63-5-62】は，相続人が，朝と夕方に被相続人宅へ行き，朝は簡単な朝食を作り，夜は夕食を差し入れたりしていたし，時々は一緒に食事をすることもあったという場合でも，「それは親族間の協力にとどまり，遺産の維持，形成に対する寄与にあたらない」と判示した。

③継続的に療養看護をしたこと（継続性）

：少なくとも数ヶ月から半年程度は継続していることが必要（「遺産分割（改訂版）」376頁）。

④専従性

：療養看護の内容が片手間なものではなく，かなりの負担を要するものであること。但し，専業や専念ということまでは要求されない（新版「遺産分割・遺留分の実務」306頁）。

⑤無償性

：療養看護が無償又はこれに近い状況でなされていること。寄与者が被相続人の収入や資産によって生活していたときは，寄与分が認められないことが多い（「遺産分割事件の運営」（下）判タ1376-68）。

⑥配偶者による看護

：協力扶助義務（民752）があるので，看護期間，内容，要看護状態，配偶者の年齢等に照らし，社会通念上，配偶者による通常の看護の程度を超えていることが必要である（新版「遺産分割・遺留分の実務」306頁）。

⑦財産の維持又は増加

：被相続人の精神的な支えになっただけでは，寄与行為と被相続人の財産の維持又は増加と因果関係があるとはいえない。

(4) **算定方法**

寄与分額 ＝ 報酬相当額※1 × 日数 × 裁量割合※2

【解説】

※1報酬相当額

：介護報酬基準を参考にすることが多い。

※2裁量割合

：介護報酬基準は，介護の有資格者への報酬を前提としているので，直ちに親族等の寄与者たる介護者への報酬額であるとは言えない。そのため，裁量割合で修正され，通常は，0.5〜0.8の間（平均0.7程度）で修正される（新版「遺産分割・遺留分の実務」319頁参照）。

(5) **介護による寄与分を認めた近時の裁判例**

【大阪家審平19.2.26家月59-8-47】，【大阪高決平19.12.6家月60-9-89】，【大阪家審平19.2.8家月60-9-110】など。

5 財産管理型

(1) **内容**

被相続人の財産を管理することで，相続財産の維持又は増加に貢献した場合で，「その他の方法」（民904の2Ⅰ）に該当する類型である。典型的なのは，不動産の管理，修繕費用の支出等である。

(2) **算定方法**

寄与分 ＝ 相当と思われる財産管理費用※ × 裁量割合

（新版「遺産分割・遺留分の実務」340頁）

【解説】

※相当と思われる財産管理費用

101

【寄与者の費用負担が寄与である場合】

→当該費用額（下記(3)アの裁判例参照）

【寄与者自らの財産管理行為が寄与である場合】

→当該行為を第三者に委託した際の報酬額を基準とする（下記(3)イの裁判例参照）

(3) 算定方法に関する裁判例

ア　費用負担が寄与である場合

建物の営繕費や庭木の手入れ費用の負担が寄与として認められた事例【盛岡家審昭61.4.11 家月 38-12-71】

〔算定方法〕申立人提出の領収書の金額を認定した。

イ　寄与者自らの財産管理行為が寄与である場合

相続人が，被相続人所有地の権利関係を整理（立退き交渉，建物の取り壊し，滅失登記手続等）し，売却に尽力したとして寄与分を認めた事例【長崎家諫早出審昭62.9.1 家月 40-8-77】

〔算定方法〕不動産仲介人の手数料基準を参考に認定した。

(4) 寄与分を否定した裁判例

ア　無償性を否定した裁判例【大阪家審平 19.2.8 家月 60-9-110】

駐車場の管理につき，相続人が駐車場の清掃，苦情への対応，顧客離れを防ぐための賃料の減額などを行なってきたが，管理行為開始後約 11 ヶ月後から管理報酬（月額 5 万円）を受け取っていた事案で，寄与分を認めなかった事例。

イ　資産運用について否定した裁判例【大阪家審平 19.2.26 家月 59-8-47】

被相続人の投資信託による資金運用につき，「たまたま利益を生じた場合には寄与と主張することは，いわば自己に都合の良い面だけをつまみ食い的に主張するものであり，そのような利益に寄与分を認めることが相続人間の衡平に資するとは一般的にいいがたい。」として，寄与分を認めなかった事例。

第9章 各相続人の取得額の算定⑤
（具体的算定例）

【目次】

第1　算定例1（特別受益・寄与分がない場合）

第2　算定例2（特別受益・寄与分がある場合）

　　1　算定方法

　　2　計算例1

　　3　計算例2（超過特別受益がある場合）

第1 算定例1 (特別受益・寄与分がない場合)

　遺産分割時の全遺産の評価額に，各相続人の相続分 (法定相続分又は指定相続分) を乗じて，最終取得分を算定する。

第2 算定例2 (特別受益・寄与分がある場合)

1 算定方法

【算定式】
①〔相続開始時の全遺産評価額〕＋〔全特別受益〕－〔全寄与分〕＝〔みなし相続財産〕
②〔みなし相続財産〕×〔各相続分〕－〔各特別受益〕＋〔各寄与分〕
　　　　　　　　　　　　　　　　　　　　　　　　＝〔各具体的相続分〕
③〔遺産分割時の全遺産評価額〕×〔各具体的相続分率〕　　＝〔各取得額〕

(1) みなし相続財産
　相続開始時の全遺産の評価額に，すべての相続人の特別受益額 (相続開始時の評価) を加算し，すべての相続人の寄与分額 (相続開始時の評価) を控除して算出する。

(2) 具体的相続分
　上記みなし相続財産に，各相続人の相続分 (法定相続分又は指定相続分) を乗じ，特別受益者からは特別受益額 (相続開始時の評価) を控除し，寄与者には寄与分 (相続開始時の評価) を加算して，各相続人の具体的相続分を算定する。

(3) 具体的相続分率
　具体的相続分の総額を分母，各相続人の具体的相続分を分子とする割合をいう。

(4) 取得額
　遺産分割時の全遺産の評価額に，上記各相続人の具体的相続分率を乗じて，各相続人の取得額を算出する。

(5) 補足 (遺産評価の二段階の基準時)
　遺産分割における遺産の評価につき，相続開始時と遺産分割時が遺産評価の基準時となる。すなわち，個々の相続人の最終取得分の算定における遺産の評価は，遺産分割時を基準時とするが，特別受益・寄与分が問題となる場合は，相続開始時 (民903 I，904の2 I) を基準時とした遺産の評価に基づき具体的相続分を算定する。

2 計算例1

相続人は，被相続人の配偶者A，子B・Cである。全遺産の相続開始時の価格が2000万円，遺産分割時の価格が1600万円，Aの特別受益が1200万円，Bの寄与分が200万円とする。

(1) みなし相続財産

全遺産2000万円＋特別受益1200万円－寄与分200万円＝3000万円

(2) 具体的相続分

A：3000万円×1/2－1200万円＝300万円

B：3000万円×1/4＋200万円　＝950万円

C：3000万円×1/4　　　　　　＝750万円

(3) 最終取得分（遺産分割時の全遺産評価額×具体的相続分率）

A：1600万円×（300万円÷2000万円※）＝240万円

B：1600万円×（950万円÷2000万円※）＝760万円

C：1600万円×（750万円÷2000万円※）＝600万円

※：具体的相続分の総額：300万円＋950万円＋750万円＝2000万円

3 計算例2（超過特別受益がある場合）

相続人は，被相続人の配偶者A，子B・Cである。全遺産の相続開始時の価格が2000万円，遺産分割時の価格が1600万円，Aの特別受益が1200万円，Bの寄与分が1000万円とする。

　超過分につき，実務は，超過特別受益者以外の相続人が，具体的相続分の割合に従って負担する具体的相続分基準説を採用している。（⇔法定相続分の割合負担とする見解もある）。

(1) みなし相続財産

全遺産2000万円＋特別受益1200万円－寄与分1000万円＝2200万円

(2) 具体的相続分

A：2200万円×1/2－1200万円＝－100万円

B：2200万円×1/4＋1000万円＝1550万円

C：2200万円×1/4＝550万円

(3) 超過分（Aの－100万円）の負担

B：100万円×（1550万円÷2100万円※）＝73万8095円≒74万円

C：100万円×（550万円÷2100万円※）＝26万1904円≒26万円

　※1550万円＋550万円＝2100万円

⑷ **分担額を控除**

B：1550 万円－74 万円＝1476 万円

C：550 万円－26 万円＝524 万円

⑸ **最終取得分**

A：0 円

B：1600 万円×（1476 万円÷2000 万円）＝1180 万 8000 円

C：1600 万円×（524 万円÷2000 万円）＝419 万 2000 円

第10章 遺産分割の方法の決定

【目次】

第1　分割方法の種類・選択
    1　分割方法の種類
    2　分割方法の選択・順位
第2　具体的分割方法
    1　①現物分割
    2　②代償分割
    3　③換価分割
    4　④共有分割

第1　分割方法の種類・選択

1　分割方法の種類

①現物分割，②代償分割，③換価分割，④共有分割の4種類がある。

2　分割方法の選択・順位

(1)　当事者の合意が得られる場合

上記4種類の方法を用いて自由に分割できる。

(2)　当事者の合意が得られない場合（主に審判の場合）

> 【優先順位】
> ①現物分割　→　②代償分割　→　③換価分割→　④共有分割

【大阪高決平14.6.5家月54-11-60】は，遺産分割の方法の選択に関する基本原則は，当事者の意向を踏まえた上での①現物分割であり，それが困難な場合には，現物分割に代わる手段として，当事者が代償金の負担を了解している限りにおいて②代償分割が相当であり，代償分割すら困難な場合には③換価分割がされるべきであり，④共有分割は，現物分割や代償分割はもとより，換価分割さえも困難な状況があるときに選択されるべき分割方法である旨判示する。

第2　具体的分割方法

1　①現物分割

(1)　意義

現物分割とは，個々の財産の形状や性質を変更することなく分割するものである（新版「遺産分割・遺留分の実務」362頁）。

遺産共有は，物権法上の共有と同様の性質を持つのであり，現物分割は，原則的な遺産の分割方法といえる（民258Ⅱ，最判昭30.5.31民集9-6-793参照）。

なお，現物分割の方法に，代償分割の方法を併用することは多く行われる。

(2)　土地の現物分割

一筆の土地を分筆して現物分割をする場合，境界を明示した地積測量図を調停調書や審判書の別紙として添付する必要があり，分筆の登記申請に配慮する必要がある。早期に土地家屋調査士に相談するのが穏当である。

(3) 株式の現物分割

ア　準共有

株式は，相続開始により当然分割されるものではなく，準共有状態となり（会社法106条），遺産分割の対象となる。

イ　上場会社の株式

【最判平12.7.11民集54-6-1886】は，旧商法の単位株制度の適用のある上場会社の株式（株券発行）について，単位未満株式を発行させる形での現物分割を否定した。※現在，単位株制度が廃止され単元株制度に移行し，会社法上株券不発行が原則となり，証券保管振替機構（ほふり）等により株式が管理されており，当該最判の射程が現在の単元株式制度に及ぶかどうかは検討の余地がある。

ウ　同族会社の非上場株式

同族会社の非上場株式の分割方法が，経営権の問題（誰が当該会社の経営者となるのがふさわしいかといった問題や経営方針の対立等）と絡めて争われることがある。しかし，経営権の問題は遺産分割とは別個の問題（付随問題）であり，それ自体は現物分割を不相当とする事由に当たらないのが殆どである（「遺産分割事件の運営（下）判タ1376-61)。

2　②代償分割

(1) 意義

代償分割とは，一部の相続人に法定相続分を超える額の財産を取得させた上，他の相続人に対する債務を負担させる方法である（新版「遺産分割・遺留分の実務」365頁）。

(2) 代償分割を選択すべき場合

代償分割は，以下のような「特別の事情」（家事法195条）があると認めるときに採用される。

【代償分割をすべき特別な事情】（新版「遺産分割・遺留分の実務」365頁）

(ア)現物分割が不可能な場合

(イ)現物分割をすると分割後の財産の経済的価値を著しく損なうため不適当な場合

(ウ)特定の遺産に対する特定の相続人の占有，利用状態を特に保護する必要がある場合

(エ)共同相続人間に代償金支払の方法によることについて，おおむね争いがない場合

(3) 資力要件

債務を負担する相続人に支払能力が必要である（最決平12.9.7家月54-6-66参照）。

調停・審判においては，資力を証明する資料として，本人名義の預金通帳の写し，残高証明書の提出を求められることもある。

(4) 代償金の支払方法

事情により分割払いないし期限の猶予も可能と言われるが，即時又はごく短時間の支

払い猶予期間の後の一括払いがほとんどである（「遺産分割事件の運営（下）判タ1376-61参照）。

3 ③換価分割

(1) 意義

換価分割とは，遺産を売却してその売却代金を分割する方法である。

(2) 選択される場合

現物分割をすることが困難であり，代償金を支払う能力ある相続人がいないような場合，換価分割を選択することになる。

(3) 換価分割の類型

```
【全体像】
┌─────────────────────────────┐
│遺産分割手続中の売却方法（→(4)）│
└─────────────────────────────┘
  ・任意売却
  ・中間処分としての換価（家事法194）
      形式的競売をして換価することを命ずる裁判（同194Ⅰ）
      任意売却して換価することを命ずる裁判（同194Ⅱ）
  ・審判前保全処分としての遺産管理者による換価（家事法200）
┌─────────────────────────┐
│終局審判での売却方法（→(5)）│
└─────────────────────────┘
```

(4) 遺産分割手続中の売却方法

ア 任意売却

当事者の合意に基づいて売却する場合である。高額での売却，早期の手続進行が期待できる。

イ 中間処分としての換価（家事法194）

家庭裁判所は，遺産の分割の審判をするため必要があると認めるときは，相続人に対し，遺産の全部又は一部を換価することを命ずることができる。

中間処分には，形式的競売をして換価することを命ずる場合（同194Ⅰ）と，任意売却して換価することを命ずる場合（同194Ⅱ）がある。

ウ 審判前保全処分としての遺産管理者による換価（家事法200）

相続人が多数でその関係が希薄であるため任意売却への協力が得られない場合や換価人として適切なものが見つからない場合に，この方法をとる（「遺産分割（改訂版）」405頁）。

(5) 終局審判での売却方法

(4)の方法がいずれも困難な場合，終局審判で競売を命ずる（民258Ⅱ参照）。形式的競売の手続で換価される。

4 ④共有分割

(1) 意義

共有分割とは，遺産の全部または一部を具体的相続分に応じた物権法上の共有（準共有）により取得する方法である。

(2) 選択される場合

共有状態の解消は，通常裁判所に対する共有物分割請求（民256，258）によることになるから，結果として，ただ紛争を先送りするだけで，何ら遺産に関する紛争の解決とならないことが予想される。したがって，現物分割や代償分割はもとより，換価分割さえも困難な状況があるときに選択されるべき分割方法である（大阪高決平14.6.5家月54-11-60参照）。

第11章　遺産分割の瑕疵

【目次】

第1　瑕疵がある場合の遺産分割の効力
　　1　相続人である者が除外された場合
　　2　相続人でない者が参加した場合
　　3　遺産の脱漏があった場合
　　4　分割対象となった資産が遺産でなかったことが判明した場合
　　5　遺産そのものに瑕疵があった場合
　　6　遺言が発見された場合①（相続人資格に関する遺言）
　　7　遺言が発見された場合②（遺産の処分に関する遺言）
　　8　遺産分割協議の意思表示に瑕疵があった場合
　　9　代理権の欠缺があった場合（利益相反行為）
　　10　相続開始前の遺産分割
　　11　遺産分割協議の解除
第2　遺産分割の無効の主張方法
　　1　遺産分割協議
　　2　遺産分割調停
　　3　遺産分割審判

第1　瑕疵がある場合の遺産分割の効力

遺産分割後，成立した遺産分割について何らかの問題が発覚あるいは発生した場合(ここでは広い意味で「瑕疵」と呼ぶことにする)，当該遺産分割の効力等が問題になる。

1　相続人である者が除外された場合

⑴　遺産分割当時から相続人資格ある者を脱漏した場合

ex. 戸籍の記載を見落として相続人を一部脱漏した場合

遺産分割は全体として無効となる(「遺産分割事件の運営(中)」判タ 1375・69 頁)。

⑵　被認知者を除外した場合

ex. 認知訴訟の認容判決が被相続人の死後に確定した場合

ア　遺産分割成立前に，認知訴訟認容判決が確定した場合

上記⑴のとおり，遺産分割当時に相続人資格があった者を脱漏した場合であり，遺産分割は全体として無効になる

イ　遺産分割成立後に，認知訴訟認容判決が確定した場合

遺産分割は無効とはならず，価額賠償の問題(民 910)となる。

2　相続人でない者が参加した場合

⑴　結論

相続人でない者に対する遺産分割部分が無効になり，場合によっては遺産分割全体をやり直す必要が生ずる(「遺産分割事件の運営(中)」判タ 1375・69 頁，東京家審昭 34.9.14 家月 11-12-109 参照)。

⑵　裁判例

【大阪地判昭 37.4.26 下民 13-4-888】

相続人でない者が第1順位の相続人として遺産分割協議に参加した結果，第2順位の真正相続人が除外された事例について，遺産分割全体が無効となるとした事案。

3　遺産の脱漏があった場合

⑴　結論

原則として遺産分割は有効であり，脱漏した部分について新たに遺産分割をすれば足りる。但し，脱漏の対象が遺産の大部分を占め，相続人が当該部分を認識していなかったような事情があれば，無効と解する余地はある。

⑵　裁判例

【東京高判昭 52.10.13 家月 31-1-77】

「相続財産の分割は必ずしも1回の手続で終了しなければならないものではなく，たとえ全部の相続財産のつもりで分割を行った場合でも，その後になって新たに相続財産のあることが判明したときは，右財産について改めて分割の手続をとること，したがって相続人としての権利を主張することを禁ずべき理由は存在しない」と判示した。

【福岡家小倉支審昭 56.6.18 家月 34-12-63】

「遺産が数個存在するとき，その一部分の遺産分割協議も有効になしうるものと解されるが，その場合には相続人間において当該部分と残余部分とを明確に分離したうえ分割するとの合意が存在しなければならない」として，「遺産の大部分を占める物件が協議の対象から脱落していて，これらについて相続人間に協議がなされてないのであるから有効な分割はなされてないとみるべきであり，本件遺産分割協議は不成立もしくは無効とすべきである」と判示した。

4　分割対象となった資産が遺産でなかったことが判明した場合

(1)　結論

遺産でなかった部分の遺産分割の効力は否定されるが，その余の部分についての遺産分割の効力は有効である。但し，遺産でなかった部分が大部分または重要な部分として扱われた事情があれば遺産分割全体が無効となる余地がある（下記裁判例を参考）。

(2)　裁判例

【名古屋高決平 10.10.13 家月 51-4-87】

前の遺産分割の審判において，その対象となった物件の一部が，その後の判決によって遺産でないとされたときには，その遺産でないとされた物件が前の審判で遺産の大部分または重要な部分であると扱われていたなどの特段の事情のない限り，遺産でないとされた物件についての前の審判による分割の効力のみが否定され，その余の物件についての分割は有効であると解するのが相当である。

　→遺産でない対象が，遺産全体の約3.5%であった事例において，遺産分割全体は無効にならないとした。

　→担保責任（民 911）の追及は可能であるとする。

5　遺産そのものに瑕疵があった場合

担保責任の問題となる（民 911）。

6　遺言が発見された場合①（相続人資格に関する遺言）

遺産分割後，相続人資格に関する遺言が発見された場合，当該遺産分割の効力が問題となる。

(1)　認知の遺言の場合

ア　認知の手続

遺言執行者による執行が必要である。遺言執行者は就職後１０日以内に遺言書の謄本（本籍地外であれば戸籍謄本も）を添付のうえ，戸籍の届出をしなければならない（戸籍法 64）。

イ　遺産分割の効力

遺産分割は無効とはならない。価額賠償の問題になる（民 910）。

(2) 廃除の遺言の場合

ア　廃除の手続

遺言執行者の家庭裁判所に対する廃除の請求により廃除の審判がなされ，これが確定することによってその効力が生じる（民 893 条，家事法 188 条，別表第1⑧⑥）。

イ　遺産分割の効力

遺産分割協議をなした相続人の1人につき，廃除の審判が確定した場合は，「2 相続人でない者が参加した場合」と同様の処理となる。

7　遺言が発見された場合②（遺産の処分に関する遺言）

遺産分割後，その対象となった遺産の処分に関する遺言が発見された場合の処理が問題になる。この点，遺言と同一内容の処分がなされたのであれば有効と解する余地もあろうが，遺言の内容と異なる遺産分割がなされた場合，その効力はどのように解するべきか。

(1) 相続人以外へ遺贈する遺言が発見された場合

①全部包括遺贈の場合

ex. 遺言者の有する一切の財産をXに包括して遺贈する。

結論：遺産分割は無効。但し，遺贈の放棄（民 990，939）があった場合は有効。

理由：当該遺産の所有権等は，遺言の効力発生と同時に所有権が移転し（判例・物権的効力），遺産分割の対象ではなかったことになる。

②割合的包括遺贈の場合

ex. 遺言者の有する一切の財産のうち，2分の1をXに包括して遺贈する。

結論：遺産分割は無効。但し，遺贈の放棄（民 990，939）があった場合は有効。

理由：包括受遺者は相続人と同一の権利義務を有する（民 990）。相続人が除外された場合（ 1(1)）の扱いと同様に，無効と解される。

③特定遺贈の場合

ex. 遺言者の有する甲土地をXに遺贈する。

結論：特定遺贈の対象遺産に関する遺産分割は無効となる（なお遺贈の放棄があれば別）が，その余の遺産分割は有効である。但し，対象資産が大部分または重要な部分として扱われた事情があれば遺産分割全体が無効となる余地がある。

理由：当該遺産の所有権は，遺言の効力発生と同時に所有権が移転し（判例・物権的効力），遺産分割の対象ではなかったことになる。

(2) 「相続させる」旨の遺言が発見された場合

①全遺産を「相続させる」遺言がなされた場合

結論：遺産分割は無効。但し，相続人の全員の合意により有効と扱うことは可。

理由：被相続人の死亡の時に直ちに全遺産が当該相続人に相続により承継されるので（最判平 3.4.19 民集 45-4-477），当該遺産は遺産分割の対象ではなかったことになる。

②遺産全体の割合を「相続させる」遺言がなされた場合

ex.「全遺産のうち，Aに2分の1，Bに2分の1を相続させる」

結論：遺産分割は無効。但し，相続人全員の合意により有効と扱うことは可能。

理由：遺言者が割合のみ定めた場合は，個々の財産の分割については，別途遺産分割手続をする必要があるので，①とは同列に扱うことはできない。しかし，遺言は遺産分割に優先するのであるから，結論としては無効と考えられる。

③特定の遺産を特定の相続人に「相続させる」旨の遺言の場合

結論：当該遺産に関する遺産分割は無効になる（その余の遺産分割は有効）。但し，相続人全員の合意で有効と扱うことは可能。

理由：被相続人の死亡の時に直ちに当該遺産が当該相続人に相続により承継されるので（最判平 3.4.19 民集 45-4-477），当該遺産は遺産分割の対象ではなかったことになる。

8 遺産分割協議の意思表示に瑕疵があった場合

遺産分割に意思表示の瑕疵があった場合，民法の意思表示に関する規定が適用され，その取消，無効を主張することは可能である。以下は参考となる裁判例を列挙する。

(1) 虚偽表示

【最判平 15.4.25 判時 1822-51】

税務訴訟であるが，前提事実として，遺産分割協議無効確認の訴えにおいて，通謀虚偽表示により遺産分割が無効となる判決が確定したことを認めている。

(2) 錯誤

【最判平 5.12.16 集民 170-757】

特定の土地の分割方法を定めた遺言の存在を知らないでされた遺産分割協議の意思表示に要素の錯誤がないとはいえないとした。

(3) 詐欺

【長崎家審昭 51.12.23 家月 29-9-110】

相手方の欺罔行為により遺産はないものと誤信したうえでした申立人の相続持分放棄の意思表示が，詐欺によるとして有効に取り消されたものとされた事例。

9 代理権の欠缺があった場合 (利益相反行為)

(1) 具体例

自らも当事者となる遺産分割手続において，親権者が未成年者の子について特別代理人を選任せず，当該子の代理人として遺産分割協議を成立させた場合である。

(2) 結論

親権者が未成年の子について特別代理人を選任せずにした遺産分割協議は，利益相反行為 (民 826) にあたり，無効である (代理権欠缺)。但し，子の利益を害するものではないときは，有効と解する余地がある (以下裁判例参照)。

(3) 裁判例

【札幌高判昭 46.4.27 (訟月 17-8-1284)】

遺産分割の協議で子が遺産全部を取得し，子の親権者母は，何も取得しないことを合意した場合には，右遺産分割の協議は何ら子の利益を害するものでないから利益相反行為に当たらないとした事例。

10 相続開始前の遺産分割

(1) 結論

無効。但し，相続開始後に追認は可能である。

(2) 裁判例

【東京地判平 6.11.25 家月 48-2-156】

相続開始前の遺産分割協議は無効であるが，相続開始後，各相続人がこれを追認したときは，新たな分割協議と何ら変わるところはないから，これによって効力を生じることになるというべきである。

11 遺産分割協議の解除

(1) 債務不履行解除

ア 結論

できない。

イ 裁判例

【最判平元 2.9 民集 43-2-1】は，遺産分割はその性質上協議の成立とともに終了し，その後は，右協議において右債務を負担した相続人とその債権を取得した相続人間の債権債務関係が残るだけと解すべきであり，このように解さなければ民法９０９条本文により遡及効を有する遺産の再分割を余儀なくされ，法的安定性が著しく害されることになるとして，債務不履行解除を否定する。

(2) 合意解除

ア 結論

できる。

イ　裁判例

【最判平 2.9.27 民集 44-6-995】は，共同相続人は，既に成立している遺産分割協議につき，その全部または一部を全員の合意により解除した上，改めて分割協議を成立させることができるとする。

第2　遺産分割の無効の主張方法

1　遺産分割協議の無効

(1)　再度の協議

遺産分割協議が無効であることを前提に，遺産分割のやり直しをすることになる。

(2)　遺産分割協議無効確認の調停

調停前置主義（家事法 257 I，244）の適用があるが，一般調停事件であり，調停が不成立になっても審判には移行しない。

(3)　遺産分割協議無効確認の訴え

固有必要的共同訴訟であり，共同相続人全員を当事者とする必要がある（福岡高判平 4.10.29 (判タ 813-282) 参照）。

2　遺産分割調停の無効

(1)　遺産分割調停無効確認の調停

調停前置主義（家事法 257 I，244）の適用があるが，一般調停事件であり，調停が不成立になっても審判には移行しない。

(2)　遺産分割調停無効確認の訴え

固有必要的共同訴訟であり，共同相続人全員を当事者とする必要がある（福岡高判平 4.10.29 (判タ 813-282) 参照）。

(3)　請求異議の訴え (民執法 35)

調停調書には確定判決と同一の効力がある（家事法 268 I）。調停調書に基づく強制執行を争う場合は請求異議の訴えによる。

3　遺産分割審判の無効

(1)　遺産分割審判無効調停

調停前置主義（家事法 257 I，244）の適用があるが，一般調停事件であり，調停が不成立になっても審判には移行しない。

⑵ 遺産分割審判無効の訴え

遺産分割審判には既判力はなく（最決昭 41.3.2 民集 20-3-360），訴訟によってその効力を争うことができる。

⑶ 再審

確定した審判について再審は可能（家事法 103）。

⑷ 請求異議の訴え（民執法 35）

金銭の支払い等給付を命ずる審判には執行力ある債務名義と同一の効力がある（家事法 75）。審判に基づく強制執行を争う場合は請求異議の訴えによる。

第3編
遺　言

【遺言の全体像】

| Ⅰ　遺言の作成 |

□遺言の要件　　　□「第1　遺言能力」
　　　　　　　　　□「第2　遺言の方式（総論）」
　　　　　　　　　□「第3　遺言の方式（普通方式）」
　　　　　　　　　□「第4　遺言の方式（特別方式）」

□遺言の記載事項　□「第5　遺言の作成と遺言事項」
　　　　　　　　　□「第6　遺言事項各論①」
　　　　　　　　　□「第7　遺言事項各論②（遺贈）」
　　　　　　　　　□「第8　遺言の撤回，変更」

| Ⅱ　遺言者の死亡 |

□遺言の効力発生　□「第9　遺言の効力発生，探索・検認
　　　　　　　　　　　解釈」
　　　　　　　　　□「第10　遺言執行と遺言執行者」

□遺言の無効　　　□「第11　遺言の無効事由・遺言無効の
　　　　　　　　　　　主張方法」

| Ⅲ　遺贈と類似の制度 |
　　　　　　　　　□「第12　死因贈与」

第1　遺言能力

【目次】
1　原則
2　制限行為能力者の遺言能力
3　遺言と意思能力の関係

1　原則

満15歳に達した者は，遺言能力を有する（民961）。

【趣旨】遺言は身分行為であり，取引上の行為能力よりも程度の低い能力で足りるという考え方から，遺言能力を15歳とした。

2　制限行為能力者の遺言能力

行為能力制限の規定（民5，9，13及び17）は遺言については適用されない（民962）。

【趣旨】民法961条で遺言能力を15歳と定めたことの手当として本条を設けた。

⑴　**未成年者：満15歳に達し，かつ，意思能力があれば，法定代理人の同意なく，単独で有効な遺言をすることができる。**

⑵　**成年被後見人**

ア　要件

事理を弁識する能力を一時回復したときは，単独で有効な遺言をすることができる。ただし，遺言をする場合には，医師2人以上が立ち会い，精神上の障害により事理を弁識する能力を欠く状態になかった旨を遺言書に付記して署名・押印する（民973）。

イ　医師の立会い

成年被後見人が遺言をする際に，心神喪失の常況になく事理弁識能力を回復していることを証明するためのものである。

医師には，民法974条の欠格事由があってはならないが，専門科は問わない。民法973条は普通方式の遺言のいずれにも適用がある。

ウ　自筆証書遺言の場合

医師は，成年被後見人の全文・日付・氏名の自書押印のすべてに立ち会い，遺言者が以上の行為を終えた後，当該遺言書に付記・署名・押印をしなければならない。

エ　公正証書遺言の場合

医師は，成年被後見人の公証人に対する口授から公証人による付記・署名・押印までの手続全段階に立ち会い，遺言書に付記・署名・押印しなければならない。

オ　秘密証書遺言の場合

医師は，成年被後見人が公証人の前に封書を提出したときからその後の公証人の面前における手続すべてに立ち会うと解すべきである。医師の付記・署名・押印は封紙に行う（民973Ⅱただし書）。

(3) 被保佐人（被補助人）

保佐人（補助人）の同意なく，単独で有効な遺言をすることができる。

3　遺言と意思能力の関係

第5.4「遺言書作成と遺言能力への配慮」参照。

第2　遺言の方式（総論）

【目次】
1　遺言の要式行為
2　遺言の方式
3　証人・立会人の欠格者（民974）
4　共同遺言の禁止（民975）

1　遺言の要式行為

遺言は要式行為（民960）であり，方式に反する遺言は無効になるので注意を要する。遺言の各方式についての理解が不可欠である。

2　遺言の方式

通常は普通方式によって遺言をするが（民967本文），普通方式によることができない場合には，特別の方式により遺言をすることが許される（民967但書）。特別方式の遺言ができるときに普通の方式の遺言をしても無効ではない。

【普通方式】	【特別方式】
①自筆証書遺言（民968） ②公正証書遺言（民969） ③秘密証書遺言（民970）	④死亡危急者の遺言（民976） ⑤伝染病隔離者の遺言（民977） ⑥在船者の遺言（民978） ⑦船舶遭難者の遺言（民979）

3 証人・立会人の欠格者 (民974)

(1) 欠格者

①未成年者②推定相続人及び受遺者並びにこれらの配偶者及び直系血族③公証人の配偶者，四親等内の親族，書記及び使用人

(2) 欠格者の立ち会った遺言の効力

欠格者が証人・立会人となったときは遺言全部が無効であり，推定相続人や受遺者の配偶者や直系血族が証人となった場合でも，遺言中の当該欠格者に関する部分だけが無効となるのではない。

法の規定する証人・立会人はいるが，欠格者が遺言の作成に立ち会った場合の効力については，この者によって遺言の内容が左右されたり，遺言者が自己の真意に基づいて遺言をすることを妨げられたりするなど特段の事情のない限り，同遺言が無効となるものではない (最判平13. 3.27 家月53-10-98)。

4 共同遺言の禁止 (民975)

遺言は，2人以上の者が同一の証書ですることができない。

(1) 趣旨

遺言撤回の自由を制約することになるから。

(2) 同一の遺言書に2人の遺言が記載されている場合

その一方に氏名を自署しない方式の違背があっても，共同遺言に当たり無効である (最判昭56. 9.11 民集35-6-1013)。

(3) 切り離せる2人の遺言

2名の自筆証書による遺言書が容易に切り離せる場合は共同遺言に当たらない (最判平5.10.19 判時1477-52)。

(4) 夫婦の氏名が記載されていても有効な場合

一見，夫婦の共同遺言であるかのような形式となっていても，妻は作成に関与しておらず，作成意思もなかったこと，妻は夫の死後まで遺言書の存在を知らなかったこと，内容も夫所有の財産の処分に関するものであったことから妻の遺言としては法律上の意義を持たず，夫のみの単独の遺言として有効である (東京高決昭57. 8.27 家月35-12-84)。

第3 遺言の方式（普通方式）

【目次】
1 各遺言の比較
2 自筆証書遺言（民968）
3 公正証書遺言（民969）
4 秘密証書遺言（民970）

1 各遺言の比較

	自筆証書遺言	公正証書遺言	秘密証書遺言
証人の要否	不要	要	要
検認の要否	要	不要	要
作成費用の要否	不要	要	要
紛失のリスク	高い	低い	高い
改ざんのリスク	高い	低い	低い
無効となるリスク	高い	低い	高い
内容の秘密性	高い	低い	高い

2 自筆証書遺言（民968）

⑴ 作成方式

自筆証書によって遺言をするには，遺言者が，その全文，日付及び氏名を自書し，これに印を押さなければならない（民968 I）。

ア 全文の自書

㈠自書の趣旨

遺言者の真意に出たものであることを明確にするため必要。

㈡自書の意義

何らかの事情により手で文字を書きえない者が足や口で書いた場合もこれを自書とみてよい（最判昭62.10.8民集41-7-1471）。

㈢他人の添え手による補助を受けた場合

遺言者が証書作成時に自書能力があり，他人の添え手が，単に始筆若しくは改行にあたり若しくは字の間配りや行間を整えるため遺言者の手を用紙の正しい位置に導くにとどまるか，又は遺言者の手の動きが遺言者の望みにまかされており，遺言者は添え手をした他人から単に筆記を容易にするための支えを借りたにすぎないときで，かつ，

添え手をした他人の意思が介入した形跡のないことが筆跡のうえで判定できる場合には，その遺言は有効である（最判昭 62.10. 8 民集 41- 7-1471）。

(エ)カーボン紙使用の場合

遺言の全文，日付，氏名をカーボン紙を用いて複写の方法で記載することも，自書の方法として許されないものではない（最判平 5.10.19 家月 46-4-27）。ただし，直接記載の遺言に比べると別途入手した遺言者の文字を上からなぞる等の方法により偽造・変造できることから，無効とされる可能性は高い。カーボン模写で作成された遺言が偽造と認定された事例として東京地判平 9. 6.24 判タ 954-224。

(オ)タイプライター，ワープロ，パソコン，点字機を用いた場合

遺言は無効である。添付の財産目録のみがタイプ印刷されている場合も遺言は無効である（東京高判昭 59. 3.22 判時 1115-103）。

(カ)コピー等の複写版，スタンプの利用，印刷文字の切り抜き，録音テープによる場合

これらの場合も自書とはいえず無効であると解される。

イ　日付の自書

(ア)趣旨

遺言の成立時期，遺言能力の判断の標準時及び内容の抵触する遺言書がある場合のその前後の決定，撤回の有無の客観的な判定に重要。

(イ)日付の特定

日付は年月日により記載する。年月のみで，日の記載のない遺言は無効である（最判昭 52.11.29 家月 30- 4-100）。

何年何月「吉日」という記載の場合は，日付の記載のない場合に該当し無効である（最判昭 54. 5.31 民集 33- 4-445）。

年月日が特定できれば良いのであるから，自己の「還暦の日」や「第 47 回目の誕生日」「2004 年子どもの日」などの記載でも良いと解される。

日付が誤記の場合は，それが誤記であること，真実の作成の日が遺言書の記載その他から容易に判明できれば，遺言は無効とならない（最判昭 52.11.21 家月 30- 4-91）。「平成二千年」という記載は，「西暦二千年」あるいはこれ平成一二年を表示するものとして記載されたことが明らかであり有効であるとした（大阪地判平 18. 8.29 判タ 1235-282）。

日付を記載する位置について，遺言書を封入している封筒の上に記載されていても良い。

(ウ)複数の日付が記載されている場合

一綴りの自筆証書遺言で複数の日付が記載されており，記載内容から全体として 1 個の遺言を形成しているものといえる場合，後の日付が遺言の日付であり有効である（東京高判昭 55.11.27 判時 990-195）。

(エ)日付として記載されるべき日

　　原則は遺言書の全文が書かれた日を記載すべきである。ただし，全文を自書し署名・押印した日から8日後にその日の日付が記載された事案について，遺言者が遺言書のうち日付以外の部分を記載し署名押印し，その8日後に当日の日付を記載して遺言書を完成させることは法の禁ずるところでなく，その場合，特段の事情のない限り，右日付が記載された日に成立した遺言として適式とされる（最判昭52.4.19家月29-10-132）。

ウ　氏名の自書

(ア)趣旨

　　氏名の自書は，遺言者の同一性と，遺言が遺言者の意思に基づくものであることを明確にするために必要。

(イ)　氏名の表示

　　日常用いられている通称，雅号，ペンネーム，芸名，屋号などもそれによって同一性が示されるのであれば有効（新版「注釈民法 (28)」補訂版100頁）。

　　氏または名だけの記載の場合は，内容その他から同一性が認識できれば有効である（大判大4.7.3民録21-1176）。

　　その他特定事項について，同姓同名の他人との混同を避けるため，住所，職業，本名，生年月目で特定するのが望ましい。

エ　押印

(ア)趣旨

　　遺言者の同一性と遺言書作成の真正を担保するために必要。

(イ)押印は，実印である必要はない。また指印をもって足りるとする（最判平元2.16民集43-2-45）。押印のない遺言書は原則無効である。ただし，日本に帰化しながらも日本の生活様式になじめず，欧米風の生活様式を守っていた者が，英文で作成し署名をしたが押印を欠いた遺言を有効とした（最判昭49.12.24民集28-10-2152）事例がある。他方，花押を書くことは，印章による押印と同視することはできず，民法968条1項の押印の要件を満たさない（最判平28.6.3民集70-5-1263）。

(ウ)押印の代行

　　遺言者の依頼により他人が遺言者の面前で押印した場合は有効とされる（大判昭6.7.10大審院民集10-736）。

(エ)封筒に押印があった場合

　　本文文書に押印がなくとも，遺言書本文を入れた封筒の封じ目にされた押印をもって有効とした（最判平6.6.24家月47-3-60）事例がある。ただし，封筒に「遺言書」と記され，封筒の裏側に署名と押印がなされていた事案において，封筒が検認時に既に開封されていたときは，文書と封筒が一体のものとして作成されたと認めることができず，署名押印を欠くものとして無効となる（東京高判平18.10.25判時1955-41）。

128

オ　その他

(ア)用紙・筆記具等について

制限はないが，保存，改竄のおそれを考慮すべきである。

(イ)言語について

全文英語による遺言書の有効性を肯定（最判昭 49.12.24 民集 28-10-2152）。速記記号，何らかの符号・略字が用いられても遺言者の意思が明確に判断される限り有効（新版「注釈民法 (28)」補訂版 91 頁）とする。

(ウ)表題について

「遺言書」「遺言」等の記載や，「〜と遺言する」等の記載は必要ではないが，遺言であることを明確にするための記載はすべきである。

(2) **加除訂正の方法**

加除訂正は，変更した場所を指示し，変更した旨を付記して特にこれに署名し，かつ，変更した場所に押印することを要する（民 968 II）。

【加除訂正の手順】
①訂正箇所を２本の線で消し，変更する文字を記入する 。
②訂正箇所に押印する（遺言書本文に押印した印影と同一であることが望ましい）。
③訂正箇所の欄外に「この行何字削除何字加入」と記入するか，遺言書の末尾に「何行目『何々』とあるを『何々』と訂正した」と記入する。
④訂正の記入の後に署名する。

ア　訂正の方式違背がある場合

自筆証書遺言における証書の記載自体からみて明らかな誤記の訂正については，民法 968 条 2 項の方式の違背があっても，遺言の効力に影響を及ぼさない（最判昭 56.12.18 民集 35- 9-1337 頁）。

イ　遺言の有効性についての主張・立証責任

自筆証書遺言の無効確認訴訟において，遺言の有効性について主張・立証責任は，遺言が有効であると主張する側において主張・立証する責任がある（最判昭 62.10. 8 民集 41- 7-1471）。

3　公正証書遺言（民 969）

(1) **作成方式（基本）**

ア　証人 2 人以上の立会いがあること

イ　遺言者が遺言の趣旨を公証人に口授すること

(ア)口授

言語による申述。 口授であれば外国語であってもよいが，公正証書自体は日本語を

用いて作成することを要するので (公証人法 27)，通訳人の立会いのもと作成することになる (同法 29)。

(イ)口授・筆記・読み聞かせ・閲覧・承認の順序

法律上，口授，筆記，読み聞かせ・閲覧，承認という順序が定められている。

(ウ)他人からの聴取による筆記

公証人があらかじめ他人から聴取した遺言の内容を筆記し公正証書用紙に清書したうえ，その内容を遺言者及び証人に読み聞かせたところ，遺言者が右遺言の内容と同趣旨を口授し，これを承認して右書面にみずから署名押印したときは，公正証書による遺言の方式に違反しない (最判昭 43.12.20 民集 22-13-3017)。

ウ　公証人が，遺言者の口授を筆記し，これを遺言者と証人に読み聞かせ，又は閲覧させること

エ　遺言者と証人が，筆記の正確なことを承認したうえで，各自署名押印すること。ただし，遺言者が署名できない場合は，公証人がその事由を付記して署名に代えることができる。

「署名できない場合」には遺言者が文字を知らない (読み書きができない) 場合のほか，病気・負傷その他身体的理由によって文字の記載が困難な場合も含まれる (最判昭 37. 6. 8民集 16- 7-1293)。ただし，遺言者の精神的，身体的状況に照らせば，遺言当時，遺言者が，自ら署名するについて格別支障があったとは認め難いとして公証人が署名した遺言を無効にした事例がある (東京高判平 12. 6.27 判時 1739-67)。

オ　公証人が，その証書がアからエに掲げる方式に従って作ったものであることを付記して，これに署名し，押印すること

(2) 口がきけない者，耳が聞こえない者の公正証書遺言 (民 969 の 2)

ア　口がきけない者の公正証書遺言

遺言者は公証人及び証人の前で，遺言の趣旨を通訳人の通訳により申述し，又は自書して口授に代えなければならない。

イ　耳が聞こえない者の公正証書遺言

公証人は筆記した遺言の内容を通訳人の通訳により，遺言者または証人に伝えて，読み聞かせに代えることができる。

ウ　公証人の付記

公証人は上記ア，イに従って公正証書を作成したときは，その旨を証書に付記しなければならない。

(3) 公正証書遺言作成の流れ

ア　相続人，相続財産等を調査の上で，依頼者と協議して文案を作成する。

↓

イ　公証役場に文案を送付して正式な文案について協議する。

↓

ウ　証人２名の手配（※欠格事由に注意，※証人１名は受任弁護士がなることもある。）

↓

エ　遺言執行者の手配

※作成を依頼された弁護士がなる場合も多いが，年齢が遺言者より弁護士の方が上で
あれば，予備的な遺言執行者の指定やその指定委託をする方が確実である。

※遺言者の死亡後，紛争の発生が予想され，作成を依頼された弁護士が受遺者や相
続人の代理人に就任することが考えられるような場合，あえて遺言執行者を別の者
としておくといった配慮も必要であろう。

↓

オ　【持参資料等】

---

①　遺言者本人の実印及び印鑑登録証明書
②　遺言者と相続人との続柄が分かる戸籍謄本
③　財産を相続人以外の者に遺贈する場合には，その者の住民票
④　財産の中に不動産がある場合には，その登記事項証明書，固定資産評価証
明書又は固定資産税・都市計画税納税通知書中の課税明細書
⑤　遺言者が証人を手配する場合には，証人予定者の氏名，住所，生年月日及び
職業をメモしたもの，証人の印鑑（実印である必要なし）

↓

カ　公正証書作成

作成場所は必ずしも公証役場で作成する必要はなく，遺言者の入院先や自宅に公
証人の出張を求めて作成することができる。

(4)　公正証書遺言の検索（死亡後に限る）　＊第９参照

4　秘密証書遺言（民970）

(1)　作成方式

ア　遺言者が，その証書に署名し，押印すること

(ア)筆記方法

手書きではなくワープロ，点字でも可。ただし，署名は遺言者の自筆が必要。

(イ)筆者

筆者は第三者でも可。ただし署名は遺言者の自筆が必要。

(ウ)第三者が筆者である場合

筆者の氏名・住所の申述が必要なこと（民970Ⅰ③）に注意が必要。

遺言者が氏名日付のみ自筆したがその余はすべて他人がワープロで印字して作成し
た場合，ワープロの操作者が筆者にあたるとして，筆者の氏名及び住所の申述がない

ことを理由に遺言を無効にした事例がある（最判平 14. 9.24 家月 55- 3-72）。

　㋔加除変更

　　　自筆証書遺言の場合と同様（民 970 Ⅱ）。

　イ　遺言者が，その証書を封じ，証書に用いた印章をもってこれに封印すること

　ウ　遺言者が，公証人1人及び証人2人以上の前に封書を提出して，自己の遺言書である旨並びにその筆者の氏名及び住所を申述すること

　エ　公証人が，その証書を提出した日付及び遺言者の申述を封紙に記載した後，遺言者及び証人とともにこれに署名し，押印すること

(2) 口がきけない者の遺言特則（民 972）

　ア　口がきけない者が秘密証書によって遺言をする場合には，遺言者は，公証人及び証人の前で，その証書は自己の遺言書である旨並びにその筆者の氏名及び住所を通訳人の通訳により申述し，又は封紙に自書して，民法 970 条1項3号の申述に代えなければならない。

　イ　アの場合で，遺言者が通訳人の通訳により申述したときは，公証人は，その旨を封紙に記載しなければならない。

　ウ　アの場合で，遺言者が封紙に自書したときは，公証人は，その旨を封紙に記載して，民法 970 条1項4号に規定する申述の記載に代えなければならない。

(3) 自筆証書遺言への転換

　　　秘密証書遺言の要件を欠いていても，その遺言書が自筆証書遺言の要件（民 968）を具備しているときは，自筆証書遺言として有効である（民 971）。

第4　遺言の方式（特別方式）

　　　死亡危急者の遺言（民 976），伝染病隔離者の遺言（民 977），在船者の遺言（民 978），船舶遭難者の遺言（民 979）の4方式。特別方式の遺言は，遺言者が普通方式遺言をすることができるようになった時から6か月間生存するときは効力を失う（民 983）。死亡危急者遺言，船舶遭難者遺言については遺言確認の審判が必要になる（民 976 Ⅳ，979 Ⅲ）。

【目次】

　1　死亡危急者の遺言（民 976）

　2　伝染病隔離者の遺言（民 977）

　3　在船者の遺言（民 978）

　4　船舶避難者の遺言（民 979）

1 死亡危急者の遺言 (民 976)

(1) 作成方式 (民 976 I)

遺言者が，疾病その他の事由によって死亡の危急に迫っていること

ア 死亡の危急

必ずしも客観的なものである必要はなく，遺言者が自己の死亡の危急が迫っているものと自覚するような主観的なものでよい (新版「注釈民法 (28)」補訂版 152 頁)。

イ 証人3人以上の立会いがあること

ウ 遺言者が遺言の趣旨を証人の1人に口授すること

エ 口授を受けた証人が，これを筆記して遺言者及び他の証人に読み聞かせ又は閲覧させること

オ 各証人が筆記の正確なことを確認した後，署名押印すること

(2) 口がきけない者の特則 (口がきけない遺言者の口授) (民 976 II)

口がきけない者が遺言をする場合には，遺言者は，証人の前で，遺言の趣旨を通訳人の通訳により申述して，口授に代えなければならない。

(3) 耳が聞こえない遺言者又は他の証人への読み聞かせの特則 (民 976 III)

遺言者又は他の証人が耳の聞こえない者である場合には，遺言の趣旨の口授又は申述を受けた者は筆記した内容を通訳人の通訳によりその遺言者又は他の証人に伝えて，民法 976 条1項後段の読み聞かせに代えることができる。

(4) 遺言確認の審判 (民 976 IV・家事法別表第一 102)

ア 申立権者

証人，利害関係人

イ 管轄 (家事法 209)

遺言者生存中は遺言者の住所地，死亡後は相続開始地

ウ 申立期間

遺言の日から 20 日以内に，証人の1人または利害関係人は家庭裁判所に遺言の確認の審判の申立てをしなければならない。

エ 遺言確認の審判の効力

遺言の確認は，遺言が遺言者の真意に出たものであることを一応認定するに過ぎないものであって，遺言の効力を終局的に確定するものではないとするのが下級審裁判例の大勢である (東京高決昭 42. 4.19 家月 19-10-123)。

したがって，遺言確認の審判が確定した後であっても，訴訟により遺言の有効・無効を争うことができる (仙台高決昭 34.10.15 家月 12- 8 -133)。

オ 検認との関係

別個の手続であり，その目的も異なるものであるから，確認を経た遺言書も検認を経なければ執行できない。

2 伝染病隔離者の遺言（民977）

(1) 作成方式

ア 伝染病のため行政処分によって交通を断たれた場所に在る者であること

イ 警察官1人及び証人1人以上の立会いがあること

ウ 遺言者が遺言書を作成すること（代筆可）

エ 遺言者，代筆した筆者，警察官及び証人が署名，押印すること（民980）

(2) 遺言確認の審判は不要。ただし，遺言書の検認は必要である（民1004）。

3 在船者の遺言（民978）

(1) 作成方式

ア 船舶中に在る者であること

イ 船長又は事務員1人及び証人2人以上の立会いがあること

ウ 遺言者が遺言書を作成すること（代筆可）

エ 遺言者，代筆した筆者，立会人及び証人が署名押印すること（民980）

(2) 遺言確認の審判は不要。ただし，遺言書の検認は必要である（民1004）。

4 船舶避難者の遺言（民979）

(1) 作成方式

ア 船舶遭難の場合で，船舶中に在る者が死亡の危急に迫っていること

イ 証人2人以上の立会いがあること

ウ 遺言者が口頭で遺言すること

エ 証人が遺言の趣旨を筆記して署名押印すること

(2) 口がきけない者の特則

口がきけない者が遺言をする場合には，遺言者は，通訳人の通訳によりこれをしなければならない（民979Ⅱ）。

(3) 遺言確認の審判（民979Ⅲ・家事法別表第一102）

死亡危急者の遺言と同様に必要。

第5　遺言の作成と遺言事項

【目次】
1　遺言によってなしうる事項の明定
2　遺言によってなしうる事項（法定遺言事項）
3　上記以外の事項を遺言で定めた場合（付言事項）
4　遺言書作成と遺言能力への配慮
5　遺言書作成と遺留分への配慮

1　遺言によってなしうる事項の明定

　遺言は相手方のない単独行為であるが，相手方の知らない間に作成され，死後，効力が生じると相手方を拘束することから，法は遺言によってなしうる事項を明確に定めて限定している。

2　遺言によってなしうる事項（法定遺言事項）

⑴　法定相続に関する事項

ア　推定相続人の廃除（民893）及び廃除の取消（民894Ⅱ）

イ　相続分の指定又は指定の委託（民902）

　　ただし，遺留分に関する規定に違反することはできない（民902Ⅰただし書）

ウ　遺産分割方法の指定又は指定の委託（民908）

エ　相続開始後5年を超えない期間での遺産分割の禁止（民908）

オ　相続人相互の担保責任の指定（民914）

⑵　財産処分に関する事項

ア　包括遺贈・特定遺贈（民964）

イ　受遺者の相続人の承認・放棄に関する別段の定め（民988ただし書）

ウ　遺言の効力発生前の受遺者の死亡の場合に関する別段の定め（民994Ⅱただし書）

エ　受遺者の果実取得権に関する別段の定め（民992ただし書）

オ　遺贈の無効又は失効の場合における目的財産の帰属に関する別段の定め（民995ただし書）

カ　相続財産に属しない権利の遺贈における遺贈義務者の責任に関する別段の定め（民997Ⅱただし書）

キ　第三者の権利の目的である財産の遺贈に関する反対の意思表示（民1000ただし書）

135

ク　受遺者の負担付遺贈の放棄に関する別段の定め（民 1002 Ⅱただし書）

ケ　負担付遺贈の受遺者の免責に関する別段の定め（民 1003 ただし書）

(3) 遺言の執行・撤回に関する事項

ア　遺言執行者の指定又は指定の委託（民 1006 Ⅰ）

執行者が必要であるにもかかわらず遺言執行者を指定する遺言がない場合には，家庭裁判所が利害関係人の請求によって執行者を選任する（民 1010）。

イ　遺言執行者の復任権に関する別段の定め（民 1016 Ⅰただし書）

ウ　共同遺言執行者に関する別段の定め（民 1017 Ⅰただし書）

エ　遺言執行者の報酬に関する別段の定め（民 1018 Ⅰただし書）

オ　遺言の撤回（民 1022）

(4) 遺留分に関する事項

遺贈の減殺方法の指定（民 1034 ただし書）

(5) 家族関係に関する事項

ア　遺言による認知（民 781 Ⅱ）

イ　未成年後見人又は未成年後見監督人の指定（民 839 Ⅰ，848）

(6) 法文に定めはないが，遺言によってなしうると解釈されている事項

ア　祭祀主催者の指定（民 897）

イ　特別受益の持戻しの免除（民 903 Ⅲ）

(7) 民法以外の法律で，遺言によってなしうると定められている事項

ア　一般財団法人の設立（一般社団法人及び一般財団法人に関する法律 152 Ⅱ）

イ　信託の設定（信託法 3 ②）

ウ　保険金受取人の変更（保険法 44，73）

3　上記以外の事項を遺言で定めた場合（付言事項）

上記1以外の事項を遺言で定めても法的効力はない。

たとえば，葬式の方法，婚姻や養子縁組の指定，家族間の介護や扶養の方法，遺族への希望（家族仲良く，遺留分減殺請求をしない等），家訓等を遺言書に記載することがあるが，法的効力・法的拘束力はない。

ただし，付言事項により，遺言者の合理的意思解釈を推し量り，解釈の指針とすることで，無用な紛争を防止するという効用もあるため，実務上付言事項を有効に活用することは多くみられる。

4　遺言書作成と遺言能力への配慮

(1) 問題の所在

遺言者が高齢の場合その判断能力低下による意思能力（遺言能力）の欠缺を理由に，

遺言者死亡後その効力が争われるケースは少なくない。そこで，遺言能力が問題とされる可能性があると思われる際には，遺言作成時に相当の配慮が必要となる。

(2) 遺言能力の判定基準

ア 遺言の内容を理解し，その法的効果を認識していること

イ 対象財産が多額になる場合には，自己の財産の状態と範囲を認識していること

ウ 遺言をすることによって，相続人から不平・不満が生ずる可能性を認識していること

エ なぜ特定の者に多額の財産を与えるかの理由・動機に納得しうるものがあること（不自然でないこと）

オ 遺言者の真意性

等により判断すべきとする見解がある（「家族法」（第4版）380頁）。

(3) 遺言能力を否定した最近の裁判例

ア 【東京高判平 25.12.25 第一法規 D-1 LAW 掲載】

自筆証書遺言の作成当時，被相続人には，アルツハイマー病により遺言能力がなかったとして，遺言の無効が確認された事例（遺言作成後約 11 か月後に後見開始の審判等の事実関係あり）。

イ 【東京高判平 25.3.6 判タ 1395-256】

被相続人が全財産を妻に相続させる旨の自筆証書遺言をしていたが，被相続人が死亡した年に被相続人の全財産を被相続人の妹Aに相続させるなどの公正証書遺言を作成した事案につき，公正証書遺言作成当時の遺言能力が否定された事例（遺言当時 81 歳，作成当時重度の鬱病，認知症であった等の事実関係あり）。

ウ 【東京高判平 22.7.15 判タ 1336-241】

司法書士立会いのもとで公正証書遺言をした遺言者（遺言当時 87 歳，遺言の数ヶ月前に認知症の診断有り）の遺言能力が否定された事例（司法書士が公正証書作成当日に初めて遺言者に会い，遺言者の担当医師や介護職員の意見等を聴取していなかった等の事実関係あり）。

(4) 遺言能力を争われる場合に備えた対策

その対策としては，遺言者の判断能力を基礎づける事実関係に関する詳細な記録を残す他はないと考えられる。上記裁判例には遺言能力を判断するに至る事実，証拠が詳細に記載されているのでそれらも参照にされたい。

実務上，主治医に長谷川式簡易知能評価スケール（30 点満点で 20 点以下は認知症の疑い）を実施してもらい，診断書等の記録に残す方法はよく行われている。また，昨今は，遺言者の様子をビデオ撮影する（ビデオレターを残す）ことによって，遺言者がその遺言能力を有していたことの証拠とすることも多い。

(5) 文献紹介

判例タイムズ 1423-15「遺産能力（遺言能力の理論的検討及びその判断・審理方法）」

（土井文美裁判官著）では，遺言能力の判断方法，審理方法，裁判例について詳細に分析されているので参照されたい。

5 遺言書作成と遺留分への配慮

(1) 問題の所在

全ての資産を一部の相続人に全て相続させる遺言は，相続開始後遺留分を巡って紛争になることが少なくない。また，遺留分減殺請求権を行使されれば遺言執行の遂行が困難になることも予想される。できる限りは遺留分に配慮するための方策が必要である。

(2) 対応策

①遺言内容を変更（遺留分を考慮した内容），②相続開始前の遺留分の放棄（家裁の審判が必要（民1043）），③代償金の支払い（取得する相続人に代償金を支払わせる遺言内容にする，支払能力が課題），④付言事項に遺留分を行使しないよう記載する（ただし法的拘束力なし）等の対策が考えられる。

第6 遺言事項各論①

【目次】

1 相続分の指定
2 「相続させる」遺言
3 遺産分割の禁止（民908）
4 特別受益の持戻し免除（民903）
5 共同相続人間の担保責任の減免加重（民914）
6 相続人の廃除・取消（民893，894）
7 遺贈の遺留分減殺方法の定め（民1034）
8 遺贈（民964）
9 認知（民781Ⅱ）
10 未成年後見人の指定（民839）
11 未成年後見監督人の指定（民848）
12 遺言執行者の指定（民1006）
13 遺言執行者の報酬（民1018）
14 祭祀承継者の指定（民897Ⅰ）
15 推定相続人死亡の場合の代襲相続人に相続させる旨の遺言
16 遺言の撤回（民1022）
17 生命保険金の受取人の指定

1 相続分の指定

(1) 意義

被相続人は，遺言で法定相続分と異なる共同相続人の相続分を定め，またはこれを定めることを第三者に委託することができる(民902 I)。これは相続分指定制度と言われ，遺言により指定された相続分を指定相続分と言う。たとえば，相続人甲に6分の3，相続人乙に6分の2，相続人丙に6分の1と定める等である。この相続分の指定は，他の共同相続人の遺留分を侵害することはできず，侵害する場合は遺留分減殺請求の対象となる (民902 Iただし書)。

(2) 文例

> 遺言者は，次のとおり相続分を指定する。
> 1 長男○○○○ (生年月日)　　4分の3
> 2 長女○○○○ (生年月日)　　4分の1

2 「相続させる」遺言

(1) 意義

現在，遺言により推定相続人に財産を取得させる場合に「相続させる」という表現が広く使われる。

特定の遺産を特定の相続人に「相続させる」旨の遺言の法的性質は，遺産分割方法の指定 (民908) であり，「相続させる」遺言があった場合，特段の事情がない限り，何らの行為を要せずして，被相続人の死亡時にただちに当該遺産は相続により相続人に承継される (最判平3.4.19民集45-4-477)。

(2) 記載上のポイント

ア　相続財産の特定

遺言の実現における紛争を避けるためにも，相続財産の特定は重要といえる。例えば，不動産であれば登記手続を直ちにとれるように，登記情報どおりの記載が必要であるし，預金であれば，金融機関名・支店・口座番号・口座名義の記載が必要であるといえる。もっとも，遺言時の預金がそのままあるとは限らず，事案により，金融資産について包括的な記載をする場合もあり得る。

イ　包括的な条項の必要性

遺言書に全ての遺産を明記するのは困難な場合もあり，変動もあるからその場合に備えて包括的な条項，「遺言者は，本遺言書に記載なき遺言者の有する一切の財産を，○○に相続させる」等記載することも必要な場合もある。

(3) 文例

【全財産が対象の場合】

> 遺言者は，その所有する一切の財産を長男○○○○（生年月日）に相続させる。

【不動産が対象の場合】

> 遺言者は，その所有する次の不動産を長女○○○○（生年月日）に相続させる。
> 1 土地
>   所在○○，地番○○，地目○○，地積○○
> 2 建物
>   所在○○，家屋番号○○，種類○○，構造○○，床面積○○○

【預金が対象の場合】

> 遺言者は，遺言者名義の次の預金を長女○○○○（生年月日）に相続させる。
> ○○銀行○○支店　定期預金　第○○○○○号

【金融資産を特定せずに対象とする場合】

> 遺言者は，遺言者名義の預貯金債権，有価証券等のすべての金融資産を長女○○○○（生年月日）に相続させる。

【代償金の支払を伴う場合】

> 遺言者の長男○○○○（生年月日）は，前条の財産を取得する代償として，長女○○○○（生年月日）に対し，代償金1500万円を支払う。

【残りの財産について包括的な条項を設ける場合】

> 遺言者は，本遺言書に記載なき遺言者の有する一切の財産を，長女○○○○（生年月日）に相続させる。

3　遺産分割の禁止（民908）

⑴　意義

　　被相続人は遺言によって相続開始から5年を超えない範囲で遺産分割を禁じることができる。分割の禁止の範囲は，遺産の全部でもその一部についてでもよい。

⑵　文例

> 遺言者は，遺言者の遺産全部について，相続の開始の時から5年間，その分割を禁止する。

4 特別受益の持戻し免除 (民 903)

(1) 意義

共同相続人中に特別受益を受けた者がある場合には，相続分の先取りとして具体的相続分の算定に当たり考慮される (民 903 I)。これを持戻しというが，被相続人がかかる持戻しを免除する意思を表示したときは，遺留分の規定に反しない範囲で効力を有する (民 903 III)。

(2) 持戻し免除の意思表示

ア　遺贈の持戻し免除の意思表示は，遺贈が遺言でなされるため，遺言の方式によらなければならないとされる。反対説もあるが，実務上は遺言中に持戻しを免除する旨明記しておくことが望ましい。

イ　生前贈与の持戻し免除の意思表示は遺言ですることもできる。後日の紛争を避けるためには，遺言で贈与の持戻し免除を明確にしておいた方がよい。

(3) 持戻免除の意思表示による遺留分の侵害

持戻し免除の意思表示により他の相続人の遺留分を侵害することはできない。しかし，この場合，侵害部分について当然に持戻しがなされるわけではなく，遺留分減殺請求の意思表示を必要とするのが実務である。したがって，持戻し免除によって遺留分を侵害される相続人は速やかに受遺者，受贈者に対し，遺留分減殺請求の意思表示をしておくべきである。

(4) 文例 (生前贈与の場合)

> 遺言者が二男○○○○ (生年月日) に生前贈与した○○○○は，共同相続人の相続分の算定にあたっては，その贈与の持戻しを免除する。

5 共同相続人間の担保責任の減免加重 (民 914)

(1) 意義

相続人の担保責任は，共同相続人が相続分に応じて負担するのが原則である (民 911 ～ 913) が，遺言でこれを加重したり，軽減したり，免責させることができる。

(2) 文例

> 各相続人が取得した財産について数量不足等の瑕疵があった場合には，その担保責任は遺言者の妻○○○○ (生年月日) の負担とし，長男○○○○ (生年月日) は一切の担保責任を負わない。

6 相続人の廃除・取消 (民 893, 894)

(1) 意義

遺留分を有する推定相続人が，被相続人に対して虐待をし，若しくはこれに重大な侮辱を加えたとき，又は推定相続人にその他の著しい非行があったときは，被相続人は遺言により廃除の意思表示をすることができる。

遺言執行者による執行が必要であり，遺言執行者は，遺言の効力が生じた後，遅滞なく家庭裁判所に相続人の廃除またはその取消を求める審判を申立てなければならない（民893，894，家事法188 I 但書）。廃除の効力は，死亡の時にさかのぼってその効力が生ずる。廃除またはその取消を認容する審判があった場合には，確定後10日以内にその審判書を添付して戸籍の届出を行う（戸籍法97条，63 I）。

(2) 文例

> 長女○○○○（生年月日）は，遺言者を虐待し，重大な侮辱を与えたので，遺言者は長女○○○○を推定相続人から廃除する。

7 遺贈の遺留分減殺方法の定め（民1034）

(1) 意義

遺留分減殺請求において，遺贈はその目的の価額の割合に応じて減殺するのが原則であるが，遺言者がその遺言に別段の意思を表示したときは，その意思に従うことになる。

(2) 文例

> 遺言者は，遺留分の減殺はまず○○○○からすべきものと定める。

8 遺贈（民964）　＊第7遺贈を参照

文例

【包括遺贈】

> 遺言者は，一切の財産を○○○○（生年月日，住所）に遺贈する。

【特定遺贈】

> 遺言者は，次の財産を○○○○（生年月日，住所）に遺贈する。

9 認知（民781 Ⅱ）

(1) 意義

認知は，遺言によりすることもできる。その場合，遺言執行者による執行が必要である。遺言執行者は就職後10日以内に遺言書の謄本（本籍地外であれば戸籍謄本も）を添付のうえ，戸籍の届出をしなければならない（戸籍法64，なお報告的届出）。なお，成年

の子の認知についてはその子の，胎児の認知についてはその母親の承諾が必要であるから（民 782，783 条），戸籍の届出書の該当欄にその者の署名捺印をさせる必要がある。

（2）**文例**

> ○○○○（本籍，住所，生年月日）は遺言者の子であるから，認知する。

10 未成年後見人の指定（民 839）

（1）**意義**

　未成年後見人に対して最後に親権を行う者（管理権を有しない場合を除く）は，遺言で未成年後見人を指定することができる。また，共同親権の場合で一方が管理権を有しない場合についても同様である。

（2）**文例**

> 遺言者は，未成年者である長女（生年月日）の未成年後見人として次の者を指定する。
> 住所○○○○，職業○○○，氏名○○○○，生年月日○○○○

11 未成年後見監督人の指定（民 848）

文例

> 遺言者は，未成年者である二男（生年月日，未成年後見人○○○○）の後見監督人として，次の者を指定する。
> 住所○○○○，職業○○○，氏名○○○○，生年月日○○○○

12 遺言執行者の指定（民 1006）　＊第 10 遺言執行と遺言執行者参照

文例

> 1　遺言者は，本遺言の遺言執行者として，次の者を指定する。
> 　住所 ○○○○　　　職業 弁護士　　氏名 ○○○○（生年月日）
> 2　前条で指定された遺言執行者が，もし本遺言の執行完了前に死亡したときは，前条で指定された遺言執行者に替わる本遺言の遺言執行者として次の者を指定する（※）。
> 　住所○○○○　　　職業 弁護士　氏名○○○○（生年月日）

※予備的遺言執行者の指定を含む場合。

13 遺言執行者の報酬（民1018） ＊第10 遺言執行と遺言執行者参照

文例

> 遺言執行者に対する報酬は，相続開始時における遺産総額の○○パーセントと定める。

※遺言で定めておかないと，家庭裁判所に申し立てなければ報酬を受けられなくなるので注意。

14 祭祀承継者の指定（民897 I）

(1) 意義

祭祀財産は，祭祀を主宰すべき者が承継する。祭祀主宰者は第1に被相続人の指定による。この場合，生前行為（書面，口頭，明示，黙示問わない）でも，遺言によることもできる。第2に指定者がいないときはその地方の慣習，第3に指定もなく慣習も明らかでないときは家庭裁判所の審判により定まる。

(2) 文例

> 遺言者は，祭祀主宰者として，○○○○（生年月日，住所）を指定する。

15 推定相続人が遺言者の死亡以前に死亡した場合に，代襲相続人に相続させる旨の遺言

(1) 意義

【最判平23.2.22 民集65-2-699】は，「相続させる」旨の遺言は，当該遺言により遺産を相続させるものとされた推定相続人が遺言者の死亡以前に死亡した場合には，遺言者が代襲者等に遺産を相続させる旨の意思を有していたとみるべき特段の事情のない限り，その効力を生じないと判示する。したがって，代襲者に相続させる場合は，その旨の記載が必要になる。

(2) 文例

> 万が一，遺言者より前に又は遺言者と同時に長女○○○○（生年月日）が死亡していたときは，遺言者は前条記載の財産を遺言者の孫（長女○○○○の長男）○○○○（生年月日）に相続させる。

16 遺言の撤回（民1022） ＊第8 遺言の撤回変更の項参照

文例

【一部撤回】

> 遺言者は，平成○○年○○月○○日付で作成した遺言中，… とした部分を撤回する。

【全部撤回】

> 遺言者は，平成○○年○○月○○日付で作成した遺言を全部撤回する。

【遺言の変更】（一部変更）

> 遺言者は，平成○○年○○月○○日○○法務局所属公証人○○○○作成の平成○○年第○○○号遺言公正証書による遺言を一部次のとおり変更する。

【遺言の変更】（全部変更）

> 遺言者は，平成○○年○○月○○日○○法務局所属公証人○○○○作成の平成○○年第○○○号遺言公正証書による遺言を全部次のとおり変更する。

17 生命保険金の受取人の指定

(1) 意義

【保険法施行（平成 22 年 4 月 1 日）前の保険契約】

保険金の受取人を遺言により変更できるかどうかについて争いがあり，通説はこれを肯定し，【東京高裁平 10. 3.25 判タ 968-129】もこれを肯定する。

【保険法施行（平成 22 年 4 月 1 日）後の保険契約】

保険金受取人の変更は，遺言によりこれをすることができる（保険法 44 I）。

(2) 文例

> 遺言者は，平成○○年○○月○○日付で遺言者が○○生命保険株式会社との間で締結した下記生命保険契約の保険金額の受取人を遺言者の長男である○○○○（生年月日）に指定する。

第7 遺言事項各論②（遺贈）

【目次】

1 意義・分類
2 受遺者
3 遺言の効力発生前の受遺者の死亡
4 受遺欠格（民965，891）
5 遺贈の承認・放棄
6 遺贈の無効
7 遺贈無効・失効の場合の受遺財産の帰属
8 遺贈の効果
9 負担付遺贈

1 意義・分類

遺言に示された財産を，同じく遺言に示された相手方（受遺者）に遺言の効力発生と同時に移転させる単独行為。

契約ではなく単独行為である点で（死因）贈与と異なり，相続人以外の第三者が受遺者となり得る点で相続分の指定と異なる。

遺贈の目的の範囲を自己の財産全体に対する割合をもって表示した包括遺贈と，遺贈の目的が特定されている特定遺贈に分類される（民964）。

2 受遺者

(1) 原則

権利能力を有する者は受遺者となることができる。

(2) 胎児の受遺能力

胎児も既に生まれたものとみなされて受遺者となる適格を有する。（民965，886Ⅰ）。死産の場合には遺贈は効力を生じない（民965，886Ⅱ）。

(3) 設立中の法人の受遺能力

相続開始時において設立中の法人に対する遺贈は，胎児に対する場合と同様に有効である。

3 遺言の効力発生前の受遺者の死亡

遺贈は，遺言者の死亡以前に受遺者が死亡したときは，その効力を生じない（民994

Ⅰ）。したがって，受遺者は，遺言者の死亡時に生存していなければならない。遺言者と受遺者が同時死亡の推定を受ける場合（民 32 の 2）も，遺贈は無効である。

4　受遺欠格（民 965，891）

⑴　欠格事由

ア　故意に遺贈者または先順位もしくは同順位受遺者を死亡するに至らせ，又は至らせようとしたために刑に処せられた者（民 965，891 ①）。

イ　遺贈者の殺害を知りながら告訴・告発しなかった者（民 965，891 ②）。

ウ　詐欺又は脅迫によって遺贈者の遺言行為を妨害した者（民 965，891 ③）。

エ　詐欺又は脅迫によって遺贈者の遺言行為をさせた者（民 965，891 ④）。

オ　遺贈に関する遺贈者の遺言書を偽造・変造・破棄・隠匿した者（民 965，891 ⑤）。

【破棄隠匿の目的】：遺言書の破棄・隠匿が，相続に関する不当な利益を目的としない場合は相続欠格事由にあたらないとする（最判平 9.1.28 民集 51-1-184）。

⑵　効果

当然に受遺資格を失う。なお，包括受遺者は，相続人と同一の権利義務を有することから当然に民法 891 条の準用を受ける（基本法コンメンタール第 5 版「相続」158 頁）。

5　遺贈の承認・放棄

⑴　包括遺贈

包括受遺者は，相続人と同一の権利義務を有する（民 990）ので，相続人と同じく相続の放棄・承認の規定が適用される。したがって，自己のために包括遺贈があることを知った時から 3 ヶ月以内に放棄の申述をしなければ単純承認したものとみなされる（東京地判昭 55.12.23 判時 1000-106）。

⑵　特定遺贈

いつでも遺贈を放棄することができ，その放棄は遺言者死亡時に遡って効力を生ずる（民 986）。

6　遺贈の無効

⑴　遺贈独自の民法上の無効原因

①遺言者の死亡以前に受遺者が死亡した場合（民 994 Ⅰ）。

②停止条件付遺贈において受遺者がその条件成就前に死亡した場合（民 994 Ⅱ）。

③遺贈の目的である権利が遺言者の死亡時において相続財産に属さなかったとき（民 996）。ただし，その権利が相続財産に属するか否かにかかわらず遺贈の目的としたと認められるときは失効しない。

④受遺者が遺贈を放棄したとき（民 986）。

147

(2) 公序良俗違反 (民90)

遺言者と不倫関係にある者への遺贈の効力が問題になる。この点，【最判昭61.11.20民集40-7-1167】は，不倫な関係にある女性に対する包括遺贈 (3分の1) が不倫な関係の維持継続を目的とするものではなく，女性の生活を保全するためのものであり，相続人 (妻と子1人) の生活の基盤を脅かすものでないときは公序良俗に違反するものではないとする。

7 遺贈無効・失効の場合の受遺財産の帰属

遺贈が効力を生じない場合，または放棄によって遺贈が効力を失った場合は，受遺者が受けるべきであったものは相続人に帰属する (民995本文)。しかし，遺言者がその遺言に別段の意思を表示したときは，その意思に従う (民995ただし書)。

8 遺贈の効果

(1) 包括遺贈

「包括受遺者は相続人と同一の権利義務を有する」ものとされる (民990) ので，相続人と同様に遺言者の一身に専属した権利義務を除きその財産に属した一切の権利義務を承継する(民869)。この承継は，遺言が効力を生ずると同時に当然に生じる(物権的効力)。

(民法3「親族法・相続法」393頁参照)

(2) 特定遺贈

遺言の効力を生ずると同時に，受遺者は当然に権利を取得する。すなわち，特定物を目的とする場合には物権移転の効果を生ずるし，不特定物を目的とする場合には，これを請求する債権が成立する。目的物が特定していないとか，遺言による留保があるというような障害がない限り，特定遺贈の目的物は遺言の効力を生ずると同時に物権的に受遺者に移転する(物権的効力)。　　　　　　　　　(民法3「親族法・相続法」395頁参照)

(3) 対抗要件

受遺者が権利移転を第三者に対抗するには対抗要件の具備が必要である (特定遺贈について【最判昭39.3.6民集18-3-437】，包括遺贈について【東京高判昭34.10.27判時210-22】)。

(4) 遺贈の実現

受遺者は，遺言執行者がいれば遺言執行者に (最判昭43.5.31民集22-5-1137)，いなければ相続人全員に求めることになる。

9 負担付遺贈

負担付遺贈とは，受遺者に一定の給付をなすべき義務を課した遺贈である。

受遺者は，遺贈の目的の価額を超えない限度で，負担した義務を履行する責任を負

う（1002 I）。受遺者が遺贈の放棄をしたときは，負担の利益を受けるべき者は，自ら受遺者となることができる。ただし，遺言で別段の定めをした場合はその意思に従う（民1002 II）。

　負担付遺贈を受けた者が負担した義務を履行しないときは，相続人または遺言執行者は相当の期間を定めて履行を催告し，その期間内に履行がないときは家庭裁判所に遺言の取消を請求することができる（民1027）。

第8　遺言の撤回，変更

【目次】

1　遺言の撤回の自由
2　撤回の方法
3　撤回された原遺言の効力（民1025）

1　遺言の撤回の自由

　遺言者は，いつでも，遺言の方式に従って，遺言の全部又は一部を撤回することができる（民1022）。また，遺言者は遺言の撤回権を放棄することができない（民1026）。

2　撤回の方法

(1)　撤回遺言（民1022）

　撤回は，遺言の方式に従う必要はあるが，同一の方式による必要はない。

(2)　法定撤回

　遺言者が前にした遺言と抵触する一定の行為をした場合には，抵触する部分は撤回したとみなされる。

　ア　抵触する遺言（民1023 I）

　　前の遺言と客観的に抵触する内容の遺言が後になされれば，抵触する部分については，前の遺言は後の遺言により撤回したものとみなされる。

　イ　抵触する処分行為（民1023 II）

　　遺言をした後にこれと抵触する生前処分その他の法律行為がなされたときは，抵触する部分はこれを撤回したとみなされる。

　ウ　遺言書の破棄（民1024 前段）

遺言者が故意に遺言書を破棄したときは，その破棄した部分については，撤回した
ものとみなされる。

【最判平27.11.20民集69-7-2021】は，赤色のボールペンで遺言書の文面全体に
斜線を引く行為は，その行為の有する一般的な意味に照らして，その遺言書の全体を
不要のものとし，そこに記載された遺言の全ての効力を失わせる意思の表れとみるの
が相当としたうえで，遺言書に故意に斜線を引く行為は，民法1024条前段所定の「故
意に遺言書を破棄したとき」に該当するというべきであると判示した。

エ　遺贈の目的物の破棄（民1024後段）

遺言者が故意に遺贈の目的物を破棄したときは，その目的物については遺言を撤回
したものとみなされる。

3　撤回された原遺言の効力（民1025）

(1)　撤回行為の撤回

撤回遺言（民1022），抵触する遺言（民1023Ⅰ），抵触する処分行為（民1023Ⅱ）
については，遺言撤回の各方法によりさらに撤回することができる（遺言書の破棄（民
1024前段），遺贈の目的物の破棄（民1024後段）については事実行為という性質上撤
回はできない）。

(2)　撤回された原遺言の効力（非復活主義）

撤回行為が撤回されると撤回行為それ自体は効力を失う。原遺言の効力が復活する
かについては，民法は詐欺・強迫により取り消された場合を除いて原遺言は復活しない
と定めている（民1025）。

(3)　非復活主義の例外（最判平9.11.13民集51-10-4144）

【最判平9.11.13】は，原遺言を遺言の方式に従って撤回した遺言者が，更に右撤回
遺言を遺言の方式に従って撤回した場合，遺言者の意思が原遺言の復活を希望するもの
であることが遺言書の記載から明らかなときは，原遺言の効力の復活を認めるのが相当
であるとして，非復活主義の例外を認める。

第9　遺言の効力発生，探索・検認，解釈

【目次】

1　遺言の効力発生時期
2　遺言書の探索
3　遺言書の検認・開封
4　遺言の解釈

1　遺言の効力発生時期

原則として遺言者の死亡の時である（民985 I）。但し，停止条件を付することのできる停止条件付きの遺言をした場合には，その効果は条件が成就した時から発生する（民985 II）。

2　遺言書の探索

(1)　自筆証書遺言・秘密証書遺言

被相続人の自宅（タンス，金庫内等）を探す，普段相談していた弁護士，税理士等から聴取する等が考えられる。

(2)　公正証書遺言

平成元年以降に作成された公正証書遺言であれば，日本公証人連合会において，全国的に，公正証書遺言を作成した公証役場名，公証人名，遺言者名，作成年月日等をコンピューターで管理しているので，すぐに調べることが可能。なお，秘密保持のため，相続人等利害関係人のみが公証役場の公証人を通じて照会を依頼することができる。但し，死亡後に限る。

【必要書類】

①戸籍謄本（死亡した者が死亡したという事実の記載があり，かつ，死亡した者との利害関係を証明できる記載のあるもの），②身分証明書（運転免許証等があれば検索可能

3　遺言書の検認・開封

(1)　検認・開封手続

自筆証書遺言・秘密証書遺言の方式（公正証書遺言は除く）の遺言については，遺言書の保管者または遺言書を発見した相続人は，相続の開始を知った後遅滞なく，その

遺言書を家庭裁判所に提出して検認を請求しなければならない（民1004 I, II）。封印のある遺言書は，家庭裁判所において，相続人またはその代理人の立会いのもとでなければ，これを開封することが出来ない（同III）。

ア　趣旨

遺言書の偽造・変造を防止して保存を確実にする目的であり，遺言内容の真否，遺言の有効・無効を判定するものではない。

イ　申立権者

遺言書の保管者・遺言を発見した相続人

【補足】弁護士が自筆証書遺言を預かった場合，検認申立が失念されることのないよう，遺言者に対し，家族へ「自分（遺言者）が死亡したら弁護士〇〇に連絡すること」等，遺言書を弁護士に預けてある旨を伝えるよう指導することは重要である。

ウ　管轄

相続開始地を管轄する家庭裁判所（家事法209 I, 別表第一103）。

エ　手続

相続人には，申立後，裁判所から検認期日の通知がされる。申立人以外の相続人が検認期日に出席するかどうかは，各人の判断に任されており，全員が揃わなくても検認手続は行われる。申立人は，遺言書，申立人の印鑑等を持参する。開封は検認の手続の過程で実施される。遺言の方式に関する一切の事実が調査され（家事規則113），検認調書が作成される（家事法211）。検認が済んだ遺言書は，申請があれば検認済証明書が付される。

(2) 検認の懈怠等の効果

検認のため遺言書を提出することを怠ったり，検認を受けずに遺言を執行したり，また，家庭裁判所以外の場所で封印のある遺言書を開封したりした場合には，5万円以下の過料に処せられる（民1005）。金融機関では，遺言執行の際，遺言検認調書謄本または検認済証明書が求められることがあるので事実上の不利益を受ける。

(3) 隠匿の効果

単に検認のための遺言書の提出を怠るだけでなく，故意に遺言書を隠匿していた場合には，相続人は相続能力および受遺能力を失い（民891⑤, 965），相続人以外の保管者は受遺能力を失う（民965）。

4　遺言の解釈

(1) 最判昭58.3.18（集民138-277）

遺言の解釈に当たっては，遺言書の文言を形式的に判断するだけではなく，遺言者の真意を探究すべきものであり，遺言書が多数の条項からなる場合にそのうちの特定の条項を解釈するに当たっても，単に遺言書の中から当該条項のみを他から切り離して抽出

しその文言を形式的に解釈するだけでは十分ではなく，遺言書の全記載との関連，遺言書作成当時の事情および遺言者の置かれていた状況などを考慮して遺言者の真意を探究し当該条項の趣旨を確定すべきものであると解するのが相当である。

(2) **最判平5.1.19 (民集 47-1-1)**

　遺言の解釈に当たっては，可能な限りこれを有効となるように解釈することが遺言者の意思に沿うゆえんであり，そのためには，遺言書の文言を前提にしながらも，遺言者が遺言書作成に至った経緯及びその置かれた状況等を考慮することも許される。

第10　遺言執行と遺言執行者

【目次】

　　1　遺言執行の要否

　　2　遺言執行者の役割・法的地位・訴訟上の地位 (当事者適格)

　　3　遺言執行者の選任

　　4　遺言執行者の欠格事由

　　5　遺言執行者の復任権 (民 1016)・履行補助者

　　6　共同遺言執行者 (民 1017)

　　7　遺言執行者の職務執行の流れ

　　8　主要な遺言執行事務の内容について

　　9　遺言執行者と相続人の処分行為

　　10　遺言執行者の解任・辞任 (民 1019)

　　11　遺言執行費用 (民 1021)

　　12　遺言執行者に対する報酬 (民 1018)

1　遺言執行の要否

(1) 遺言執行者の執行が必要な場合

　相続人の廃除・廃除の取消 (民 893，894)，認知の届出 (民 781 Ⅱ，戸籍法 64)，一般財団法人の設立 (一般社団法人及び一般財団法人に関する法律 152 Ⅱ，155)

(2) 遺言執行者の執行も，相続人による執行も可能な場合

　遺贈 (民 964)，生命保険金受取人の変更 (保険法 44)，信託の設定 (信託法3②)

(3) 遺言執行が不要な場合

　未成年後見人・未成年後見監督人の指定 (民 839，848)，相続分の指定，指定の

委託 (民 902), 特別受益者の持戻し免除の意思表示 (民 903 Ⅲ), 遺産分割方法の指定・指定の委託, 遺産分割の禁止 (民 908), 共同相続人間の担保責任の指定 (民 914), 遺言執行者の指定・指定の委託 (民 1006 Ⅰ), 遺留分減殺の制限 (民 1034 但), 祭祀承継者の指定 (民 897 Ⅰただし書参照)

2 遺言執行者の役割・法的地位・訴訟上の地位 (当事者適格)

(1) 遺言執行者の役割

遺言事項の中にはその実現に遺言執行者の選任を要する場合がある。また, 遺贈などのように遺言執行者の選任が必須ではなくとも, その遺言執行者を選任した方が遺言執行を円滑に進めることができる場合もある。

(2) 法的地位

遺言執行者は「相続人の代理人」とみなされ (民 1015), 相続人との関係については委任に関する規定が準用される (民 1012 Ⅱ, 善管注意義務 (民 644), 報告義務 (民 645), 引渡義務 (民 646), 利息支払・損害賠償義務 (民 647), 費用等の償還請求権 (民 650))。

しかし, 遺言執行者は相続人の廃除手続を行ったり, ある相続人に不利益な執行を行ったりするのであるから, 必ずしも相続人の利益のためにのみ行為する義務を負うものではない (最判昭 30. 5.10 民集 9- 6 -657)。

なお, 遺言執行者がある場合, 相続人の処分行為は絶対的に無効である (大判昭 5. 6.16 大審院民集 9 -550)。

(3) 訴訟上の地位 (法定訴訟担当)

相続人は相続財産に対する管理処分権を失う (民 1012, 1013) ことから, 通説・判例は遺言執行に関する訴訟については, 遺言執行者のみが当事者適格を有するとし, 遺言の執行及び遺言の執行と関係する相続財産の争いについては, 法定訴訟担当として遺言執行者に当事者適格を認めている (最判昭 43. 5.31 民集 22- 5 -1137)。

ただし, 遺言執行後について遺言執行者の当事者適格は否定される (最判昭 51. 7.19 民集 30-7-706)。

(4) 遺言執行者を定めるメリット

① 相続人全員の協力を得る必要がなくなり, 金融機関や相続登記等の手続がスムーズになる。特に, 相続人以外の者に遺贈するような場合は, 相続人の協力が得られにくいことも多く, 遺言執行者選任により実現可能となる。

② 相続人によって不当に第三者に対する譲渡が行われたような場合にも, 遺言執行者がある場合, 相続人の処分行為は対抗問題とはならず, 絶対的無効になる。

3 遺言執行者の選任

⑴ 遺言による場合 (民1006)

遺言により，1人又は数人の遺言執行者を指定し，又はその指定を第三者に委託することができる (民1006 I)。

⑵ 家庭裁判所により選任される場合 (民1010)

ア　手続

㋐要件

遺言執行者がないとき，またはなくなったとき。遺言執行者の定めがあっても本人が就任を承諾しなかったとき。

㋑申立権者

利害関係人

㋒管轄

相続開始地を管轄する家庭裁判所 (家事事件手続法209 I)。

㋓手続の流れ

遺言執行者の候補者の意見聴取 (同法210 II) のうえ，審判がなされる。

イ　遺言の効力が問題になる場合の選任の有無

遺言の無効が一見明らかである場合には遺言執行者の選任の申立が却下されるが，そうでなければ遺言執行者は選任される (東京高決昭27.5.26高民5-5-202，東京高決平9.3.17家月49-9-108)。

4 遺言執行者の欠格事由

未成年者及び破産者は遺言執行者になることができない (民1009)。

5 遺言執行者の復任権 (民1016)・履行補助者

⑴ 遺言執行者の復任権

やむを得ない場合，または遺言書であらかじめ許されている場合にのみ復任可 (民1016 I)。この場合，民法105条所定の責任を負うことになる (民1016 II)。

⑵ 履行補助者

遺言の執行に関して，履行補助者を使用すること (ex.弁護士，税理士，司法書士，公認会計士などに事務の一部を委任) は本条に違反しないが，履行補助者の故意過失については遺言執行者が責任を負うことになる。

6 共同遺言執行者 (民1017)

遺言執行者が数人ある場合についての任務の執行について，以下のとおり，定めがある。

⑴ 保存行為

各自が単独ですることができる（民1017 II）。

⑵ その他の任務の執行

　原則として過半数の意思で決める（民1017 I本文）が，遺言者が別段の意思を表示したときはその意思に従う（民1017 Iただし書）。

7 遺言執行者の職務執行の流れ

⑴ **任務開始**：遺言執行者が就職を承諾した場合は，直ちにその任務を行わなければならない（民1007）。
　　↓

⑵ **各相続人に対する通知**：遺言言執行者は，善管注意義務（民1012 II，644）の一内容として，その就任を各相続人（遺留分を有しない相続人も含む）に通知すべきである（東京地判平19・12・3判タ1261-249）。
　　↓

⑶ **財産目録調整・交付**：遺言執行者は，遅滞なく相続財産の財産目録を作成し，これを相続人に交付しなければならない（民1011 I）。また，相続人の請求がある場合には目録の作成に相続人を立ち会わせるか，公証人に目録を作成させなければならない（民1011 II）。
　　↓

⑷ **相続財産管理・遺言執行**：遺言執行者は，相続財産の管理その他遺言の執行に必要な一切の行為をする権利義務を有する（民1012 I）。遺言が特定財産に関する場合には，遺言の執行に必要な行為は，その財産についてのみ行われる（民1014）。
　　↓

⑸ **任務通知・顛末報告義務**：相続人に対する任務終了の通知（民1020・655）をしなければその終了を相続人に対抗出来ない。また，相続人に対して経緯及び結果を報告する義務がある（民1012 II・645）。

8 主要な遺言執行事務の内容について

⑴ 遺贈

　遺言執行者は，遺贈のその効力を現実に実現させるための，登記，登録，占有移転，権利変動の通知等の対抗要件具備行為，さらに保管・管理，引渡しを行う。

ア　不動産

　遺贈による所有権移転の登記は，受遺者を登記権利者，遺言執行者を登記義務者として共同申請することとなる（東京高決昭44.9.8 高民22-4-634，昭33.4.28民事

甲第 779 号法務省民事局長心得通達)。

イ 指名債権 (貸金債権等)

債権が遺贈により移転した旨の債権譲渡通知を行う。第三者に対抗するためには，確定日付ある債権譲渡通知又は確定日付ある債務者の承諾が必要である (民 467 Ⅱ。最判昭 49.4.26 民集 28-3-540)。

ウ 銀行預金

預金を解約して払戻しを受けて受遺者に引き渡すか，または預金名義を受遺者に変更する。

なお，第三者による預金の引出しを防止すべく，速やかに，銀行に死亡届を提出し，預金口座を凍結すべきである。

エ 現金

弁護士が遺言執行者であれば，当該遺言執行用の口座を開設して管理する。執行としての引渡は，現金をそのまま受遺者に引き渡すべき特別な事情がなければ，受遺者の指定の口座に振り込む方法が適当である。

⑵ 「相続させる」遺言の場合

ア 問題の所在 (遺言執行者の職務が生ずるのか)

特定の遺産を特定の相続人に相続させる趣旨の遺言がある場合，特段の事情のない限り，何らの行為を要せずして，被相続人の死亡の時 (遺言の効力の生じた時) に権利移転の効力が生ずるので (最判平成 3.4.19 民集 45-4-477 参照)，遺言執行者の職務が生じる余地がないようにも思われる。

しかし，【最判平 11.12.16 民集 53-9-1989】は，相続させる遺言が即時に権利移転の効力を有するからといって当該遺言の内容を具体的に実現するための執行行為が当然に不要になるわけではないとして，遺言執行者の職務が生じる余地を認めている。

イ 不動産の場合

㈎登記が被相続人名義の場合

相続人が単独で登記申請することが可能であり (不登法 63 Ⅱ)，遺言執行者の職務が生ずる余地がない。【最判平 7．1.24 判時 1523-81】は，登記が被相続人名義となっている事案について，相続人は，単独でその旨の所有権移転登記手続をすることができるので，遺言執行者は，遺言の執行として右登記手続をする義務を負うものではないとする。

㈏登記が被相続人名義から相続人以外の者に移転されている場合

遺言の実現を妨害する状態を排除するために遺言執行者の職務が生じる。【最判平 11.12.16 民集 53-9-1989】は，他の相続人が相続開始後に当該不動産につき被相続人名義から自己への所有権移転登記を経由している事案について，遺言執行者は，右所有権移転登記の抹消登記手続のほか，真正な登記名義の回復を原因とする所有

権移転登記手続を求めることができるとした。

ウ　預金の場合

遺言執行者による預金債権の払い戻しの可否については，下級審において結論が分かれており，最高裁の判例は出ていない。

近時の下級審の裁判例では，預金債権の払戻しが「遺言の執行に必要な行為」に当たり，遺言執行者の職務権限に属するものと解するのが相当であるとして肯定するものがある（東京地判平 24. 1.25 判時 2147-66）。

金融機関においても，相続人・受遺者でない弁護士等の専門家が遺言執行者である場合，遺言執行者の払戻権限を認める金融機関が多い。

また，公正証書遺言作成の実務においても，相続させる旨の遺言でも，遺言執行者に払戻権限があることを前提に，その権限を付与する旨の記載をしている。

(3) 遺言による相続人の廃除，その取消（民 893，894）

ア　手続

(ア)申立権者

遺言執行者

(イ)管轄

相続開始地を管轄する家庭裁判所（家事法 188 Ⅰただし書）

(ウ)手続の流れ

遺言執行者は，遺言の効力が生じた後，遅滞なく家庭裁判所に相続人の廃除またはその取消を求める審判を申立てなければならない（民 893，894，家事法 188 Ⅰただし書）。廃除の効力は，死亡の時にさかのぼってその効力が生ずる。廃除またはその取消を認容する審判があった場合には，確定後 10 日以内にその審判書を添付して戸籍の届出を行わなければならない。（戸籍法 97，63 Ⅰ）。

イ　廃除意思が明確だが，廃除原因が明確でない場合

遺言執行者としては申立てをなすべき。遺言書に廃除の原因が明確に記載されていないこともあるが，遺言書に廃除の意思が明確にされていれば請求が可能である（養女に対し「後を継す事は出来ないから離縁をしたい」の文言を相続人廃除の趣旨と解したのは相当とした事例（最判昭 30. 5.10 民集 9- 6-657））。

(4) 遺言による認知（民 781 Ⅱ，戸籍 64）

遺言執行者は就職後 10 日以内に遺言書の謄本（本籍地外であれば戸籍謄本も）を添付のうえ，届出をしなければならない（戸籍法 64，なお報告的届出）。なお，成年の子の認知についてはその子の，胎児の認知についてはその母親の承諾が必要であるから（民 782，783 Ⅰ），届出書の該当欄にその者の署名捺印をさせる必要がある。

(5) 遺言による一般財団法人の設立（一般社団法人及び一般財団法人に関する法律 152 Ⅱ，155）

遺言で一般財団法人を設立する意思を表示し，定款に記載すべき内容を遺言で定め，遺言執行者が遺言の内容の実現（遺言の執行）を行う。遺言執行者は，遺言に基づいて遅滞なく定款を作成して公証人の認証を受け（同法152Ⅱ，155），財団法人成立までに必要な事務を行い，代表理事が，財団法人の設立登記の申請を行う（同法163）。

※法務省ホームページ（Q＆A遺言による一般法人の設立から抜粋）

9　遺言執行者と相続人の処分行為

遺言執行者がある場合には，相続人は，相続財産の処分その他遺言の執行を妨げるべき行為をすることができず（民1013），同処分行為の効力は絶対的無効である（大判昭5.6.16大審院民集9-550）。ここで「遺言執行者がある場合」とは，以下の2つの場合をいう。※改訂・実務解説「遺言執行」（遺言・相続リーガルネットワーク編著）23頁以下を参照に整理。

⑴　遺言で遺言執行者が指定されている場合

相続開始時から相続人の処分行為が制限され，同処分行為は絶対的無効となる。【最判昭62.4.23民集41-3-474】は，相続人が，民法1013条の規定に違反して，遺贈の目的不動産を第三者に譲渡し又はこれに第三者のため抵当権を設定してその登記をしたとしても，相続人の右処分行為は無効であり，受遺者は，遺贈による目的不動産の所有権取得を登記なくして右処分行為の相手方たる第三者に対抗することができるものと解するのが相当である（大判昭5.6.16大審院民集9-550）としたうえで，同条にいう「遺言執行者がある場合」とは，遺言執行者として指定された者が就職を承諾する前をも含むものと解するのが相当であるから，相続人による処分行為が遺言執行者として指定された者の就職の承諾前にされた場合であっても，右行為はその効力を生ずるに由ないものというべきであると判示する。

⑵　遺言執行者が家庭裁判所で選任された場合

遺言執行者が選任されたときから相続人の処分行為が制限され，処分行為は絶対的無効になる。したがって，遺言に遺言執行者の指定がない場合において，家庭裁判所で遺言執行者が選任される前になした相続人の処分行為は有効である。【最判昭39.3.6民集18-3-437】は，遺言執行者の選任前になされた処分行為の効力は，後に家庭裁判所により遺言執行者が選任されても影響を受けるものではないと判示する。

10　遺言執行者の 解任・辞任（民1019）

⑴　遺言執行者の解任

ア　手続

(ア)申立権者

利害関係人

(イ)管轄

　　相続開始地を管轄する家庭裁判所（家事法209Ⅰ）。

イ　要件

(ア)任務の懈怠による解任

　　執行者が遺言の実現を完全に怠った場合のみならず，管理に服さない相続財産を理由なく相続人に引き渡さない場合や執行行為の報告を理由なく拒絶する場合も含まれる。

　　【東京高決平19.10.23家月60-10-61】は，共同相続人の一部が遺言執行者の解任を求めた事案において，遺言執行者には当該共同相続人からの求めがあったにもかかわらず，預貯金等の相続財産の管理方法，管理状況を報告しなかった点で任務の懈怠があるとした。

(イ)その他正当事由による解任

　　長期間にわたって執行行為の障害になるような疾病，行方不明，不在，執行者が一部の相続人の利益に加担し，公正な遺言の実現が期待出来ないような事情がある場合には解任事由になる（以上，新版「注釈民法」(28) 377～378頁）。

　　【東京高決平19.10.23家月60-10-61】は，当該共同相続人が遺留分減殺請求権を行使したことを認識しながら，無断で受益相続人のために預貯金等の払戻し等を行うなど，遺言執行者としての職務遂行の適正性，公平性を欠くとともに，遺言者に対して背信的と評価すべき事務処理をしており，解任につき正当な理由があるとした。

⑵ 遺言執行者の辞任（民1019Ⅱ）

ア　手続

(ア)申立権者

　　遺言執行者

(イ)管轄

　　相続開始地を管轄する家庭裁判所（家事法209Ⅰ）

イ　要件

　　執行者に不適任な個人的事情，たとえば，疾病，長期の出張，多忙な職務への就職といった事情がある場合であるとするのが一般的である。

11　遺言執行費用（民1021）

⑴ 遺言執行費用の負担

　　遺言の執行に関する費用は相続財産の負担（民1021本文）

⑵ 遺言執行費用

　　検認・開封の費用(民1004)，相続財産目録調製費用(民1011)・相続財産管理費用(民1012)・遺言執行者に対する報酬（民1018），家庭裁判所が選任した遺言執行者の職

務代行者に対する報酬（家事法 215 IV），その他執行に関連する訴訟費用等，執行のために直接必要とされる費用のみならず，執行に直接あたった者への報酬もすべて含む（新版「注釈民法 (28)」補訂版 383 ～ 384 頁）。

(3) 遺留分との関係

遺言執行費用の支払いは，相続人の遺留分を害することが出来ない（民 1021 但書）。相続人は，遺留分の減殺によって得た財産を執行費用の引当てにしなくてもよいとの意味であり，その結果，遺留分に食い込む分が受遺者の負担となる（新版「注釈民法 (28)」補訂版 385 頁）。

12 遺言執行者に対する報酬 (民 1018)

(1) 遺言の定めがある場合

遺言者がその遺言で定めたときはそれに従う（民 1018 I 但書）。第二東京弁護士会法律相談センターあっせん弁護士の報酬に関する細則は以下の通り（旧日弁連報酬規程と同基準）。

基本	300 万円以下の部分	30 万円
	300 万円を超え 3,000 万円以下の部分	2%
	3,000 万円を超え 3 億円以下の部分	1%
	3 億円を超える部分	0.5%
特に複雑又は特殊な事情がある場合	センター受任弁護士と受遺者との協議により定める額	
遺言執行に裁判手続を要する場合	遺言執行手数料とは別に，裁判手続に要する弁護士報酬を請求することができる。	

(2) 遺言の定めが無い場合

遺言者が遺言で定めていない場合には，遺言執行者の申立により家庭裁判所は，相続財産の状況その他の事情によって報酬を定めることができる（民 1018 I 本文）。特に基準はない。管理に付される相続財産の多寡，管理の継続期間，執行行為の範囲や難易，義務の程度，実現された成果などを考慮し，家庭裁判所の裁量で決定される。報酬の付与は，付与を妥当とする場合に限られるから，執行者が就職を承諾する前に執行が終了していた場合とか，執行者が任務の懈怠を理由に解任された場合には，報酬は与えられない（新版「注釈民法 (28)」補訂版 373 頁）。

【申立権者】遺言執行者

【管轄】相続開始地を管轄する家庭裁判所（家事法 209 I）

161

第11 遺言の無効事由・遺言無効の主張方法

> 【目次】
>
> 1 遺言の無効事由
> 2 遺言無効の主張方法

1 遺言の無効事由

⑴ 形式的要件の欠缺

ア 各遺言の方式違反

イ 共同遺言（民975）

ウ 証人立会人の欠格事由（民974）

⑵ 実質的要件の欠缺

ア 遺言能力の欠缺

イ 公序良俗違反（民90）

遺言者と不倫関係にある者への遺贈の効力が問題になる。この点,【最判昭61.11.20民集40-7-1167】は,不倫な関係にある女性に対する包括遺贈（3分の1）が不倫な関係の維持継続を目的とするものではなく,女性の生活を保全するためのものであり,相続人（妻と子1人）の生活の基盤を脅かすものでないときは公序良俗に違反するものではないとする。

ウ 錯誤（民95）,詐欺取消（民96）

⑶ 被後見人の後見人に対する遺言の制限（民966）

被後見人が後見の終了前に後見人又はその配偶者もしくは直系卑属の利益となるべき遺言をしたときはその遺言は無効となる（民966Ⅰ）。但し,後見人が直系血族,配偶者又は兄弟姉妹であった場合はこの限りではない（民966Ⅱ）。

⑷ 遺言者の死亡以前に受遺者が死亡したこと（民994）

遺言者の死亡以前に受遺者が死亡したときは遺言の効力は生じない（民994Ⅰ）。停止条件付の遺贈については,遺言者の別段の意思がない限り,条件成就前に受遺者が死亡したときも同様である（民994Ⅱ）。

⑸ 遺贈の目的である権利が遺言者の死亡時において相続財産に属さなかったとき（民996）。

遺贈の目的である権利が遺言者の死亡時において相続財産に属さない場合において,遺贈は効力を生じない（民996本文）。ただし,その権利が相続財産に属するか否かに

かかわらず遺贈の目的としたと認められるときは失効しない（民996ただし書）。

(6) 遺言の撤回

第8「遺言の撤回，変更」参照

2 遺言無効の主張方法

(1) 予備的な遺留分減殺請求（時効中断の必要性）

当該遺言が遺言無効を主張する者の遺留分を侵害する場合，将来的な遺留分減殺請求権の時効に注意する必要がある。すなわち，後述する遺言無効確認の調停・訴訟において，無効の主張が認められなかった場合，遺留分を侵害する遺言は有効と扱われる。しかし，遺言無効確認の調停，訴訟が終了している時点において，遺留分減殺請求権の時効期間（1年間，民1042前段）が既に経過していることは十分あり得る。

そこで，遺言の無効を主張する場合は，当該遺言の受遺者，受益相続人に対して配達証明付き内容証明郵便にて遺言の無効の通知とともに，予備的に遺留分減殺請求権を行使して時効中断の措置をとることも検討すべきである（「万一遺言が有効である場合は遺留分減殺請求権を行使する」等付記する）。

(2) 遺言無効確認の調停申立

遺言無効確認請求事件は，調停前置の対象となり，これについて訴えを提起しようとする場合にはまず家庭裁判所に家事調停の申立てをしなければならない（家事法257Ⅰ）。但し，調停前置は訴訟要件ではないので，調停前置なく訴訟提起をした場合であっても例外的にそのまま審理をすすめることはできる（家事法257Ⅱ但書）。

(3) 遺言無効確認の訴え

※「遺言無効確認請求事件を巡る諸問題」（判タ1380-4，東京地方裁判所民事部プラクティス委員会第二小委員会）も参照されたい。

ア　管轄

相手方（被告）の居住所地（民訴法4Ⅰ，Ⅱ）及び相続開始時における被相続人の住居所地（同法5⑭，4Ⅱ）を管轄する地方裁判所又は簡易裁判所。

イ　当事者適格

遺言の効力について法律上の利害関係を有する者（相続人，受遺者及び承継人）に認められる。遺言執行者がある場合の被告適格は遺言執行者に認められるが，遺言執行後について遺言執行者の被告適格は否定される（最判昭51.7.19民集30-7-706）。

ウ　訴えの利益

遺言者生前における遺言無効確認の訴えは，生前にあっては遺言者がいつでもすでになした遺言を取り消しうることから，確認の利益が否定される（最判昭31.10.4民集10-10-1229）。

エ　共同訴訟

遺言無効確認の訴えは原則として固有必要的共同訴訟ではないと解するのが一般的である。もっとも，複数の遺言執行者が指定され両者が一致しなければ遺言が執行できないような内容であるなど，遺言の内容によっては固有必要的共同訴訟とならざるを得ないものもあると考えられる（「遺言無効確認請求事件を巡る諸問題」）判タ1380-6）。

この点，【最判昭56.9.11民集35-6-1013】は，単に相続分及び遺産分割の方法を指定したに過ぎない遺言の無効の確認の訴えは固有必要的共同訴訟ではないとする。他方，【静岡地浜松支判昭25.4.27判タ45-47】は，数人の遺言執行者がある場合における遺言無効確認の訴えは，必要的共同訴訟であるとしている。

第12　死因贈与

【目次】

1　定義
2　法的性質
3　遺贈の規定の準用
4　遺留分減殺請求の順序

1　定義

死因贈与とは，贈与者の死亡によって効力を生ずる贈与である（民554）。

2　法的性質

遺贈が単独行為であるのに対して，死因贈与は諾成契約である。

3　遺贈の規定の準用

死因贈与は，贈与者の死後効力が生ずる点で，遺贈と共通する点が多いので，遺贈の規定が準用される（民554）と規定されるが，上記の法的性質の相違等から，準用される規定については個別に検討が必要である。

(1)　遺言能力に関する規定

遺言能力に関する規定（民961，962）は準用されない。

⑵ 遺贈の方式に関する規定

遺贈の方式に関する規定は準用されない（最判昭 32.5.21 民集 11-5-732）。

⑶ 遺言の効力に関する規定

遺言の効力に関する規定は広く準用されるが，準用が否定される場合もある。

ア　遺贈の承認，放棄に関する規定（民 986 ～ 989）

準用されない（最判昭 43.6.6 集民 91-219）。

イ　相続財産に属しない権利の遺贈（民 996，997），不特定物の遺贈義務者の担保責任（民 998），第三者の権利の目的である財産の遺贈（民 1000）

準用されない（新版「注釈民法（14）」73 頁）。

ウ　受贈者の死亡による遺贈の失効の規定（民 994）

裁判例では，準用を肯定するものと，否定するものがある。

【東京高判平 15.5.28 家月 56-3-60】は，民法 994 条1項が準用され，贈与者よりも先に受贈者が死亡した場合には，死因贈与は受贈者の死亡の時点で効力を失ったものと解するのが相当であるとして準用を肯定する。

【京都地判平 20.2.7 判タ 1721-181】は，死因贈与は贈与者と受贈者との間の契約である以上，契約成立の時点において，受贈者には贈与者の死亡によって当該死因贈与の目的物を取得できるという期待権が生じているといえるとして，民法 994 条1項の準用を否定する（ただし，被告が出頭せずに自白が成立した事案）。

⑷ 遺言の執行に関する規定

遺言の執行に関する規定は原則として準用されるが，遺言書の検認・開封に関する規定（1004・1005）はその性質上準用されない（新版「注釈民法（14）」73 頁）。

⑸ 遺言の撤回に関する規定

ア　1022 条の準用の可否について

【最判昭 47.5.25 民集 26-4-805】は，贈与者の死後の財産に関する処分については，遺贈と同様，贈与者の最終意思を尊重し，これによって決するのを相当としたうえで，死因贈与については，遺言の取消に関する民法 1022 条がその方式に関する部分を除いて準用されると判示する。

イ　1022 条の準用を否定した裁判例①（裁判上の和解等具体的事情により，贈与者を贈与契約に拘束することが相当な場合）

【最判昭 58.1.24 民集 37-1-21】は，土地の登記簿上の所有名義人である甲が，右土地を占有耕作する乙に対してその引渡を求めた訴訟の第一審で敗訴し，その第二審で成立した裁判上の和解において，乙から登記名義どおりの所有権の承認を受ける代わりに，乙及びその子孫に対して右土地を無償で耕作する権利を与え，しかも，右権利を失わせるような一切の処分をしないことを約定するとともに，甲が死亡したときは右土地を乙及びその相続人に贈与することを約したなど，判示の事実関係のもとでは，

右死因贈与は，甲において自由には取り消すことができないと判示した。

ウ　1022条の準用を否定した裁判例②（負担付死因贈与で負担を履行済みの場合）

【最判昭57.4.30民集36-4-763】は，負担の履行期が贈与者の生前と定められた負担付死因贈与の受贈者が負担の全部又はこれに類する程度の履行をした場合には，右契約締結の動機，負担の価値と贈与財産の価値との相関関係，契約上の利害関係者間の身分関係その他の生活関係等に照らし右契約の全部又は一部を取り消すことがやむをえないと認められる特段の事情がない限り，民法1022，1023条の各規定は準用されないと判示する。

4　遺留分減殺請求の順序

死因贈与は，遺贈に次いで，生前贈与より先に遺留分減殺の対象とすべきである（東京高判平12.3.8高民53-1-93）。

第4編
遺 留 分

第1　遺留分
　　1　遺留分制度の意義・趣旨
　　2　遺留分権利者
　　3　遺留分の割合
　　4　遺留分額の算定方法
　　5　遺留分の放棄

第2　遺留分減殺請求権の成立（遺留分侵害額の算定）
　　1　遺留分減殺請求権の意義・法的性質
　　2　遺留分侵害額の算定方法

第3　遺留分減殺請求権の行使
　　1　遺留分減殺請求権者
　　2　遺留分減殺請求の相手方
　　3　遺留分減殺請求権の行使方法
　　4　遺留分減殺請求に関する調停・訴訟手続
　　5　遺留分減殺請求の対象
　　6　遺留分減殺請求権行使の順序・処理手順
　　7　遺留分と相続分の指定
　　8　遺留分と特別受益

第4　遺留分減殺請求権行使の効果
　　1　遺留分減殺請求の効果
　　2　受贈者の果実返還の義務
　　3　価額弁償

第5　遺留分減殺請求権行使後の権利関係（共有関係解消）
　　1　問題の所在
　　2　通常の訴訟による共有物分割手続による場合
　　3　遺産分割手続による場合

第6　遺留分減殺請求権と時効
　　1　遺留分減殺請求権の消滅時効
　　2　遺留分減殺請求権と受贈者の取得時効の関係

第1　遺留分

1　遺留分制度の意義・趣旨

(1)　遺留制度の意義

　　遺留分制度とは，一定の範囲の相続人に対して，被相続人の財産の一定割合について相続権を保障する制度（「家族法」第4版422頁）をいう。

(2)　遺留分制度の趣旨

　　遺留分制度は，被相続人の財産処分の自由と身分関係を背景とした相続人の諸利益との調整を図るものである。民法は，被相続人の財産処分の自由を尊重して，遺留分を侵害する遺言について，いったんその意思どおりの効果を生じさせるものとした上，これを覆して侵害された遺留分を回復するかどうかを，専ら遺留分権利者の自律的決定にゆだねたものということができる（最判平13.11.22民集55-6-1033）。

2　遺留分権利者

　　①配偶者，②子，③直系尊属が遺留分権利者であるが，兄弟姉妹には遺留分はない（民1028）。但し，これらの者でも，相続欠格，廃除，相続放棄により相続権を有しない者には遺留分はない。

　　なお，子の代襲相続人は被代襲者である子と同じ遺留分を有する。

3　遺留分の割合

(1)　総体的遺留分 (遺留分権利者全体の遺留分の割合　民1028)

直系尊属のみが相続人の場合：3分の1

その他の場合（配偶者のみ，配偶者と子，配偶者と直系尊属，子のみ）

　　　　　　：2分の1

　　上記は，昭和56年1月1日以降発生した相続について適用されるものであり，それより前の遺留分の割合については，河瀬敏雄他「第4版　旧民法・応急措置法から現行法図解・相続登記事例集」を参照されたい。

(2)　個別的遺留分 (総体的遺留分に各自の法定相続分をかけたもの)

　　遺留分権利者が複数存在する場合は，更に(1)の総体的遺留分に各自の法定相続分をかけたものが各自の個別的遺留分になる（民1044による民887Ⅱ,Ⅲ,900,901の準用）。

【事例】

妻，子2人の場合の個別的遺留分

　　妻　：1／4＝1／2（総体的遺留分）×1／2（法定相続分）

　　各子：1／8＝1／2（総体的遺留分）×1／4（法定相続分）

4　遺留分額の算定方法

⑴　遺留分額の算定方法

【遺留分の算定方法】（新版「遺産分割・遺留分の実務」458頁）

①：遺留分算定の基礎となる財産

　　＝「相続開始時に被相続人が有していた財産の価額」

　　＋「被相続人が贈与した財産の価額」－「相続債務の全額」（民1029Ⅰ）

②：個別的遺留分の割合

　　＝「総体的遺留分の割合（民1028）」×「法定相続分の割合」

③：遺留分額

　　＝「①：遺留分算定の基礎となる財産額」×「②：個別的遺留分の割合」

【事例】

・相続人：妻A，子B／C／D

・遺産（積極財産）：1500万円

・Aへの生前贈与：300万円

・債務額：300万円

【算定】

①算定基礎となる財産　　　　　　　：1500万円

〔1500万円＋300万円－300万円〕

②Aの個別的遺留分の割合：1／2×1／2

B，C，Dの個別的遺留分の割合：1／2×1／6

③Aの個別的遺留分額　　　　　　　：375万円

〔1500万円×1／2×1／2〕

B，C，Dの遺留分額　　　　　　　：各125万円

〔1500万円×1／2×1／6〕

(2) 遺留分算定の基礎となる財産の価額

相続開始時に被相続人が有していた財産の価額

相続財産のうち積極財産を指す（新版「注釈民法 (28)」補訂版 456 頁）。

条件付権利又は存続期間の不確定な権利は，家庭裁判所が選定した鑑定人の評価に従ってその価格を定め算入する（民 1029 II）。

加算される贈与（被相続人が贈与した財産の価額）

ア　相続開始前1年間になされた贈与（民 1030 前段）

相続開始前1年間になされたとは贈与契約締結が1年間になされたということである（新版「注釈民法 (28)」補訂版 463 頁）。

ここにいう「贈与」には広く全ての無償処分を含み，財団法人設立のための寄付行為，無償の債務免除など，贈与と同じ実質を持つ無償の処分も同様に加算される（上記参照）。

イ　当事者双方が遺留分権利者に損害を加えることを知ってなされた贈与（民 1030 後段）

(ア)意義

相続開始の1年以上前の贈与でも，基礎財産に加算される。

(イ)「遺留分権利者を害することを知って」の意義

遺留分を侵害するという程度の認識があればよく，損害を与える加害の意図や誰が遺留分権利者であるかは知っている必要はない。しかし，贈与当時，当事者双方が贈与財産の価額が残存財産の価額を超えることを知っていただけでなく，なお将来被相続人の財産に何ら変動がないことを予見していたこと，少なくとも増加のないことを予見していたことが必要である（「家族法」第4版 427 頁，大判昭 11. 6.17 大審院民集 15-1246）。

加害の認識の立証責任は減殺請求者が負う（大判大 10.11.29 法律新聞 1951.20）。

ウ　共同相続人への特別受益の贈与

(ア)加算される範囲

共同相相続人への特別受益となる贈与は，相続分の前渡しとみられ，時期や加害の認識の有無にかかわらず（1年より前のものであっても），原則として全て基礎財産に算入する（民 1044 による民 903 の準用）。

【最判平 10. 3.24 民集 52- 2-433】は，特別受益の基礎財産への算入を肯定したうえで，民法 903 条1項の定める相続人に対する贈与は，右贈与が相続開始よりも相当以前にされたものであって，その後の時の経過に伴う社会経済事情や相続人など関係人の個人的事情の変化を考慮するとき，減殺請求を認めることが右相続人に酷であるなどの特段の事情のない限り，民 1030 条の定める要件を満たさないものであっても，遺留分減殺の対象となると判示している。

(ｲ)特別受益の持戻し免除があった場合

特別受益の持戻し免除があった場合でも，基礎財産に算入される。

【最決平 24. 1.26 集民 239-635】は，被相続人が，特別受益に当たる贈与につき，当該贈与に係る財産の価額を相続財産に算入することを要しない旨の意思表示（「持戻し免除の意思表示」）をしていた場合であっても，上記意思表示が遺留分を侵害する限度で上記価額は遺留分算定の基礎となる財産額に算入されるものとして，算入を肯定する。

エ　不相当な対価でなされた有償処分

不相当な対価でなされた有償行為は，当事者双方が遺留分権利者を害することを知って行ったものにかぎり贈与とみなされ，対価を差し引いた残額が贈与として加算される（民 1039）。

オ　負担付贈与

負担付贈与は，その目的の価額中から負担の価額を控除して加算する（民 1038）。

カ　生命保険金の受取人を変更する行為（算入否定）

【最判平 14.11. 5民集 56-8-2069】は，自己を被保険者とする生命保険契約の保険者が，死亡保険金の受取人を変更する行為は，民法 1031 条が規定する遺贈又は贈与に当たらないとする。

控除される相続債務（相続債務の総額）

ア　対象債務

控除される債務は，私法上の債務のみでなく，公法上の債務，たとえば，租税債務，罰金等も含まれる（新版「注釈民法 (28)」補訂版 457 頁）。

イ　保証債務の扱い

【東京高判平 8.11. 7判時 1637-31】は，主たる債務者が弁済不能の状態にあるため保証人がその債務を履行しなければならず，かつ，その履行による出捐を主たる債務者に求償しても返還を受けられる見込みがないような特段の事情が存在する場合でない限り，控除される債務（民 1029 Ⅰ）に当たらないとする。

(3)　基礎となる財産の評価

ア　評価方法

客観的基準（通常は取引価格）により決まる（新版「注釈民法 (28)」補訂版 457 頁）。

(ｱ)贈与された金銭

金銭の贈与について，その贈与の時の金額を相続開始時の貨幣価値に換算した価額をもって評価すべきである（最判昭 51.3.18 民集 30- 2-111）。

→贈与された金銭の額を物価指数に従って相続開始の時の貨幣価値に換算する。

(ｲ)受贈者の行為による目的物滅失

受贈者の行為によって目的物が滅失したり，その価値が増減しているときも，相続開始の時に原状のままであるものとして評価する（民 1044 による民 904 の準用）。

(ウ)条件付権利又は存続期間の不確定な権利の価額

家庭裁判所が選定した鑑定人の評価によりその価額を定める（民 1029 II）。

イ　評価の基準時

通説は，相続開始時とする（新版「注釈民法 (28)」補訂版 459 頁）。

5　遺留分の放棄

(1)　相続開始後の放棄

相続開始後であれば，家庭裁判所の許可なしに，自由にできる。放棄の意思表示は，遺留分減殺請求の相手方に対してなすこととなる。

(2)　相続開始前の放棄

ア　手続

相続開始前に，家庭裁判所の許可（審判）を得て遺留分を放棄することができる（民 1043 I，家事法別表第一 110）。管轄は，被相続人の住所地（同法 216 I②）である。

イ　許可の基準

家庭裁判所は，①権利者の自由意思，②放棄理由の合理性・必要性，③放棄と引き換えの代償の有無などを考慮して許否を判断する（「家族法」第 4 版 424 頁）。

ウ　放棄許可審判の取消

事前放棄の許可審判がなされた後に申立ての前提となった事情が変化し，遺留分放棄の状態を維持することが客観的に不合理・不相当になった場合は，職権をもって放棄許可審判を取り消すことができる（家事法 78 条）。

エ　放棄の効果

(ア)遺留分を放棄すると，遺留分を侵害する遺贈又は贈与がなされても減殺請求をすることができなくなる。他方，遺留分が放棄されても，被相続人による遺贈・贈与がなされなければ，放棄者にとっては実質的に何ら影響がない。

(イ)遺留分の放棄は，相続放棄とは異なるため，相続人としての地位は失わない。したがって，遺産分割により遺産を取得することができるし，相続債務を相続することがありうることにも注意を要する。

(ウ)共同相続人の 1 人が相続開始前に遺留分を放棄しても，他の共同相続人の遺留分は増加するわけではないが（民 1043 II），反射的にその範囲で被相続人が自由に処分しうる財産が増加することになる。

(エ)遺留分を放棄した者の死亡等により代襲相続が開始した場合には，代襲者は，被代襲者が生存していれば取得するであろう相続権以上の権利を取得しないため，代襲者の相続権は遺留分が付着していないものと解される（新版「注釈民法 (28)」補訂版 536 頁）。

173

第2 遺留分減殺請求権の成立
（遺留分侵害額の算定）

1 遺留分減殺請求権の意義・法的性質

(1) 意義

遺留分を侵害する贈与又は遺贈がなされたとき，遺留分権利者及びその承継人が，遺留分の保全に必要な範囲内で，その遺贈・贈与等を減殺することができる権利（民1031）のことをいう。

(2) 法的性質（形成権説・物権的効果説）

遺留分減殺請求権の意思表示により遺留分侵害行為の効力は消滅し（形成権説），目的財産上の権利は当然に遺留分権利者に復帰する（物権的効果説，最判昭41.7.14 民集 20- 6 -1183，最判昭 51. 8 .30 民集 30- 7 -768）。

2 遺留分侵害額の算定方法

(1) 遺留分の侵害

遺留分権利者が被相続人から得た相続財産等が，その者の遺留分額に達しないときに初めて遺留分減殺請求権が成立する。この遺留分額に満つるまでの具体的額を遺留分侵害額という。

(2) 相続人の遺留分を侵害する遺贈・贈与の効力

遺留分侵害行為は当然無効になるのではなく，単に減殺請求をなし得るにとどまる（最判昭 35. 7 .19 民集 14- 9 -1779）。

(3) 遺留分侵害額の算定方法

【最判平8.11.26民集50-10-2747】

被相続人が相続開始時に債務を有していた場合の遺留分の額は，被相続人が相続開始時に有していた財産の価額に贈与した財産の価額を加え，その中から債務の全額を控除し，それに法定の遺留分の割合を乗じ，さらに特別受益を得ている場合はその価額を控除して算定すべきであり，遺留分の侵害額は，右のようにして算定した遺留分額から，遺留分権利者が相続によって得た財産があればその額を控除し，負担すべき相続債務があればその額を加算して算定する。

↓上記最判を整理すると，

> 遺留分侵害額＝遺留分額－｛（遺留分権者の取得相続財産額－遺留分権利者の
> 　　　　　　相続債務分担額）＋遺留分権利者の特別受益額＋遺留分権利者
> 　　　　　　が受けた遺贈額｝

となる（次頁図解も参照）。

【遺留分侵害額の算定方法（算定式）】

①：遺留分算定の基礎となる財産
＝「相続開始時に被相続人が有していた財産の価額」
＋「被相続人の贈与した財産の価額」－「相続債務全額」（民1029Ⅰ）。

②：個別的遺留分の割合
＝「総体的遺留分（民1028）」×「法定相続分の割合」

③：遺留分額
＝「①：遺留分算定の基礎となる財産額」×「②：個別的遺留分の割合」

④：遺留分侵害額
＝（③：遺留分額）－｛（遺留分権利者の取得相続財産額－遺留分権利者の相続債務分担額）＋遺留分権利者の特別受益額＋遺留分権利者が受けた遺贈額｝

（新版「遺産分割・遺留分の実務」468頁参照）

【遺留分侵害額の算定方法（図解）】

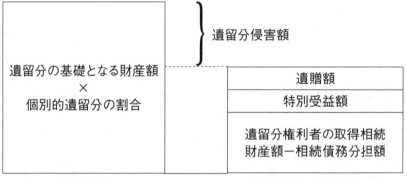

→具体的な相続の場面で、各相続人が当該相続に関連して具体的にどれだけの財産額を得ているのかを計算して、この現実に得た額と遺留分額を比較して、遺留分額より現実に得た額が少ないのであれば、それが遺留分侵害額になる（NIBEN Frontier 2015年5月号・湊信明「本当は怖い遺留分」（前編）41頁）。

【遺留分計算シート】（便利なツール紹介）

「遺留分減殺請求訴訟における遺留分算定について（東京地裁プラクティス委員会第三小委員会，判タ1345号・34頁）」において，遺留分算定計算シートが掲載されており，事件処理の一助になる。同計算シートのExcelデータをウェブ上で検索（「東京弁護士会・遺留分算定計算シート」）することは可能である。

但し，同シートは，万能な機能を有するものではないし，また，発行された平成23年以後改訂されておらず，その後の裁判例に対応していないこともあり得るので，使用に際しては各自の検討が必要である。

【算定例①（第三者へ生前贈与がなされた場合）】

【事例】

- 相続人　：子が甲，乙，丙の３名
- 積極財産：3000万円
- 相続債務：1500万円
- 生前贈与：被相続人は，第三者丁へ死亡３ヶ月前に3000万円生前贈与

【甲／乙／丙の遺留分侵害額の算定】

①：遺留分算定の基礎となる財産：4500万円

〔3000万円＋3000万円－1500万円〕

②：甲／乙／丙の個別的遺留分の割合：1／6〔1／2×1／3〕

③：甲／乙／丙の各遺留分額：750万円〔4500万円×1／2×1／3〕

④：遺留分侵害額

甲／乙／丙が相続によって取得した各財産額：1000万円〔3000万円×1／3〕

甲／乙／丙の各相続債務分担額：500万円〔1500万円×1／3〕

甲／乙／丙の各遺留分侵害額：<u>250万円</u>

〔750万円－（1000万円－500万円）〕

⑷　**相続債務負担額の扱い**

ア　原則

個別的遺留分額に各相続債務分担額を加算する（※）。

※加算するとしたのは，下記算定式の{中括弧}を開けば，マイナス（－）とマイナス（－）で，相続債務分担額は加算（＋）されることになるので。

遺留分侵害額

＝（遺留分額）－{（遺留分権利者の取得相続財産額－遺留分権利者の相続債務分担額）＋遺留分権利者の特別受益額＋遺留分権利者が受けた遺贈額}

イ　相続人のうちの1人に対して全財産を「相続させる」旨の遺言がされた場合

遺言の趣旨等から相続債務を当該相続人にすべて相続させる意思のないことが明らかであるなどの特段の事情のない限り，相続人間においては当該相続人が相続債務もすべて承継し，遺留分の侵害額の算定にあたり，遺留分権利者の法定相続分に応じた相続債務の額を遺留分の額に加算することは許されない遺留分権利者が相続債権者から相続債務について法定相続分に応じた履行を求められ，これに応じた場合も，履行した相続債務の額を遺留分の額に加算することはできず，相続債務をすべて承継した相続人に対して求償し得るにとどまるものというべきである。（最判平21.3.24民集63-3-427）。次頁の事例も参照にされたい。

【算定例②（相続人の一人に対して全財産を相続させる遺言がなされた場合）】
【事例】
　・相続人　　：子が甲，乙2名
　・積極財産：5000万円
　・相続債務：4000万円
　・被相続人が乙に対して全財産を相続させる遺言がなされた
【甲の遺留分侵害額の算定】
　①：遺留分算定の基礎となる財産：1000万円
　　　　　　　　　　〔5000万円－4000万円〕
　②：甲の個別的遺留分の割合：1／4
　　　　　　　　　　〔1／2×1／2〕
　③：甲の各遺留分額　　　　：250万円
　　　　　　　　　　〔1000万円×1／2×1／2〕
　④：遺留分侵害額
　　　甲が相続によって取得した財産額：0円
　　　甲の債務負担額　　　　　　　　：0円（※前掲最判平21.3.24により
　　　　　　　　　　　　　　　　　　　　　債務負担額は加算しない）
　　　甲の遺留分侵害額　　　　　　　：250万円
　　　　　　　　　　〔250万円－（0円－0円）〕

第3　遺留分減殺請求権の行使

1　遺留分減殺請求権者

(1)　遺留分権利者とその承継人

　遺留分権利者（兄弟姉妹及びその代襲者を除く相続人）とその承継人である（民1031）。承継人とは，遺留分権利者の相続人，包括受遺者，相続分の譲受人などの包括承継人はもちろん，特定承継人たとえば各処分行為に対する個別的な減殺請求権の譲受人も含まれる（新版「注釈民法（28）」補訂版475頁）。

(2)　債権者による遺留分減殺請求権の代位行使（行使上の一身専属性）

　遺留分権利者が，これを第三者に譲渡するなど，権利行使の確定的意思を有することを外部に表明したと認められる特段の事情がある場合を除き，債権者代位（民423）の目的とすることができない（最判平13.11.22民集55-6-1033）。

2 遺留分減殺請求の相手方

(1) 受遺者・受贈者及びその包括承継人

遺留分減殺請求の相手方は，遺留分保全のために減殺されるべき処分行為によって直接的に利益を受けた者，すなわち減殺の対象となる遺贈・贈与の受遺者・受贈者及びその包括承継人である。

(2) 受贈者からの悪意の特定承継人・権利設定者

受贈者から目的財産を譲り受けた者（特定承継人）が譲り受けの時点において遺留分権利者に損害を与えることを知っていた場合は，相手方となる（1040 I 但書）。

また，受贈者が減殺請求前に目的物上に第三者のために権利を設定していた場合も同様である（民 1040 II）。なお，受遺者の場合も類推適用される（最判平 10. 3.10 民集 52- 2-319）。

(3) 遺言執行者

遺贈が未履行な場合，遺言執行者も遺留分減殺請求の相手方になり得る。【大判昭 13. 2.26 大審院民集 17-275】は，包括遺贈が未履行の場合，受遺者ではなく，遺言執行者を相手に減殺請求をすることもできると判示する。

3 遺留分減殺請求権の行使方法

(1) 遺留分減殺請求権の行使方法

遺留分減殺請求権の行使の方法は相手方に対する意思表示によって行使すれば足り，必ずしも訴えの方法によることを必要としない（最判昭 41. 7.14 民集 20- 6-1183）。

また，訴訟上抗弁として主張する場合もある。

(2) 配達証明付き内容証明郵便送付（短期消滅時効との関係）

遺留分減殺請求権は1年の短期消滅時効（相続開始及び減殺すべき贈与又は遺贈があったことを知った時から1年，民 1042）にかかるので，権利を保全するため，まずは配達証明付きの内容証明郵便にて裁判外の意思表示を行う必要がある（例えば，「あなたが受けた遺贈は，私の遺留分を侵害しているので，遺留分減殺を請求します。」等）。

その上で，調査を行い，遺留分額やその侵害額を確定させ，交渉・調停等に臨めばよい。

なお，遺留分減殺請求の調停を申し立てる予定の場合でも，申立書は送達手続がとられないこと，さらに申立時には遺留分減殺請求権を行使したことの疎明資料が必要となるため，事前に，配達証明付き内容証明郵便を送付する必要がある（実務解説「相続・遺言の手引き」269 頁，新版「遺産分割・遺留分の実務」463 頁）。

(3) 遺産分割協議の申入れと遺留分減殺請求との関係

【最判平 10. 6.11 民集 52- 4-1034】は，遺産分割と遺留分減殺は，その要件，効果を異にするから，遺産分割協議の申入れに当然遺留分減殺の意思表示が含まれているということはできないが，被相続人の全財産が相続人の一部の者に遺贈された場合に，遺

留分減殺請求権を有する相続人が，遺贈の効力を争うことなく，遺産分割協議の申入れをしたときは，特段の事情のない限り，その申入れには遺留分減殺の意思表示が含まれると解すべきであると判示する。

4　遺留分減殺請求に関する調停・訴訟手続

(1)　調停

ア　調停前置主義

遺留分をめぐる事件は，「家庭に関する事件」として家庭裁判所の調停ができるので（家事法 244），訴訟提起の前にまず家庭裁判所の調停を経なければならない（同法257）。

なお，配達証明付き内容証明送付の必要性については前述のとおりである。

イ　申立権者

遺留分権利者

ウ　管轄

相手方の住所地の家庭裁判所又は当事者が合意で定める家庭裁判所（家事法245）。訴訟の管轄と異なる。

(2)　訴訟

ア　訴訟事項・訴訟物

調停が不成立になった場合，民事訴訟で解決をすることになる（家事法 272 Ⅲ）。

訴訟物は，遺留分減殺請求権そのものではなく，行使の結果生じた物権的ないし債権的権利（目的物の給付請求，所有権ないし共有持分確認請求等）である。

イ　管轄

相続開始時における被相続人の普通裁判籍所在地の地方裁判所又は簡易裁判所（民訴法5⑭）。

(3)　受遺者又は受贈者からの訴訟提起の可否

遺留分減殺請求を受け，価額弁償の意思表示をした受遺者が提起した弁済すべき額の確定を求める訴えは，弁償すべき額につき当事者間に争いがあり，受遺者が判決によってこれが確定されたときは速やかに支払う意思がある旨を表明して，弁償すべき額の確定を求める訴えを提起したときは，受遺者においておよそ価額を弁償する能力を有しないなどの特段の事情がないかぎり，確認の利益がある（最判平 21.12.18 民集 63-10-2900）。

上記判例と同旨の調停申立も許されると解される（新版「遺産分割・遺留分の実務」464 頁）。

5 遺留分減殺請求の対象

(1) **遺贈**

(2) **死因贈与**

(3) **生前贈与**

・相続開始前1年間にした贈与（民 1030 前）

・遺留分権利者に損害を加えることを知ってなされた贈与（民 1030 後）

・特別受益としての贈与（民 1044，903 Ⅰ）（最判平 10. 3 .24 民集 52- 2 -433）

・特別受益持戻し免除の意思表示（最決平 24.1.26 集民 239-635）

(4) **特定の遺産を特定の相続人に「相続させる」旨の遺言**

（東京高判平 12. 3. 8 高民集 53- 1-93）

（最判平 10. 2.26 民集 52- 1-274）

(5) **相続分の指定**

（最決平 24. 1.26 集民 239-635）

6 遺留分減殺請求権行使の順序・処理手順

(1) **基本的な順序**

第1順序：遺贈，「相続させる」旨の遺言，相続分の指定

第2順序：死因贈与

第3順序：生前贈与

ア　第1順序について

(ｱ)贈与は，遺贈を減殺した後でなければ，減殺することができない（民 1033）。

(ｲ)「相続させる」旨の遺言による相続は，遺贈と同様に解するのが相当である（東京高判平 12. 3. 8 高民 53- 1-93）。

(ｳ)相続分の指定

　　遺贈と相続分の指定との間で減殺順序を区別する理由はないとするのが通説（新版「注釈民法（28）」補訂版 494 頁）。

イ　第2順序について

　　死因贈与は，遺贈に次いで，生前贈与より先に遺留分減殺の対象とすべきである（東京高判平 12. 3. 8 高民集 53- 1-93）。

(2) **複数の遺贈・贈与がある場合の処理**

ア　遺贈の場合

180

遺言者の別段の意思表示がなければ，遺贈の価額の割合に応じて減殺される（民1034）。

なお，「相続させる」旨の遺言も同様の扱いをする。

イ　複数の贈与がある場合

後（新しい）の贈与から順次前（古い）の贈与に遡って減殺請求の対象となる（民1035）。減殺をうけるべき受贈者が無資力の場合，損失は遺留分権利者の負担になる（民1037）。

ウ　減殺対象の選択権

遺留分権利者に目的物の選択権はない（東京地判昭61. 9.26判時1214-116）。

(3)　共同相続人相互間の遺留分減殺請求

減殺の対象となるのは，その遺贈や贈与がその者の遺留分額を越える部分のみである（最判平10.2.26民集52- 1-274参照）。算定例は以下のとおり。

【算定例③：共同相続人相互間の遺留分減殺請求の処理】

【事例】

・被相続人Aの遺産は8000万円

・相続人は, 子B,C,D,E

・Aは, 子Bに5000万円,Cに2000万円,Dに1000万円を遺贈した。

子Eは誰に対して, いくら遺留分減殺請求ができるか。

【計算】

①遺留分の算定の基礎となる財産：8000万円

②B,C,D,Eの個別的遺留分　　　：各1000万円

〔8000万円×1／2×1／4〕

③Eの遺留分侵害額　　　　　　：1000万円

【上記侵害額の回復の方法（最判平10.2.26民集52-1-274参照)】

・減殺の対象となるのは, その遺贈や贈与がその者の遺留分額を越える部分のみ。

・遺留分超過部分は以下のとおり。

B：5000万円-1000万円=4000万円

C：2000万円-1000万円=1000万円

D：1000万円-1000万円＝0

・Eは, B, Cに対し，遺留分超過部分の比率である, 4：1（4000万円：1000万円）の割合で, 按分して遺留分減殺請求することになる。

B：1000万円×4／5＝800万円

C：1000万円×1／5＝200万円

※事例は, 新版「遺産分割・遺留分の実務」482頁を引用

---

7 遺留分と相続分の指定

第2編 第6章 第2．3「指定相続分と遺留分」を参照。

8 遺留分と特別受益

(1) 遺留分算定の基礎となる財産への算定（肯定）

肯定（民1044・同903）。なお，本編第1．4(2)参照。

(2) 遺留分減殺請求の対象の可否

ア　特別受益（肯定）

【最判平10.3.24民集52-2-433】は，民法903条1項の定める相続人に対する贈与は，右贈与が相続開始よりも相当以前にされたものであって，その後の時の経過に伴う社会経済事情や相続人など関係人の個人的事情の変化をも考慮するとき，減殺請求を認めることが右相続人に酷であるなどの特段の事情のない限り，民法1030条の定める要件を満たさないものであっても，遺留分減殺の対象となるものと解するのが相当であると判示する。

イ　特別受益持戻し免除の意思表示（肯定）

【最決平24.1.26集民239-635】は，遺留分減殺請求により特別受益に当たる贈与についてされた持戻し免除の意思表示が減殺された場合，持戻し免除の意思表示は，遺留分を侵害する限度で失効し，当該贈与に係る財産の価額は，上記の限度で，遺留分権利者である相続人の相続分に加算され，当該贈与を受けた相続人の相続分から控除されるものと解するのが相当であると判示する。

【算定例④：特別受益の持戻し免除の意思表示に対する遺留分減殺の処理】

【事例】

・被相続人A，相続人は子B，C，D

・Aの遺産は6000万円

・Aは死亡する3ヶ月前にBに9000万円を贈与（特別受益），Aはこの生前贈与について持戻しの免除の意思表示をした。

・C，Dが遺留分減殺請求をした場合の処理

【計算】

①：遺留分算定の基礎となる財産：1億5000万円

〔6000万円＋9000万円〕

②：C，Dの個別的割合　　　　：各1/6

〔1/2×1/3〕

③：C，Dの個別的遺留分額　　：各2500万円

〔1億5000万円×1/6〕

④：遺留分侵害額

C, D が相続によって取得した財産額：各 2000 万円

〔6000 万円× 1/3〕

C, D の遺留分侵害額　：各 500 万円

〔2500 万円–2000 万円〕

【上記侵害額の回復の方法（最決平 24.1.26 集民 239-635）】

　持戻し免除の意思表示は，遺留分を侵害する限度で失効し，当該贈与に係る財産の価額は，上記の限度で，遺留分権利者である相続人の相続分に加算され，当該贈与を受けた相続人の相続分から控除されるものと解するのが相当である。

　→ C,D は，遺留分侵害額の各 500 万円ずつを B に対して直接請求できる。

　※事例は，NIBEN Frontier 2015 年 5 月号・湊信明「本当は怖い遺留分」（前編）45 頁から引用

第4　遺留分減殺請求権行使の効果

1　遺留分減殺請求の効果

(1)　目的財産が未給付の場合

(2)　目的財産が給付済みの場合

　ア　目的財産が受贈者，受遺者の下にある場合

　イ　目的物を譲渡等した場合（民 1040）

（1）　目的財産が未給付の場合

　遺留分減殺請求権の行使により，遺留分を侵害する遺贈または贈与契約は失効し（形成権説），遺贈や贈与が未履行のときは履行義務を免れる。

（2）　目的財産が給付済みの場合

ア　目的財産が受贈者，受遺者のもとにある場合

(ア)現物返還（返還請求，移転登記請求）が原則

　遺留分減殺請求権の行使により，遺留分を侵害する遺贈または贈与契約は失効し，遺留分権利者は，所有権ないし共有持分権による物権的請求権等に基づき，受贈者，受遺者から目的物の返還ないし移転登記請求を求めることになる。

183

(イ)現物返還に代わる価額弁償（民1041，※3(1)も参照）

　受贈者，受遺者は，価額弁償を選択して現物返還を免れることができる（民1041）。

(ウ)現物分割と価額弁償の関係

　以下のとおり場合分けして，理解する必要がある。

---

① 受遺者が価額弁償の履行の提供をした場合

② 受遺者が価額弁償の意思表示をしたにとどまる場合

③ ②で，遺留分権利者が価額弁償の権利行使の意思表示をした場合

---

①受遺者が遺留分権利者から遺留分減殺に基づく目的物の現物返還請求を受け，遺贈の目的の価額について履行の提供をした場合には，当該受遺者は目的物の返還義務を免れ，他方，当該遺留分権利者は，受遺者に対し，弁償すべき価額に相当する金銭の支払を求める権利を取得すると解される（最判昭54.7.10民集33-5-562，最判平9.2.25民集51-2-448）。

②上記受遺者が遺贈の目的の価額について履行の提供をしていない場合であっても，遺留分権利者に対して遺贈の目的の価額を弁償する旨の意思表示をしたときには，遺留分権利者は，受遺者に対し，遺留分減殺に基づく目的物の現物返還請求権を行使することもできるし，それに代わる価額弁償請求権を行使することもできると解される（最判昭51.8.30民集30-7-768，最判平9.2.25民集51-2-448）

③そして，上記遺留分権利者が受遺者に対して価額弁償を請求する権利を行使する旨の意思表示をした場合には，当該遺留分権利者は，遺留分減殺によって取得した目的物の所有権及び所有権に基づく現物返還請求権をさかのぼって失い，これに代わる価額弁償請求権を確定的に取得すると解するのが相当である（最判平20.1.24民集62-1-63）。

イ　目的物を譲渡等した場合（民1040）

(ア)受贈者の価額弁償義務（※3(2)も参照）

　受贈者が第三者に目的物を譲渡，又は権利を設定した場合は，受贈者は，遺留分権利者に対して，価額の弁償を行う（民1040 I 本文，II）。

(イ)贈与された目的物の悪意の譲受人への減殺請求

　a　遺留分減殺請求前の譲受人

　受贈者からの譲受人が，譲渡あるいは権利設定当時に，遺留分権利者に損害を加えることを知っていたときは，遺留分権利者は，当該譲受人に対しても，現物返還等の請求ができる（民1040 I 但書）。譲受人は価額弁償をして現物返還を免れることもできる（民1041 II）。

　b　遺留分減殺請求後の譲受人との関係

　遺留分権利者は，遺留分減殺請求後に受贈者から贈与の目的物を譲り受けた者に対し，更に遺留分減殺の請求をすることはできず，民法1040条1項但書の適用

はない（最判昭 35. 7.19 民集 14- 9-1779）。遺留分権利者への所有権の復帰と第三者への所有権の移転が二重譲渡類似として，対抗問題として処理される。

㈡民法 1040 条の遺贈への類推適用

受遺者が遺贈の目的物を第三者に譲渡した場合についても民法 1040 条が類推適用され（最判昭 57. 3. 4民集 36- 3-241），結果，価額弁償となる。

2　受贈者の果実返還の義務

受贈者は，その返還すべき財産のほか，減殺請求があった日以降の果実を返還しなければならない（民 1036）。同規定は遺贈の場合にも類推適用されるとするのが通説である（新版「注釈民法 (28)」補訂版 503 頁）。そのため，収益不動産がある場合などは，早めに遺留分減殺請求権を行使しておいた方が良い。

3　価額弁償

⑴　現物返還に代わる価額弁償（民 1041）

⑵　目的物を譲渡等した場合の価額弁償（民 1040）

⑴　現物返還に代わる価額弁償（民 1041）

ア　意義

受贈者，受遺者は，遺留分権利者からの現物返還請求に対して，価額弁償をして現物返還義務を免れることができる（民 1041）。

この趣旨は，現物分割による経済的・社会的価値の喪失の回避という点にある。

イ　受贈者，受遺者による目的物の選択

受贈者，受遺者は，任意に選択した特定の財産のみを対象として価額弁償をすることができる（最判平 12. 7.11 民集 54- 6-1886）。

ウ　価額弁償がなされるときの目的物の価額算定の基準時

現実に弁償がされる時点，訴訟であれば現実に弁償がなされる時に最も接着した時点である事実審の口頭弁論終結時となる（最判昭 51. 8.30 民集 30- 7-768）。

【価額弁償の場合の2つの財産評価の基準時】

遺留分算定の基礎となる財産の評価は，「相続時」評価による。これにより，遺留分減殺の順序に従い，誰に対する遺贈・贈与がどのような割合で減殺されるかが算定される。したがって現物返還請求の場合には，相続時評価しか問題とならない。他方，価額弁償の場合には，支払うべき価額弁償額は「現在（口頭弁論終結時）の評価額」により算定される。したがって，対象となる財産それぞれの「現在の」評価額に個別の遺留分割合を乗じた額が，弁償すべき額ということになる。

このため，例えば不動産や有価証券等の対象財産の評価額に争いがあり，鑑定をするような場合には，「相続時」と「現在」の2つの基準時について評価額の鑑定をし，遺留分算定の基礎となる財産の評価は前者により，価額弁償額の算定は後者により，算定されることとなる。

【算定例⑤：価額弁償の場合の2つの財産評価の基準時】

【事例】

・被相続人甲が死亡。相続人は子乙のみ。

・遺産は，不動産A　相続時4000万円，口頭弁論終結時：4500万円

　　　　　　不動産B　相続時2000万円，口頭弁論終結時：2500万円

・甲は，不動産Aを丙，不動産Bを丁に遺贈した。

・遺言に遺留分減殺の順序の指定無し。

・丙，丁ともに価額弁償を選択。

【算定】

| 1　相続時の価額により，現物返還した場合の，各不動産の持分を算定する。 |

・乙の遺留分額　　　　：(4000万円＋2000万円)×1／2＝3000万円

・乙の遺留分侵害額　：3000万円

・不動産Aの遺留分侵害額負担部分：2000万円

　　　　　　　　　〔3000万円×4000万円/6000万円＝2000万円〕

・不動産Aを現物返還した場合の乙の持分：1／2

　　　　　　　　　〔2000万円／4000万円＝1／2〕

・不動産Bの遺留分侵害額負担部分：1000万円

　　　　　　　　　〔3000万円×2000万円/6000万円＝1000万円〕

・不動産Bを現物返還した場合の乙の持分：1／2

　　　　　　　　　〔1000万円／2000万円＝1／2〕

| 2　口頭弁論終結時の価額を元に，価額弁償の金額を算定する。 |

　・丙（不動産A取得）に対する価額弁償請求金額：2250万円

　4500万円×1／2＝2250万円

　・丁（不動産B取得）に対する価額弁償請求金額：1250万円

　2500万円×1／2＝1250万円

エ　遅延損害金の起算点

遺留分権利者が価額弁償請求権を確定的に取得し，かつ，受遺者に対し弁償金の支払を請求した日の翌日である（最判平20.1.24民集62-1-63）。遺留分権利者が価額弁償請求権を確定的に取得したときがいつかが問題となり得るが，価額弁償による

解決を望むとの点で遺留分権利者と受贈者又は受遺者の意思が合致している場合は，意思表示の合致により価額弁償請求権が確定的に取得された日の翌日が起算点となる。これに対し，受贈者又は受遺者が価額弁償の抗弁を主張し，遺留分権利者が現物返還のみを請求し，又は主位的に現物返還を請求し予備的に価額弁償を請求する場合には，裁判所は，口頭弁論終結時を算定基準として弁償額を定めた上で，受贈者又は受遺者が弁償額を支払わなかったことを条件として目的物返還を命ずる判決をすることになるので（最判平 9.2.25 民集 51-2-448），判決主文には遅延損害金は付されない。遺留分減殺請求の対象となる目的物が高額である場合，法定利率による遅延損害金の起算点による金額の差も大きくなる。民法 1041 条による価額弁償の意思表示を受けた遺留分権利者にとり，価額弁償請求の意思表示をどの時点で行うかは，実務上，無視し得ない問題であり，目的物の価額変動，遺留分権利者にとっての利用価値，換価可能性，受遺者の資力等も検討しつつ，遅延損害金の起算点をどこで取得するかという発想も，代理人としては必要となる（以上につき，星野雅紀編集「遺留分をめぐる紛争事例解説集」374 〜 380 頁参照）。

オ　受遺者が，裁判所が定めた価額による価額弁償の意思表示をした場合の目的物返還請求訴訟の判決主文

(ア)判例

減殺請求した遺留分権利者が遺贈の目的物の返還を求める訴訟の事実審口頭弁論終結前において，受遺者が，裁判所が定めた価額により民法 1041 条の規定に基づく価額の弁償をする旨の意思表示をした場合には，裁判所は，右訴訟の事実審口頭弁論終結時を算定の基準時として弁償すべき額を定めた上，受遺者が右の額を支払わなかったことを条件として，遺留分権利者の目的物返還請求権を認容すべきである（最判平 9.2.25 民集 51- 2-448）。

→支払わなかったことは，「証明すべき事実のないこと」として，執行文付与（民執法 174 Ⅲ）が必要。

(イ)上記判例に従った主文例

『被告（弁償者）は，原告（遺留分権利者）に対し，被告が原告に対して民法 1041 条所定の遺贈の目的の価額の弁償として○○円の支払をしないときは，別紙物件目録記載の土地（不動産）の持分○○分の○○について，○○年○○月○○日遺留分減殺を原因とする所有権移転登記手続をせよ。』

(新版「遺産分割・遺留分の実務」492 頁)

---

(2)　目的物を譲渡等した場合の価額弁償（民 1040）

ア　意義

受贈者が第三者に目的物を譲渡，又は権利を設定した場合は，受贈者は，遺留分権利者に対して，価額の弁償を行う（民1040 I本文，II）。同規定は，遺贈にも準用されることは既述のとおり（最判昭57. 3. 4民集36- 3-241）。

イ　価額

譲渡時の評価額を基準とする。【最判平10. 3.10民集52- 2-319】は，「価額」については，目的物の譲渡時の価額（処分額）が客観的に相当と認められるときは，その価額を基準として算定すると判示する。

第5　遺留分減殺請求権行使後の権利関係（共有関係解消）

1　問題の所在

遺留分減殺請求権の行使により，遺留分侵害行為の効力は消滅し，目的物上の権利は当然に遺留分権利者に復帰する（形成権説・物権的効果説）。その結果，他の者との共有関係が生じる。その場合の共有関係解消は，以下のとおり通常の訴訟による共有物分割手続と遺産分割手続（家庭裁判所による調停・審判）による場合がありうる（「家族法」第4版448頁参照）。

2　通常の訴訟による共有物分割手続による場合

(1)　目的物が特定されている場合

ア　適用事例

贈与，特定遺贈，特定財産を「相続させる」旨の遺言

イ　説明

目的物が特定されている場合，遺留分減殺請求により取り戻した財産は，物権法上の共有となるので，その分割手続は，共有物分割訴訟によることとなる。

もっとも，他に分割すべき遺産が存在する場合，当事者全員の合意があり，かつ一括処理を相当とするだけの関連性が認められるときには，遺産分割手続による処理ができる余地もある（「家族法」（第4版）450頁）。

(2)　全部包括遺贈の場合（※全遺産を1人の受遺者に帰属させる遺贈）

【最判平8. 1.26民集50- 1-132】は，全部包括遺贈について，遺留分権利者が遺留分減殺請求権を行使した場合に，遺留分権利者に帰属する権利は遺産分割の対象となる相続財産としての性質を有しないと判示した（共有物分割訴訟によることになる）。

3 遺産分割手続による場合

(1) 具体例

- ・割合的包括遺贈（ex. 全遺産のうち1／2を第三者に遺贈）
- ・相続分の指定（ex. 妻の相続分を2／3，子の相続分を1／3と指定）
- ・相続分の指定を伴う遺産分割方法の指定（ex. 遺産のうち不動産を換価分割して妻の相続分を2／3，子の相続分を1／3と指定）
- ・割合的「相続させる」旨の遺言（ex. 全遺産の1／3をA，2／3をBに相続させる遺言）

(2) 説明

特定の財産が受益相続人に帰属しているわけではないので，遺産分割手続によることとなる。

第6 遺留分減殺請求権と時効

1 遺留分減殺請求権の消滅時効

(1) 意義

遺留分減殺請求権は，遺留分権利者が相続の開始及び減殺すべき贈与又は遺贈を知った時から1年間行使しないときは，時効によって消滅する（民1042前段）。

相続開始時から10年経過したときも消滅する（民1042後段，除斥期間）。

(2) 「減殺すべき贈与または遺贈があったことを知った時」の意義

【最判昭57.11.12民集36-11-2193】（一審で遺言無効を主張し，控訴審になって遺留分減殺請求を主張し，その消滅時効が問題となった事案）は，以下の通り判示する。

ア 「減殺すべき贈与があったことを知った時」とは，贈与の事実およびこれが減殺できるものであることを知った時と解すべきである。

イ 被相続人の財産のほとんど全部が贈与されていて遺留分権利者が右事実を認識しているという場合においては，当該遺言の無効の主張について，一応，事実上および法律上の根拠があって，遺留分権利者が右無効を信じているため遺留分減殺請求権を行使しなかったことがもっともと首肯しうる特段の事情が認められない限り，右贈与が減殺することのできるものであることを知っていたものと推認するのが相当というべきである。

(3) 遺留分減殺請求権行使の結果生じた目的物の返還請求権

遺留分減殺請求権行使の結果生じた目的物の返還請求権は，民法1042条の消滅時効に服さない（最判昭57.3.4民集36-3-241）。

遺留分権利者が減殺請求により取得した不動産の所有権又は共有持分権に基づく登

記手続請求権について，消滅時効にかからない（最判平7.6.9集民175-549）。

(4) **配達証明付き内容証明郵便送付（短期消滅時効との関係）**

　　第3.3(2) を参照。

2 遺留分減殺請求権と受贈者の取得時効の関係

(1) **問題の所在**

　　被相続人から不動産の生前贈与を受けた者（受贈者）に対し，遺留分権利者が遺留分減殺請求権に基づいて，生前贈与に係る不動産の所有権持分の移転登記を求めた。他方，受贈者は，不動産の時効取得完成を主張した。この場合，遺留分減殺請求と取得時効の優劣が問題となる。

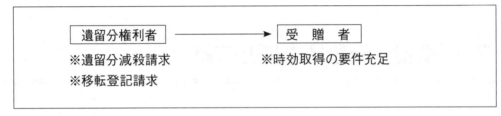

(2) **判例の結論（遺留分減殺請求を優先）**

　　【最判平11.6.24民集53-5-918】は，遺留分減殺請求を優先させる。すなわち，受贈者が，贈与に基づいて目的物の占有を取得し，民法162条所定の期間，平穏かつ公然にこれを継続し，取得時効を援用したとしても，それによって，遺留分権利者への権利の帰属が妨げられるものではないと解するのが相当であると判示した。

第5編
家事事件手続法

第1　家事事件手続法の概要

第2　調停手続・審判手続共通
　　　1　家庭裁判所調査官及び家事調停委員の除斥（家事法 16）
　　　2　手続行為能力に関する規定
　　　3　当事者参加
　　　4　手続からの排除
　　　5　テレビ会議システム，電話会議システムの利用
　　　6　履行の確保

第3　審判手続について
　　　1　管轄
　　　2　申立書の写しの相手方への送付（家事法 67）
　　　3　記録の閲覧・謄写（家事法 47）
　　　4　事実の調査
　　　5　陳述聴取（家事法 68），審問（家事法 69）
　　　6　審理の終結（家事法 71），審判日（家事法 72）

第4　調停手続について
　　　1　申立書の写しの相手方送付（家事法 256）
　　　2　保全処分申立てについての本案係属要件の緩和
　　　3　高等裁判所における調停（家事法 274 Ⅲ，Ⅴ）
　　　4　調停に代わる審判（家事法 284 条）
　　　5　家庭裁判所の運用

第1　家事事件手続法の概要

1　家事事件の審判・調停に関する手続について，これまでの家事審判法（以下「旧法」という）・家事審判規則に代わり，平成23年5月に新たに家事事件手続法が制定され，平成25年1月1日より施行された。

2　家事事件手続法（以下「新法」あるいは「家事法」）の柱は，①家事事件手続の透明化・当事者の手続保障，②家事事件の手続を利用しやすくする，③手続の基本事項に関する規定の整備，の3点にまとめることができる。

(1)　1点目の家事事件手続の透明化・当事者の手続保障に関しては，調停手続・審判手続共通のものとして，申立書の写しの相手方への原則送付，参加制度の拡充，子どもの地位の強化などが挙げられる。また，審判手続では，閲覧謄写の拡充，証拠調べの申立権，事実の調査の通知等の規定が置かれ，さらに別表第二の事件に関する審判手続については，合意管轄，必要的陳述聴取，審問立会権，事実の調査の結果の原則通知，審理の終結宣言，審判日の指定などの規定が設けられるなど，当事者の手続保障や手続の透明化を図るための制度が充実されている。

(2)　2点目の家事事件手続の利用しやすさの観点からは，テレビ会議システム，電話会議システムの導入，高裁での調停，書面による受諾に基づく調停成立などが整備された。

(3)　3点目の手続の基本事項に関する規定の整備に関しては，管轄の整備，代理や参加等の規定の整備，不服申立てに関する規定の整備などが挙げられる。

(4)　なお，新法では，旧法の甲類事件，乙類事件の分類について，別表第一，別表第二と名称を改めている。別表第一の事件としては，推定相続人の廃除，相続の承認及び放棄，財産分離，相続人の不存在，遺言，遺留分に関する事件がある。他方，別表第二の事件としては，相続における祭具等の所有権の承継者指定，遺産分割に関する事件がある。

3　以下，調停手続・審判手続共通で改正・新設された規定，審判手続，調停手続それぞれにおける改正・新設規定について説明する。

第2　調停手続・審判手続共通

1　家庭裁判所調査官及び家事調停委員の除斥（家事法16）

　　これまで，裁判官，書記官，調停官，参与員に対する除斥制度及び忌避制度があったが（家事法10ないし15），新法では，これに加えて調査官，調停委員に対する除斥を認めた（家事法16）。

　　なお，調査官及び調停委員に対する忌避については濫用的利用のおそれがあるとして認められていない。

2　手続行為能力に関する規定

　　当事者能力や手続行為能力，手続行為能力を欠く者の法定代理及び手続行為をするのに必要な授権については，原則として民事訴訟法の規定が準用される（家事法17 I）。

　　もっとも，同条の規定にかかわらず，後見開始の審判事件，後見開始の審判取消しの審判事件，成年後見人選任の審判事件等一定の事件類型においては，成年後見人となるべき者及び成年被後見人は，法定代理人によらずに自ら手続行為ができる旨が明記された（家事法118）。そして，各則では，上記規定を準用する形で，被保佐人，被補助人，未成年者等に手続行為能力を認める場合を個別に定めている。なお，これらの場合において手続行為が認められるには，前提として意思能力が必要となる。

　　相続に関して，家事事件手続法118条を準用して行為能力の制限を受けた者に手続行為能力を認めているのは次の場合である。

①推定相続人の廃除の審判事件及び推定相続人の廃除の審判取消しの審判事件における被相続人（家事法188 II）

②限定承認又は相続の放棄の取消しの申述の受理の審判事件における限定承認又は相続の放棄の取消しをすることができる者（家事法201 IV）

3　当事者参加

(1)　旧法では当事者参加に関する明文規定はなかったが，新法では，利害関係参加と区別して当事者参加に関する規定を新設した（家事法41，258 I）。

(2)　当事者となる資格を有する者は，当事者として審判手続に参加することができる（権利参加，家事法41 I）。権利参加には，当該家事事件の申立人のほかに申立権者がいる場合と，家事事件の相手方となるべき者であるのに相手方とされていない場合がある。例えば，遺産分割調停・審判事件において，相手方とされていない相続人がいる場合や，相続人の一人が相続分を第三者に譲渡した場合などでは，その相手方となるべき者は，自らの申出により当事者参加することができる。

(3) また，裁判所は，相当と認めるときは，当事者の申立て又は職権により，他の当事者となる資格を有する者のうち「審判を受ける者となるべき者」を当事者として審判手続に参加させることができる（強制参加，家事法41Ⅱ）。

4　手続からの排除

新法では，家庭裁判所が，当事者となる資格を有しない者及び当事者である資格を喪失した者を手続から排除できる規定が新設された（家事法43，258Ⅰ）。これは，主として遺産分割事件を想定して新設されたものである。

例えば，甲が乙及び丙を相手方として遺産分割の審判を申し立てたところ，乙が相続人でなかった場合や，甲が乙を相手方として遺産分割の審判を申し立てたところ，乙が相続分を丙に譲渡して，丙が当事者参加した場合などにおいて，乙を手続から排除することが考えられる。

5　テレビ会議システム，電話会議システムの利用

家庭裁判所が「当事者が遠隔の地に居住しているときその他相当と認めるとき」は，テレビ会議システム又は電話会議システムを利用して審判期日における手続を行うことができる（家事法54Ⅰ）。これは，調停手続にも準用されている（家事法258Ⅰ）。これらのシステムで証拠調べを行うことはできないものの（家事法54Ⅰ），遺産分割事件において当事者の一部が遠隔地に居住している場合などに活用されている。

6　履行の確保

審判や調停が確定した後の履行確保に関し，新法では，家庭裁判所が行う履行状況等の調査について具体的に規定した。すなわち，調査・履行に関して，家庭裁判所は，事件の関係人の家庭環境その他の環境の調整等を行うために必要があると認めるときは，調査官に社会福祉機関との連絡その他の措置をとらせることができるほか（家事法289Ⅳ），官庁・公署に調査嘱託し，銀行，信託会社，関係人の使用者等に対し，預金や信託財産，収入その他の事項に関して必要な報告を求めることができることと規定された（同条Ⅴ）。

第3　審判手続について

1　管轄

(1) 相続・遺言に関する事件の管轄については，新法で新たに変わった点はない。なお，

参考までに各事件における管轄は次のとおりである。

①推定相続人の廃除に関する審判事件

・推定相続人廃除の審判事件，推定相続人廃除の審判の取消しの審判事件（家事法 188 I）：被相続人の住所地

被相続人の死亡後に申し立てられた場合（家事法 188 I ただし書）：相続開始地

・推定相続人廃除又はその取消しの審判確定前の遺産の管理に関する処分の審判事件（家事法 189 I）：推定相続人廃除の審判事件又は取消しの審判事件が係属している家庭裁判所

②相続における祭具等の所有権の承継者指定の審判事件（家事法 190 I）

：相続開始地

③遺産分割に関する審判事件（家事法 191 I）：相続開始地

遺産分割審判事件が係属している場合における寄与分を定める処分の審判事件（家事法 191 II）：当該遺産分割審判事件が係属している裁判所

④相続の承認又は放棄に関する審判事件（家事法 201 I）：相続開始地

⑤相続分離に関する審判事件（家事法 202 I①）：相続開始地

⑥相続人不存在に関する審判事件（特別縁故者に対する分与の審判事件も含む）（家事法 203①，③）：相続開始地

⑦遺言に関する審判事件（家事法 209 I）：相続開始地

遺言確認の審判事件（家事法 209 II）：遺言者の生存中は遺言者の住所地

⑧遺留分に関する審判事件（家事法 216 I）

・遺留分算定の鑑定人選任の審判事件（家事法 216 I①）：相続開始地

・遺留分放棄の許可の審判事件（家事法 216 I②）：被相続人の住所地

(2)　管轄を定めるにあたり，日本国内に住所がないとき又は住所が知れないときは，その居所地を管轄する家庭裁判所の管轄に属する（家事法 4 前段）。日本国内に居所がないとき又は居所が知れないときは，その最後の住所地を管轄する家庭裁判所の管轄に属する（家事法 4 後段）。また，新法では，別表第二の事件についての審判事件に関して，合意管轄が認められることとなった（家事法 66 I）。

2　申立書の写しの相手方への送付（家事法 67）

別表第二の事件については，原則として申立書の写しを相手方へ送付することとなった（家事法 67 I）。そのため，申立てに際しては，相手方の数と同数の申立書の写しを添付する必要がある（家事規則 47）。また証拠書類についても同様にその写しを申立書に添付する必要がある（家事規 37 II）。

3 記録の閲覧・謄写 (家事法47)

当事者が記録の閲覧・謄写の請求をした場合，家庭裁判所は原則としてこれを許可しなければならない (家事法47 Ⅰ〜Ⅲ)。当事者の手続保障のために新法ではこのように原則許可と定めた。

例外として閲覧・謄写が許可されない場合は，①事件関係人である未成年者の利益を害するおそれがある場合，②当事者若しくは第三者の私生活若しくは業務の平穏を害するおそれがある場合，③当事者若しくは第三者の私生活についての重大な秘密が明らかにされることにより，その者が社会生活を営むのに著しい支障を生じ，若しくはその者の名誉を著しく害するおそれがある場合，④事件の性質，審理状況，記録の内容等に照らして当該当事者に許可することが不適当となる特別な事情があると認められるとき，⑤家事審判記録の保存又は裁判所の執務に支障があるとき，に限られる (家事法47 Ⅳ, Ⅶ)。

なお、上記の閲覧謄写に関する規定は調停手続には準用されておらず、調停手続において、法律上は閲覧謄写の許可は家庭裁判所の裁量に委ねられている。もっとも、手続の透明化等の家事法の趣旨から、多くの庁では、調停手続においても一方当事者の提出した書面・資料は他方当事者も目にしたほうがよいとされ、特に遺産分割事件においては、相手方当事者分の写しの交付 (もしくは直送) が求められている。また、書面・資料の中で非開示を求めるものがある場合には、非開示希望申出書を添付して提出する運用となっている。

4 事実の調査

家庭裁判所は，職権で事実の調査を行う (家事法56 Ⅰ)。例えば，調停事件の記録は，この事実の調査を経て審判事件の記録となる。

事実の調査の結果が「家事審判の手続の追行に重要な変更を生じ得ると認めるとき」は，手続保障，不意打ち防止の観点から，家庭裁判所はこれを当事者及び利害関係人参加人に通知することとされている (家事法63)。さらに，別表第二の事件については，一段と手続保障を図る必要があることから，「特に必要がないと認める場合を除き」，事実の調査をした旨を当事者及び利害関係参加人に通知しなければならないと規定された (家事法70)。

したがって，調停事件の記録や調査官調査の報告書等，審判の基礎となる事実の調査の対象資料について，当事者はこうした家庭裁判所の通知を足がかりとして閲覧・謄写することとなる。

5 陳述聴取 (家事法68)，審問 (家事法69)

別表第二の事件については，当事者の手続保障を図る観点から，家庭裁判所は原則として当事者の陳述を聴取する必要がある (家事法68 Ⅰ)。この場合，当事者の申出が

あるときは，審問期日で陳述聴取しなければならない（家事法 68 II）。

審問期日において当事者の陳述を聴取する場合は，他の当事者には原則として立会権が認められる（家事法 69）。当事者から直接聴取する内容は裁判官の心証形成にも大きな影響を与えることから，攻撃防御を尽くし手続保障を図る必要があるとして，他方当事者に立会権を認めたものである。この趣旨からは，単に立ち会うだけでなく，当事者による発問についても許されるべきであると解される（もっとも，その方法については，当事者による直接の発問を認めるほか，当事者の質問内容を聴いた上で裁判官が発問をするなどが考えられる）。

但し，立ち会うことにより事実の調査に支障を生ずるおそれがあると認められるときは立ち会うことができない（家事法 69 但書）。

6　審理の終結（家事法 71），審判日（家事法 72）

別表第二の事件については，家庭裁判所は，相当の猶予期間を置いて審理を終結する日を定めなければならない（家事法 71）。但し，当事者双方が立ち会うことができる家事審判の手続の期日においては，直ちに審理を終結する旨を宣言することもできる（家事法 71 但書）。このように審理の終結日が明確になることにより，当事者としても審理終結日までに裁判資料の提出を義務付けられ，裁判所としても審判の基礎とする資料の範囲が明確になる。

さらに，審理の終結をしたときは，家庭裁判所は審判日を定めなければならないとされた（家事法 72）。従来，審判が出るまで長期間かかり，いつ出るかも分からないといった実情があったが，新法では審判日を定めることによりこうした事態を防ぐことができる。

第4　調停手続について

1　申立書の写しの相手方送付（家事法 256）

調停手続においても，申立書の写しは原則として相手方に送付されることとなった（家事法 256 I）。これは，相手方に申立ての内容を把握させ，もって第一回期日から充実した調停での話し合いができるようにするためである。但し，家事調停の手続の円滑な進行を妨げるおそれがあると認められるときは，調停申立てがあった旨の通知をもって代えることになる。

申立書の写しの原則送付に伴い，調停の申立てにあたっては，相手方の数に応じた申立書の写しや証拠書類の写しを添付する必要がある（家事規則 127，47，37 II）。また、申立書作成にあたっては、相手方も目にすることも踏まえて記載内容や表現等を検討す

る必要がある。

2 保全処分申立てについての本案係属要件の緩和

審判前の保全処分については，これまで同様，本案である家事審判事件の係属は必要である（家事法 105）。但し，一定の審判事件については，家事調停の申立てがあった場合には，審判の申立てがなくても，保全処分の申立てをすることができることになった。相続に関しては，遺産分割事件について，審判又は調停の申立てがあった場合に，家庭裁判所は，財産の管理のため必要があるときは，財産の管理者の選任等の保全処分をすることができる（家事法 200 Ⅰ）。また，家庭裁判所は，強制執行を保全し，又は事件の関係人の急迫の危険を防止するため必要があるときは，仮差押え，仮処分その他の必要な保全処分ができることとされた（同条Ⅱ）。

3 高等裁判所における調停（家事法 274 Ⅲ，Ⅴ）

旧法下では，乙類事件の審判や調停を行うことができる事件についての訴訟が高等裁判所等で係属している場合でも，調停に付するときは家庭裁判所による調停に限られていた。しかし，新法は，「調停を行うことができる事件についての訴訟又は家事審判事件が係属している場合には」，裁判所は当事者の意見を聴いて，いつでも，職権で，事件を家事調停に付することができ（家事法 274 Ⅰ），この場合において，高等裁判所も自庁で家事調停に付することができることとした（同条Ⅲ）。また，裁判官のみの単独調停も可能となった（同条Ⅴ，家事法 247）。

これにより，例えば遺産分割事件の抗告審において和解の可能性が出てきた場合，高裁の裁判官の単独調停による遺産分割の調停成立が可能となった。

また，相続財産確認訴訟の控訴審において和解ができた場合，上記規定により，高裁の裁判官の単独調停による遺産分割の調停成立も可能となり，さらに相続人全員が参加していれば遺留分減殺訴訟の控訴審で遺産分割の調停を成立させることも可能となる。

4 調停に代わる審判（家事法 284 条）

これは旧法のいわゆる 24 条審判に相当するものであるが，乙類事件には適用がないとする従来の規定が削除された。すなわち，新法では，家庭裁判所が，調停が成立しない場合において相当と認めるとき，当事者双方のために衡平に考慮し，一切の事情を考慮して，職権で，事件の解決のため必要な審判（調停に代わる審判）を行うことができることとなった（家事法 284 Ⅰ）。

調停に代わる審判は，家事法施行後積極的に活用されている。活用の類型としては，出席当事者が調停条項案に合意し，不出頭当事者（あるいはテレビ会議システム・電話会議システムで出席している当事者）も合意の意向を示している「合意型」，当事者の一

部が調停に出席せず，出頭勧告や家庭裁判所調査官による意向調査にも応じないため調停が成立しない「欠席型」，当事者間に解決内容に対する特段の（大きな）異論はないものの，感情的対立その他の理由から，合意して調停成立とすることには反対する当事者のいる「不一致型」がある。

　当事者は，調停に代わる審判に対して異議申立てをすることができることとされ（家事法286 I），当事者が調停に代わる審判の告知を受けてから2週間以内に異議の申立てをしないとき，調停に代わる審判は審判と同一の効力を有する（家事法287）。他方，当事者から適法な異議申立てがあった場合，調停に代わる審判は効力を失う（家事法286 V）。この場合，遺産分割事件など別表第二の事件については，調停申立時に家事審判の申立てがあったものとみなされ，審判手続が行われることになる（同条VII）。

5　家庭裁判所の運用

　以上の新法施行を機に，各地の家庭裁判所では，家事調停事件，家事審判事件の運用の整備・見直しを図った。例えば，書式関係では，申立書の定型書式の作成，事情説明書や進行照会回答書，非開示希望申出書等の作成などが挙げられる。また，調停手続の運用として，期日の冒頭や最後に両当事者を立ち会わせて手続の説明・論点等の確認を行うこと（話し合い自体を両当事者同席の上行うといういわゆる同席調停とは異なる）を実施している庁もある。

　そのため，調停手続，審判手続にあたっては，当該庁の運用等を把握し，適切に対応できるようにしておく必要がある。

第6編
相続税

第1　相続税とは

第2　相続税の計算

第3　財産評価

第4　相続税の申告

第5　相続税の納付

第6　贈与税（暦年単位課税）

第7　相続時精算課税制度による贈与

第1 相続税とは

1 相続税の発生原因

相続は，死亡によって開始する（民882 I）。相続税は，相続又は遺贈（贈与をした者の死亡により効力を生ずる贈与を含む。）によって財産を取得したときに，その財産を取得した者が支払う税金である。

2 相続人

民法では，相続人の範囲と順位について次のとおり定めている。

ただし，相続を放棄した人や相続権を失った人は初めから相続人でなかったものとする。

(1) **被相続人の配偶者は，常に相続人となる（民890）。**

（注）配偶者とは，婚姻の届出をした夫又は妻をいい，内縁関係にある人は含まれない。

(2) **次の人は，次の順序で配偶者とともに相続人となる。**

ア　被相続人の子（子が被相続人の相続開始以前に死亡しているときや相続権を失っているときは，孫（直系卑属）が相続人となる。）（民887）。

イ　被相続人に子や孫（直系卑属）がいないときは，被相続人の父母（父母が被相続人の相続開始以前に死亡しているときや相続権を失っているときは，祖父母（直系尊属）が相続人となる。）（民889 I①）。

ウ　被相続人に子や孫（直系卑属）も父母や祖父母（直系尊属）もいないときは，被相続人の兄弟姉妹（兄弟姉妹が被相続人の相続開始以前に死亡しているときや相続権を失っているときは，おい，めい（兄弟姉妹の子）が相続人となる。）（民889 I②，II）。

3 法定相続分

民法では，法定相続分について次のとおり定めている（民900）。

(1) 子及び配偶者が相続人であるときは，子の相続分及び配偶者の相続分は，各二分の一とする。

(2) 配偶者及び直系尊属が相続人であるときは，配偶者の相続分は，三分の二とし，直系尊属の相続分は，三分の一とする。

(3) 配偶者及び兄弟姉妹が相続人であるときは，配偶者の相続分は，四分の三とし，兄弟姉妹の相続分は，四分の一とする。

(4) 子，直系尊属又は兄弟姉妹が数人あるときは，各自の相続分は，相等しいものとする。ただし，父母の一方のみを同じくする兄弟姉妹の相続分は，父母の双方を同じくする兄弟姉妹の相続分の二分の一とする。

4　法定相続人の数

(1) 相続税法 (以下「相法」) における法定相続人の数

　　相法の規定における「法定相続人の数」は，民法の規定による「相続人の数」とは次の点で異なっている (相法 15 Ⅱ)。

　ア　相続の放棄があった場合には，その放棄がなかったものとする。

　イ　被相続人に養子がいる場合，次の区分に応じて「法定相続人の数」に算入する養子の数が次の人数に制限される。

　　(ア)　被相続人に実子がいる場合又は実子がなく養子の数が一人である場合　一人

　　(イ)　被相続人に実子がいない場合　二人

　この場合において，次に掲げる者は実子とみなす (相法 15 Ⅲ)。

　　(ア)　特別養子縁組 (民 817 の 2 Ⅰ) による養子となった者

　　(イ)　被相続人の配偶者の実子で被相続人の養子となった者

　　(ウ)　実子若しくは養子又はその直系卑属が相続開始以前に死亡し，又は相続権を失ったため代襲相続人となった被相続人の直系卑属

(2) 法定相続人の数を基礎としている規定

　　相法において，この「法定相続人の数」を基礎としている規定は次のとおりである。

　ア　生命保険金等の非課税限度額の計算 (相法 12 Ⅰ⑤イ)

　イ　退職手当金等の非課税限度額の計算 (相法 12 Ⅰ⑥イ)

　ウ　遺産に係る基礎控除額の計算 (相法 15 Ⅰ)

　エ　相続税の総額の計算 (相法 16)

5　相続税の納税義務者

(1) 居住無制限納税義務者

　　相続又は遺贈により財産を取得した個人でその財産を取得した時において法施行地に住所を有するものをいう (相法 1 の 3 Ⅰ①)。

(2) 非居住無制限納税義務者

　　相続又は遺贈により財産を取得した次に掲げる者であって，その財産を取得した時において法施行地に住所を有しないものをいう (相法 1 の 3 Ⅰ②)。

　ア　日本国籍を有する個人 (その個人又はその相続若しくは遺贈に係る被相続人 (遺贈をした者を含む。以下同じ。) がその相続又は遺贈に係る相続の開始前 5 年以内のいずれかの時においてこの法律の施行地に住所を有していたことがある場合に限る。)

　イ　日本国籍を有しない個人 (その相続又は遺贈に係る被相続人がその相続又は遺贈に係る相続開始の時において法施行地に住所を有していた場合に限る。)

(3) 制限納税義務者

　　相続又は遺贈により法施行地にある財産を取得した個人でその財産を取得した時にお

いて法施行地に住所を有しないものをいう（前(2)に該当する者を除く。）（相法1Ⅲ③）。

(4) 特定納税義務者

贈与（贈与をした者の死亡により効力を生ずる贈与を除く。以下同じ。）により相続時精算課税適用財産を取得した個人をいう(前(1)から(3)に該当する者を除く。)（相法1Ⅲ④）。

6 課税財産の範囲

(1) 無制限納税義務者

居住無制限納税義務者又は非居住無制限納税義務者については，その者が相続又は遺贈により取得した財産の全部に対し，相続税が課される（相法2Ⅰ）。

(2) 制限納税義務者

制限納税義務者に該当する者については，その者が相続又は遺贈により取得した財産で法施行地にあるものに対し，相続税が課される（相法2Ⅱ）。

第2 相続税の計算

1 課税価格の計算

相続税の課税価格は，相続又は遺贈（死因贈与を含む。以下同じ）及び相続時精算課税の適用を受けて贈与により財産を取得した人ごとに課税価格を計算し，その後，同一の被相続人から相続又は遺贈により財産を取得した全ての者の課税価格を合計する。

2 相続税の課税対象財産

(1) 本来の相続財産

被相続人に帰属していた財産上の権利義務のうち，本来の相続，遺贈又は死因遺贈により取得した財産をいい，相法では，被相続人に帰属していた財産のうち，金銭に見積もることができる経済的価値のあるもの全てをいう。

(2) みなし相続財産

法律的には被相続人から相続又は遺贈により取得したものではないが，実質的には相続又は遺贈により取得した財産と同様の経済的効果を持つものについては，相法の規定により相続又は遺贈により取得したものとみなして相続税の課税対象とする。

具体的には以下のようなものがある。なお，この場合において，その利益を受けた人が死亡した人の相続人（相続の放棄をした人や相続権を失った人を除く。）であるときは相続によって取得したものとみなされ，また，その利益を受けた人が死亡した人の相続人でないときは遺贈によって取得したものとみなされる。

ア　生命保険金等（相法3Ⅰ①）

イ　退職手当金等（相法3Ⅰ②）

ウ　生命保険契約に関する権利（相法3Ⅰ③）

エ　定期金に関する権利（相法3Ⅰ④）

オ　保証期間付定期金に関する権利（相法3Ⅰ⑤）

カ　契約に基づかない定期金に関する権利（相法3Ⅰ⑥）

キ　その他の利益の享受（相法4，7，8，9，9の2〜9の6）

3　相続税の非課税財産

　　相続税では，原則として相続又は遺贈により取得した全ての財産が課税の対象となる。しかし，一定の財産についてはその財産の性質，社会政策的な見地，国民感情などから相続税の課税の対象から除いているものがある。

(1)　皇室経済法の規定によって皇位とともに皇嗣が受けた物（相法12Ⅰ①）

(2)　墓地，霊びょう及び祭具並びにこれらに準ずるもの（相法12Ⅰ②）

(3)　宗教，慈善，学術その他公益を目的とする事業を行う人で一定の要件に該当する人が，相続又は遺贈によって取得した財産で，その公益を目的とする事業の用に供することが確実なもの（相法12Ⅰ③）

(4)　心身障害者共済制度に基づく給付金の受給権（相法12Ⅰ④）

(5)　相続人が受け取った生命保険金などでその合計額のうち一定の金額（相法12Ⅰ⑤）

　　相続人（相続の放棄をした人や相続権を失った人を除く。）が被相続人の死亡により取得した生命保険契約の保険金又は損害保険契約の保険金のうち，被相続人が負担した保険料に対応する金額については，一定の金額まで相続税がかからない。一定の金額とは，次のア又はイの区分によりそれぞれ各区分に掲げる金額となる。

ア　全ての相続人が取得した保険金の合計額が「保険金の非課税限度額」以下である場合

　　その相続人の取得した死亡保険金の金額

イ　全ての相続人が取得した保険金の合計額が「保険金の非課税限度額」を超える場合

$$\text{保険金の非課税限度額} \times \frac{\text{その相続人が取得した保険金の合計額}}{\text{すべての相続人（放棄した者等を除く）が取得した保険金の合計額}} = \text{その相続人の非課税限度額}$$

　（注）「保険金の非課税限度額」＝500万円×法定相続人の数

(6)　相続人が受け取った死亡退職金でその合計額のうち一定の金額（相法12Ⅰ⑥）

　　生命保険金の場合と同じ。

(7) 相続財産などを申告期限までに国などに寄付した場合における寄附財産（租税特別措置法 70 I　以下「措法」）

4　債務控除

相続又は遺贈（包括遺贈及び被相続人からの相続人に対する遺贈に限る。）により財産を取得した者は，相続税の課税価格計算上，被相続人に係る債務・葬式費用の金額のうちその者の負担に属する部分の金額を控除する（相法 13）。

(1) 債務

ア　控除できる債務

控除できる債務は，被相続人が死亡したときにあった債務で確実と認められるものである。なお，被相続人に課される税金で被相続人の死亡後相続人などが納付又は徴収されることになった所得税などの税金については被相続人が死亡したときに確定していないものであっても，債務として控除できる。ただし，相続人などの責任に帰すべき事由により納付し，又は徴収されることとなった延滞税や加算税などは除く。

イ　控除できない債務

被相続人が生前に購入したお墓の未払代金など相続税の非課税財産の取得，維持又は管理のために生じた債務は，控除できない。

(2) 葬式費用（相続税法基本通達 13 − 4，同 5　以下「相基通」）

ア　葬式費用に含まれるもの（相基通 13 − 4）

葬式費用として控除する金額は，次に掲げる金額の範囲内とする。

(ア) 死体の捜索又は死体や遺骨の運搬にかかった費用

(イ) 遺体や遺骨の回送にかかった費用

(ウ) 葬式や葬送などを行うときやそれ以前に火葬や埋葬，納骨をするためにかかった費用（仮葬式と本葬式を行ったときにはその両方にかかった費用が認められる。）

(エ) 葬式などの前後に生じた出費で通常葬式などにかかせない費用（例えば，お通夜などにかかった費用。）

(オ) 葬式に当たりお寺などに対して読経料などのお礼をした費用

イ　葬式費用に含まれないもの（相基通 13 − 5）

次に掲げるような費用は，葬式費用に含まれない。

(ア) 香典返礼費用

(イ) 墓碑及び墓地の買入費並びに墓地の借入料

(ウ) 法要に要する費用

(エ) 医学上又は裁判上の特別の措置に要した費用

5　相続開始前3年以内の贈与財産

相続又は遺贈により財産を取得した者が，被相続人からその相続開始前3年以内（死亡の日からさかのぼって3年前の日から死亡の日までの間）に贈与を受けた財産（特定贈与財産を除く。）がある場合には，その贈与財産の価額（贈与時の価額）を相続税の課税価格に加算する（相法19）。

⑴　加算する贈与財産の範囲

被相続人からその相続開始前3年以内（死亡の日からさかのぼって3年前の日から死亡の日までの間）に贈与を受けた財産とする。3年以内であれば贈与税がかかっていたかどうかに関係なく加算するため，基礎控除額110万円以下の贈与財産も加算することとなる。

⑵　加算しない贈与財産の範囲

ア　贈与税の配偶者控除の特例を受けている又は受けようとする財産のうち，その配偶者控除に相当する金額（「特定贈与財産」という。相法19Ⅱ②）

イ　直系尊属から贈与を受けた住宅取得等資金のうち，非課税の適用を受けた金額

ウ　直系尊属から贈与を受けた教育資金のうち，非課税の適用を受けた金額

エ　直系尊属から受けた結婚・子育て資金のうち，非課税の適用を受けた金額

（注1）相続開始の年に被相続人から贈与により取得した財産で，相続税の課税価格に加算するものは，その年の贈与税の課税価格に算入しない（相法21の2Ⅳ）。

（注2）加算する贈与財産に課された贈与税は，算出した相続税額から控除（贈与税額控除）して二重課税を排除する。

（注3）被相続人から相続又は遺贈により財産を取得した者のみ贈与財産を加算するので，相続又は遺贈により財産を取得しなかった者（みなし相続財産を取得した者を除く。）が，贈与により取得した財産は加算しない。

6　相続時精算課税制度による贈与財産

被相続人である特定贈与者から相続時精算課税の適用を受ける贈与により財産を取得した者の相続税の課税価格は，次の区分によりそれぞれ計算する。

⑴　相続又は遺贈により財産を取得した者である場合

相続又は遺贈により財産を取得した相続時精算課税適用者については，被相続人である特定贈与者から相続時精算課税の適用を受ける贈与により取得した財産の価額を相続税の課税価格に加算した価額をもって，相続税の課税価格とし（相法21の15Ⅰ），この場合の加算する価額は，その財産の贈与時の価額による（相法21の15Ⅱ）。

⑵　相続又は遺贈により財産を取得しなかった者である場合

相続又は遺贈により財産を取得しなかった相続時精算課税適用者については，被相続人である特定贈与者から相続時精算課税の適用を受ける贈与により取得した財産を相

続又は遺贈により取得したものとみなして，相続税の課税価格を計算し（相法 21 の 16 Ⅰ），この場合の課税価格は，贈与財産の贈与時の価額による（相法 21 の 16 Ⅲ）。

7　遺産に係る基礎控除額

遺産に係る基礎控除額とは，課税価格の合計額から控除する金額である。この金額よりも課税価格の合計額が少ない場合には，相続税は課税されない。遺産に係る基礎控除額は次の算式により計算する（相法 15 Ⅰ）。

（算式）
遺産に係る基礎控除額＝ 3,000 万円＋（600 万円×法定相続人の数）

8　相続税額の計算

(1)　相続税の総額の計算

同一の被相続人から相続又は遺贈により財産を取得した全ての者に係る相続税の課税価格の合計額から「遺産に係る基礎控除額」を控除した残額（課税遺産総額）を，「法定相続人の数」に応じた「法定相続分」により取得したものとして按分した各取得金額を計算し，その各取得金額に「相続税の超過累進税率」を乗じて計算した金額を合計して，「相続税の総額」を算定する（相法 16）。

(2)　各相続人等の相続税額

各相続人等の相続税額（算出相続税額）は，相続税の総額にそれぞれ相続又は遺贈により財産を取得した者に係る相続税の課税価格が当該財産を取得した全ての者に係る課税価格の合計額のうちに占める割合（「按分割合」という。）を乗じて計算する（相法 17）。

9　相続税額の加算及び控除等

(1)　相続税額の加算（相法 18）

相続又は遺贈により財産を取得した者が被相続人の一親等の血族及び配偶者以外の者である場合においては，その者の納付すべき相続税額は，その者の算出相続税額にその 100 分の 20 を加算した金額とする。

（注1）一親等の血族には，被相続人の直系卑属が相続開始以前に死亡し，又は相続権を失ったため，代襲相続人となった当該被相続人の直系卑属を含む（相法 18 Ⅰかっこ書）。

（注2）一親等の血族には，被相続人の直系卑属（代襲相続人である者を除く。）が被相続人の養子となっている場合のその養子（民法上被相続人の一親等の法定血族に該当する。）は含まない（相法 18 Ⅱ）。

(2) 暦年課税分の贈与税額控除 (相法19 Ⅰかっこ書)

相続又は遺贈により財産を取得した者が，被相続人からその相続開始前3年以内に贈与を受けた財産の価額はその者の相続税の課税価格に加算して相続税を計算することから，その者の納付すべき相続税額は，算出相続税額 (相続税額の加算適用後の金額) から加算した贈与財産に課税された贈与税額相当額を控除した金額とする。

(3) 配偶者に対する相続税額の軽減 (相法19の2)

被相続人の配偶者が相続又は遺贈により財産を取得した場合には，次のアの金額からイの金額を控除した残額があるときは，その残額をもって配偶者の納付すべき相続税額とし，アの金額がイの金額以下であるときは，その納付すべき相続税額はないものとする。

なお，この規定は相続税の期限内申告書 (期限後申告書及び修正申告書を含む。) に一定の事項を記載し，かつ，一定の書類を添付した場合に限り適用する。

ア　配偶者の算出相続税額 (暦年課税分の贈与税額控除までの規定適用後の金額)

イ　$\dfrac{\text{相続税の総額} \times (\text{注})}{\text{相続税の課税価格の合計額}}$

(注) 次の(ア)と(イ)のいずれか少ない金額

(ア)　「相続税の課税価格の合計額×配偶者の法定相続分」と

「1億6,000万円」のいずれか多い金額

(イ)　配偶者の課税価格相当額

(4) 未成年者控除 (相法19の3)

相続又は遺贈により財産を取得した者 (制限納税義務者に該当する者を除く。) がその被相続人の法定相続人に該当し，かつ，20歳未満の者である場合には，その者の納付すべき相続税額は，その者の算出相続税額 (配偶者に対する相続税額の軽減までの規定適用後の金額) から10万円にその者が20歳に達するまでの年数 (1年未満切上) を乗じて算出した金額を控除した金額とする。

なお，その者の算出相続税額から控除できない控除不足額がある場合には，その控除不足額はその者の扶養義務者の算出相続税額から控除する。

(5) 障害者控除 (相法19の4)

相続又は遺贈により財産を取得した者 (非居住無制限納税義務者，制限納税義務者及び法施行地に住所を有しない特定納税義務者に該当する者を除く。) がその被相続人の法定相続人に該当し，かつ，障害者である場合には，その者の納付すべき相続税額は，その者の算出相続税額 (未成年者控除までの規定適用後の金額) から10万円 (特別障害者の場合には，20万円) にその者が85歳に達するまでの年数 (1年未満切上) を乗じて算出した金額を控除した金額とする。

なお，その者の算出相続税額から控除できない控除不足額がある場合には，その控除不足額はその者の扶養義務者の算出相続税額から控除する。

障害者とは，精神上の障害により事理を弁識する能力を欠く常況にある者，失明者その他精神又は身体に障害がある者で政令に定めるものをいい，特別障害者とは，障害者のうち精神又は身体に重度の障害がある者で政令に定めるものをいう。

(6) 相次相続控除（相法 20）

相続（被相続人からの相続人に対する遺贈を含む。）により財産を取得した場合において，その相続（以下，「第二次相続」という。）に係る被相続人が第二次相続の開始前 10 年以内に開始した相続（以下，「第一次相続」という。）により財産（第一次相続に係る被相続人からの相続時精算課税適用財産を含む。）を取得したことがあるときは，その被相続人から相続により財産を取得した者の納付すべき相続税額は，その者の算出相続税額（障害者控除までの規定適用後の金額）から，一定の控除額を控除した金額とする。

(7) 外国税額控除（相法 20 の 2）

相続又は遺贈（相続開始の年にその相続に係る被相続人から受けた贈与により取得した財産の価額で生前贈与加算の規定により相続税の課税価格に加算されるものを含む。）により相法施行地外にある財産を取得した場合において，その財産についてその地の法令により相続税に相当する税が課せられたときは，その者の納付すべき相続税額は，その者の算出相続税額（相次相続控除までの規定適用後の金額）からその課せられた税額に相当する金額を控除した金額とする。

ただし，その控除すべき金額が，その者の算出相続税額に，その財産の価額が相続又は遺贈により取得した財産の価額のうち課税価格計算の基礎に算入された部分のうちに占める割合を乗じて算出した金額を超える場合には，その超える部分の金額については，控除をしない。

(8) 相続時精算課税分の贈与税額控除

特定贈与者から相続又は遺贈により財産を取得した相続時精算課税適用者及び特定贈与者から相続又は遺贈により財産を取得しなかった相続時精算課税適用者は，相続時精算課税適用財産につき課された贈与税があるときは，相続税額からその贈与税額（贈与税の外国税額控除前の税額とし，附帯税を除く。）相当額を控除した金額をもって，その納付すべき相続税額とする（相法 21 の 15 Ⅲ，21 の 16 Ⅳ）。

なお，相続税から控除しきれない贈与税額相当額については，還付を受けることができる（相法 27 Ⅲ，33 の 2）。

211

第3 財産評価

1 土地等

(1) 評価の区分

土地の価額は，原則として宅地，田，畑，山林，原野，牧場，池沼，鉱泉地，雑種地の別に評価する。この場合の地目は登記上の地目にかかわらず，課税時期における土地の現況によって判定する。ただし，一体として利用されている一団の土地が2以上の地目からなる場合には，その一団の土地は，そのうちの主たる地目からなるものとして，その一団の土地ごとに評価する（財産評価基本通達7　以下「評基通」）。

(2) 宅地の評価単位

宅地の価額は，1画地の宅地ごとに評価することとされている。

「1画地の宅地」とは，利用の単位（自用，貸付の用，貸家の用）となっている1区画の宅地のことで，必ずしも1筆の宅地からなるとは限らず，2筆以上の宅地からなる場合もあり，また，1筆の宅地が2画地以上の宅地として利用されている場合もある（評基通7－2(1)）。これは，宅地の上に存する権利についても同様である。

(3) 宅地の評価方法

ア　路線価方式による評価

その宅地の面する路線に付された路線価を基に，奥行価格補正率等の調整計算をした金額によって評価する方式をいう（評基通13〜20-5）。

イ　倍率方式による評価

固定資産税評価額に一定の地域ごとにその地域の実情に即するように定めた倍率を乗じて計算した金額によって評価する方式をいう（評基通21，22）。

(4) 借地権等の評価方法

ア　貸宅地

上記(3)アまたはイにより評価したその宅地の価額（以下「自用地としての価額」という）から，その借地権の価額（下記ウ参照）を控除した金額によって評価する（評基通25）。

イ　貸家建付地

次の算式により計算した価額によって評価する（評基通26）。

その宅地の自用地としての価額（A）－（A）×借地権割合（注1）×借家権割合（注2）×賃貸割合（注3）

（注1）借地権割合は，路線価方式による場合には路線価図に，倍率方式による場合には評価倍率表に記載されている。

（注2）借家権割合は，各国税局長の定める割合によることとされている（評基通94）。

現在は全国すべての地域について30%と定められている。

（注3）賃貸割合は次の算式によって計算する（評基通26）。

　　課税時期において賃貸されている各独立部分の床面積の合計÷当該家屋の各独立部分の床面積の合計

ウ　借地権

　　その借地権の目的となっている宅地の自用地としての評価額に借地権割合を乗じて計算した金額によって評価する（評基通27）。

エ　定期借地権

　　原則として次の算式により計算した金額によって評価する（評基通27-2）。

$$
\begin{array}{l}
\text{その定期借地権の目的となっている} \\
\text{宅地の自用地としての価額}
\end{array}
\times
\dfrac{\begin{array}{l}\text{定期借地権の設定の時における借地}\\\text{権者に帰属する経済的利益の総額}\end{array}}{\begin{array}{l}\text{定期借地権の設定の時におけるその}\\\text{宅地の通常の取引価額}\end{array}}
$$

$$
\times
\dfrac{\begin{array}{l}\text{課税時期におけるその定期借地権の}\\\text{残存期間年数に応ずる基準年利率に}\\\text{よる複利年金現価率}\end{array}}{\begin{array}{l}\text{定期借地権の設定期間年数に応ずる}\\\text{基準年利率による複利年金現価率}\end{array}}
$$

オ　使用貸借による貸付

　　当該使用貸借の目的となっている土地の上に存する建物等の自用又は貸付の区分にかかわらず，自用地としての価額により評価する。

(5) 農地又は山林

ア　純農地及び中間農地

　　倍率方式により評価する（評基通37-38）。

イ　市街地農地

　　宅地比準方式又は倍率方式により評価する（評基通40）。

　※宅地比準方式とは次の算式により計算した金額によって評価する方式をいう。

$$
\left(\begin{array}{l}\text{その農地が宅地であるとした}\\\text{場合の1㎡当たりの価額}\end{array}-1㎡当たりの宅地造成費\right)\times地積
$$

ウ　市街地周辺農地

　　その農地が市街地農地であるとした場合の価額80％に相当する金額によって評価する（評基通39）。

エ　純山林及び中間山林

　　倍率方式により評価する（評基通47，48）。

オ　市街地山林

宅地比準方式又は倍率方式により評価する（評基通 49）。

(6) 私道

その宅地の自用地としての価額30％に相当する金額によって評価する。ただし，その私道が不特定多数の者の通行の用に供されているときは，その私道の価額は評価しない（評基通 24）。

2 家屋

(1) 家屋の評価単位

家屋の価額は，原則として1棟の家屋ごとに評価する（評基通 88）。

(2) 家屋の評価方法

ア 自用の家屋

その家屋の固定資産税評価額により評価する（評基通 89）。

イ 貸家

次の算式により計算した価額によって評価する（評基通 93）。

その家屋の固定資産税評価額 × （1－借家権割合×賃貸割合）

3 事業用財産

(1) 構築物

ア 評価単位

原則として1個の構築物ごとに評価する。ただし，2個以上の構築物でそれらを分離した場合において，それぞれの利用価値を著しく低下させると認められるものにあってはそれらを一括して評価する（評基通 96）。

イ 評価方法

次の算式により計算した価額によって評価する（評基通 97）。

$$\left(再建築価額 - \begin{array}{l}建築の時から課税時期までの期間に\\応ずる償却費の額または減価の額\end{array}\right) \times 0.7$$

(2) 棚卸資産

次に掲げる区分に従い，それぞれに定める算式により評価する（評基通 133）。

ア 商品

$$\begin{array}{l}その商品の販売業者が課税時期\\において販売する場合の価額\end{array} - \left(\begin{array}{l}販売価額に含まれる適正\\利潤の額\end{array}\right.$$

$$\left.+ \quad 予定経費の額 \quad + \quad 納付すべき消費税の額 \quad \right)$$

イ 原材料

$$\begin{array}{l}課税時期において製造業者がその\\原材料を購入する場合の仕入価額\end{array} + \begin{array}{l}その原材料の引取等に要する\\運賃，その他の経費の額\end{array}$$

ウ　半製品及び仕掛品

課税時期において製造業者がその
半製品又は仕掛品の原材料を購入　＋　その原材料の引取，加工等に要する運
する場合における仕入価額　　　　　　　賃，加工費その他の経費の額

エ　製品及び生産品

その商品の販売業者が課税時期に
おいて販売する場合の価額　　　　－（　販売価額に含まれる適正利潤の額

　　＋　予定経費の額　＋　納付すべき消費税の額　）

⑶　事業用動産

ア　評価単位

原則として1個又は1組ごとに評価する（評基通 128）。

イ　評価方法

原則として売買実例価額，精通者意見価格等を参酌して評価する（評基通 129）。

4　有価証券

⑴　利付公社債

ア　金融商品取引所に上場されている利付公社債（評基通 197 − 2⑴）

「最終価格＋源泉所得税相当額控除後の既経過利息の額」× 券面額 /100 円

（注1）上記算式中の「最終価格」及び「源泉所得税相当額控除後の既経過利息の額」は
券面 100 円当たりの金額となる。

（注2）上記算式中の「最終価格」は売買参考統計値が発表される銘柄として選定された
ものである場合には，最終価格と売買参考統計値の平均値とのいずれか低い方の
金額となる。

イ　日本証券業協会において「売買参考統計値」が公表される銘柄として選定された利
付公社債（上場されているものを除く。）（評基通 197 − 2⑵）

「平均値＋源泉所得税相当額控除後の既経過利息の額」× 券面額 /100 円

（注1）上記算式中の「平均値」及び「源泉所得税相当額控除後の既経過利息の額」は券
面 100 円当たりの金額となる。

（注2）「平均値」は，売買参考統計値の平均値となる。

ウ　ア又はイに掲げる利付公社債以外の利付公社債（評基通 197 − 2⑶）

「発行価額＋源泉所得税相当額控除後の既経過利息の額」× 券面額 /100 円

（注1）上記算式中の「発行価額」及び「源泉所得税相当額控除後の既経過利息の額」は
券面 100 円当たりの金額となる。

⑵　個人向け国債（評基通 5，197-2，198，199，個人国債省令 6.7）

額面金額＋経過利子相当額−中途換金調整額

215

(注1) 中途換金調整額は国債の種類や課税時期により算定方法が変わってくる。

(注2) 課税時期 (相続の場合は, 被相続人の死亡の日, 贈与の場合は, 贈与により取得した日) において中途換金した場合に取扱期間から支払いを受けることができる価額により評価する。

(3) 証券投資信託受益証券

ア　中期国債ファンドやMMF (マネー・マネージメント・ファンド) 等の日々決算型 (評基通 199 (1))

　　1口当たりの基準価額×口数＋再投資されていない未収分配金 (A) − (A) につき源泉徴収されるべき所得税の額に相当する金額−信託財産保留額及び解約手数料(消費税額に相当する額を含む。)

イ　ア以外の証券投資信託の受益証券 (評基通 199 (2))

　　課税時期の1口当たりの基準価額×口数−課税時期において解約請求等した場合に源泉徴収されるべき所得税の額に相当する金額−信託財産保留額及び解約手数料(消費税額に相当する額を含む。)

ウ　金融取引所に上場されている証券投資信託の受益証券

　　「上場株式の評価」から「上場株式についての最終価格の月平均額の特例」までの定めに準じて評価する (評基通 199 (2)注書)。

(4) 上場株式

ア　イに該当しない上場株式

　　その株式が上場されている金融商品取引所の公表する課税時期の最終価格によって評価する。ただし, その最終価格が課税時期の属する月以前3ヶ月間の毎日の最終価格の各月ごとの平均額のうち最も低い価額を超える場合には, その最も低い価額によって評価する (評基通 169)。

イ　負担付贈与又は個人間の対価を伴う取引により取得した上場株式

　　その株式が上場されている金融商品取引所の公表する課税時期の最終価格によって評価する (評基通 169)。

(5) 取引相場のない株式

ア　評価上の区分

　　その株式の発行会社 (以下「評価会社」という。) が次に掲げる表の規模区分のいずれかに該当するかに応じて, それぞれに定める方法により評価する (評基通 178)。

規模区分	区分の内容		総資産価額及び従業員数	直前期末以前1年間における取引金額
大会社	従業員数が100人以上の会社又は右のいずれかに該当する会社	卸売業	20億円以上（従業員数が50人以下の会社を除く。）	80億円以上
		小売・サービス業	10億円以上（従業員数が50人以下の会社を除く。）	20億円以上
		上記以外	10億円以上（従業員数が50人以下の会社を除く。）	20億円以上
中会社	従業員数が100人未満の会社で右のいずれかに該当する会社（大会社に該当する場合を除く。）	卸売業	7,000万円以上（従業員数が5人以下の会社を除く。）	2億円以上80億円未満
		小売・サービス業	4,000万円以上（従業員数が5人以下の会社を除く。）	6,000万円以上20億円未満
		上記以外	5,000万円以上（従業員数が5人以下の会社を除く。）	8,000万円以上20億円未満
小会社	従業員数が100人未満の会社で右のいずれにも該当する会社	卸売業	7,000万円未満又は従業員数が5人以下	2億円未満
		小売・サービス業	4,000万円未満又は従業員数が5人以下	6,000万円未満
		上記以外	5,000万円未満又は従業員数が5人以下	8,000万円未満

イ　評価方法

(ア)　評価会社の規模区分

  a　大会社

原則として類似業種比準方式により評価する（評基通179）。

  b　中会社

類似業種比準方式と純資産価額方式の併用方式によって評価する（評基通179）。

  c　小会社

原則として純資産価額方式により評価する（評基通179）。

(イ) 類似業種比準価額

次に掲げる算式により計算した金額によって評価する（評基通180）。

$$A×(\ b÷B+c÷C×3+d÷D\ )÷5×E×F÷50$$

A：類似業種の株価

B：課税時期の属する年の類似業種の1株当たりの配当金額

C：課税時期の属する年の類似業種の1株当たりの年利益金額

D：課税時期の属する年の類似業種の1株当たりの純資産価額

E：会社規模の区分別に定められた斟酌率

F：評価会社の1株当たりの資本金等の額

b：評価会社の1株当たりの配当金額

c：評価会社の1株当たりの年利益金額

d：評価会社の1株当たりの純資産価額

(ウ) 純資産価額方式

次に掲げる算式により計算した金額によって評価する（評基通185）。

$$\frac{(A-B)-\{A-B-(a-b)\}×法定実行税率}{課税時期における発行済株式数（自己株式を除く。）}$$

A：総資産価額（相続税評価額によって計算した金額）

B：負債の金額（相続税評価額によって計算した金額）

a：総資産価額（帳簿価額によって計算した金額）

b：負債の金額（帳簿価額によって計算した金額）

(エ) 特例的な評価方式

同族株主以外の株主等が取得した株式については，その評価会社の規模にかかわらず上記の評価方式に代えて配当還元方式で評価する。

配当還元方式とは，その株式を所有することによって受け取る一年間の配当金額を，一定の利率で還元して元本である株式の価額を評価する方法をいう（評基通188）。

(6) ゴルフ会員権

次に掲げる区分に応じ，それぞれの方法により評価する。ただし，株式の所有を必要とせず，かつ譲渡できない会員権で，返還を受けることができる預託金等がなく，ゴルフ場施設を利用して単にプレーができるだけのものについては評価しない（評基通211）。

ア　取引相場のある会員権

課税時期における通常の取引価格の70％に相当する金額によって評価する。この場合において，取引価格に含まれない預託金等があるときは，次に掲げる金額との合計額によって評価する。

(ア) 課税時期において直ちに返還を受けることができる預託金等

　　ゴルフクラブの規約などに基づいて課税時期において返還を受けることができる金額。

(イ) 課税時期から一定の期間を経過した後に返還を受けることができる預託金等

　　ゴルフクラブの規約などに基づいて返還を受けることができる金額の課税時期から返還を受けることができる日までの期間に応ずる基準年利率による複利現価の額。

イ　取引相場のない会員権

(ア) 株主でなければゴルフクラブの会員(以下「会員」という。)になれない会員権

　　その会員権に係る株式について，上記第3 4(5)(取引相場のない株式)の評価方法により評価する。

(イ) 株主であり，かつ預託金等を預託しなければ会員となれない会員権

　　その会員権について，株式と預託金等に区分して，それぞれ次に掲げる金額の合計額によって評価する。

　a　株式の価額

　　上記第3 4(5)(取引相場のない株式)の評価方法により評価する。

　b　預託金等

　　上記ア(ア)又は(イ)の評価方法により評価する。

(ウ) 預託金等を預託しなければ会員となれない会員権

　　上記ア(ア)又は(イ)の評価方法により評価する。

5　預貯金

　　課税時期における預入残高と同時期現在において解約するとした場合に既経過利子の額として支払を受けることができる金額から当該金額につき源泉徴収されるべき所得税及び復興特別所得税の額に相当する金額を控除した金額との合計額によって評価する(評基通203)。

6　その他の財産

(1) 生命保険契約に関する権利

　　相続開始の時において当該契約を解約するとした場合に支払われることとなる解約返戻金の額により評価する(評基通214)。

(2) 定期金に関する権利

ア　定期金給付事由が発生しているもの(相法24)

(ア) 有期定期金：次のa～cのいずれか多い金額

　a　解約返戻金の金額

　b　定期金に代えて一時金の給付を受けることができる場合には当該一時金の金額

c （給付を受けるべき金額の1年当たりの平均額）×（残存期間に応ずる予定利率
による複利年金現価率）

(イ) 無期定期金：次のa～cのいずれか多い金額

a 解約返戻金の金額

b 定期金に代えて一時金の給付を受けることができる場合には当該一時金の金額

c 給付を受けるべき金額の1年当たりの平均額÷予定利率

(ウ) 終身定期金：次のa～cのいずれか多い金額

a 解約返戻金の金額

b 定期金に代えて一時金の給付を受けることができる場合には当該一時金の金額

c （給付を受けるべき金額の1年当たりの平均額）×（終身定期金に係る定期金給
付契約の目的とされた者の平均余命に応ずる予定利率による複利年金現価率）

イ 定期金給付事由が発生していないもの（相法25）

(ア) 解約返戻金を支払う旨の定めのあるもの

解約返戻金の金額

(イ) 解約返戻金を支払う旨の定めのないもの

a 掛金（保険料）が一時払いの場合

〔経過期間につき，掛金（保険料）の払込金額に対し，予定利率の複利による計算
をして得た元利合計額〕×0.9

b 掛金（保険料）が一時払い以外の場合

〔経過期間に払い込まれた掛金（保険料）の金額の1年当たりの平均額〕×（経過期
間に応ずる予定利率による複利年金終価率）×0.9

(3) 家庭用財産

原則として売買実例価額，精通者意見価格等を参酌して評価する（評基通129）。

(4) 書画・骨董品等

売買実例価額，精通者意見価格等を参酌して評価する。ただし書画・骨董品等販売
業者が有するものは上記3(2)の評価方法による（評基通135）。

(5) 自動車等の一般動産

原則として売買実例価額，精通者意見価格等を参酌して評価する（評基通129）。

(6) 電話加入権（評基通161）

ア 取引相場のある電話加入権

課税時期における通常の取引価額に相当する金額によって評価する。

イ その他の電話加入権

売買実例価額等を基として，電話取扱局ごとに国税局長の定める標準価額によって
評価する。現在はすべての都道府県について1回線当たり1,500円と定められている。

7 小規模宅地等の評価減の特例

(1) 特例の概要

　個人が，相続又は遺贈により取得した財産のうち，その相続の開始の直前において被相続人等（注1）の事業の用に供されていた宅地等（注2）又は被相続人等の居住の用に供されていた宅地等のうち，一定の選択をしたもので限度面積までの部分（以下「小規模宅地等」という。）については，相続税の課税価格に算入すべき価額の計算上，一定の割合を減額する。この特例を小規模宅地等についての相続税の課税価格の計算の特例という（措法69の4）。

　なお，相続開始前3年以内に贈与により取得した宅地等や相続時精算課税に係る贈与により取得した宅地等については，この特例の適用を受けることはできない。

　（注1）被相続人等とは，被相続人又は被相続人と生計を一にしていた被相続人の親族をいう。

　（注2）宅地等とは，土地又は土地の上に存する権利で，一定の建物又は構築物の敷地の用に供されているものをいう。ただし，棚卸資産及びこれに準ずる資産に該当しないものに限る。

(2) 特例の対象となる宅地等

　次に掲げる区分に応じ，それぞれの要件を満たす宅地等について本特例を適用することができる。

　ア　特定事業用宅地等の要件

区分	特例の適用要件	
被相続人の事業の用に供されていた宅地等	事業承継要件	その宅地等の上で営まれていた被相続人の事業を相続税の申告期限までに引き継ぎ，かつ，その申告期限までその事業を営んでいること。
	保有継続要件	その宅地等を相続税の申告期限まで有していること。
被相続人と生計を一にしていた被相続人の親族の事業の用に供されていた宅地等	事業承継要件	相続開始の直前から相続税の申告期限まで，その宅地等の上で事業を営んでいること。
	保有継続要件	その宅地等を相続税の申告期限まで有していること。

　イ　特定居住用宅地等の要件

区分	特例の適用要件	
	取得者	取得者等ごとの要件
被相続人の居住の用に供されていた宅地等	被相続人の配偶者	「取得者ごとの要件」はない。
	被相続人と同居していた親族	相続開始の時から相続税の申告期限まで，引き続きその家屋に居住し，かつ，その宅地等を相続税の申告期限まで有している人

221

被相続人の居住の用に供されていた宅地等	被相続人と同居していない親族	①から③の全てに該当する場合で，かつ，次の④及び⑤の要件を満たす人 ①相続開始の時において，被相続人若しくは相続人が日本国内に住所を有していること，又は，相続人が日本国内に住所を有しない場合で日本国籍を有していること ②被相続人に配偶者がいないこと ③被相続人に，相続開始の直前においてその被相続人の居住の用に供されていた家屋に居住していた親族でその被相続人の相続人（相続の放棄があった場合には，その放棄がなかったものとした場合の相続人）である人がいないこと ④相続開始前3年以内に日本国内にあるその人又はその人の配偶者の所有する家屋（相続開始の直前において被相続人の居住の用に供されていた家屋を除く。）に居住したことがないこと ⑤その宅地等を相続税の申告期限まで有していること
被相続人と生計を一にする被相続人の親族の居住の用に供されていた宅地等	被相続人の配偶者	「取得者ごとの要件」はない。
	被相続人と生計を一にしていた親族	相続開始の直前から相続税の申告期限まで引き続きその家屋に居住し，かつ，その宅地等を相続税の申告期限まで有している人

ウ　特定同族会社事業用宅地等の要件

区分	特例の適用要件	
一定の法人の事業の用に供されていた宅地等	法人役員要件	相続税の申告期限においてその法人の役員（法人税法第2条第15号に規定する役員（清算人を除く。）をいう。）であること。
	保有継続要件	その宅地等を相続税の申告期限まで有していること。

エ　貸付事業用宅地等の要件

区分	特例の適用要件	
被相続人の貸付事業の用に供されていた宅地等	事業承継要件	その宅地等に係る被相続人の貸付事業を相続税の申告期限までに引き継ぎ，かつ，その申告期限までその貸付事業を行っていること。
	保有継続要件	その宅地等を相続税の申告期限まで有していること。
被相続人と生計を一にしていた被相続人の親族の貸付事業の用に供されていた宅地等	事業承継要件	相続開始の直前から相続税の申告期限まで，その宅地等に係る貸付事業を行っていること。
	保有継続要件	その宅地等を相続税の申告期限まで有していること。

(3) 減額される割合等

相続開始の直前における宅地等の利用区分			要件		限度面積	減額される割合
被相続人等の事業の用に供されていた宅地等	貸付事業以外の事業用の宅地等		①	特定事業用宅地等に該当する宅地等	400㎡	80%
	貸付事業用の宅地等	一定の法人に貸し付けられ，その法人の事業(貸付事業を除く)用の宅地等	②	特定同族会社事業用宅地等に該当する宅地等	400㎡	80%
			③	貸付事業用宅地等に該当する宅地等	200㎡	50%
		一定の法人に貸し付けられ，その法人の貸付事業用の宅地等	④	貸付事業用宅地等に該当する宅地等	200㎡	50%
		被相続人等の貸付事業用の宅地等	⑤	貸付事業用宅地等に該当する宅地等	200㎡	50%
被相続人等の居住の用に供されていた宅地等			⑥	特定居住用宅地等に該当する宅地等	330㎡	80%

※特例の適用を選択する宅地等が以下のいずれに該当するかに応じて，限度面積を判定する。

ア 特定事業用等宅地等 (①又は②) を選択する場合又は特定居住用宅地等 (⑥) を選択する場合

(①+②) ≦ 400㎡であること。また，⑥≦ 330㎡であること。

イ 貸付事業用宅地等 (③，④又は⑤) 及びそれ以外の宅地等 (①，②又は⑥) を選択する場合

(①+②) × 200/400 +⑥× 200/330 + (③+④+⑤) ≦ 200㎡であること。

第4 相続税の申告

1 申告書の提出義務

相続又は遺贈により財産を取得した者及び当該被相続人に係る相続時精算課税適用者は，当該被相続人からこれらの事由により財産を取得したすべての者に係る相続税の課税価格の合計額がその遺産に係る基礎控除額を超える場合において，その者に係る相続税の課税価格に係る相続税額があるときは，相続税の申告書を納税地の所轄税務署長に提出しなければならない (相法 27 I)。

223

相続時精算課税の適用を受けた者は，上記の規定により申告書を提出すべき場合のほか，相続時精算課税に係る贈与税の還付（相法33の2）を受けるため，相続時精算課税の適用を受ける財産に係る相続税の課税価格，還付を受ける税額その他財務省令で定める事項を記載した申告書を納税地の所轄税務署長に提出することができる（相法27Ⅲ）。

2 申告期限

1の申告書の提出義務がある者については，その相続の開始があったことを知った日の翌日から10月以内（その者が税管理人の規定による納税管理人の届出をしないで当該期間内にこの法律の施行地に住所及び居所を有しないこととなるときは，当該住所及び居所を有しないこととなる日まで。以下この項において同じ。）にその申告書を提出しなければならない（相法27Ⅰ）。

上記の規定により申告書を提出すべき者が，その申告書の提出期限前にその申告書を提出しないで死亡した場合には，その者の相続人（包括受遺者を含む。）は，その相続の開始があったことを知った日の翌日から10月以内に，その死亡した者に係る上記の申告書をその死亡した者の納税地の所轄税務署長に提出しなければならない（相法27Ⅱ）。

3 提出先

(1) 原則

相続税及び贈与税は，居住無制限納税義務者又は特定納税義務者に該当する者については，国内にある住所地（国内に住所を有しないこととなった場合には，居所地）をもって，その納税地とする（相法62）。

(2) 特例

相続又は遺贈により財産を取得した者（相続時精算課税の規定の適用を受けた者を含む。以下この項において同じ。）の当該被相続人の死亡の時における住所が国内にある場合においては，当該財産を取得した者については，原則にかかわらず，被相続人の死亡の時における住所地とする（相法附則3）。

(3) 相続人が複数の場合

同一の被相続人から相続又は遺贈により財産を取得した者，その者の相続人，包括受遺者又は相続時精算課税の規定により申告書を提出すべきもの若しくは提出することができるものが二人以上ある場合において，その申告書の提出先の税務署長が同一であるときは，これらの者は，当該申告書を共同して提出することができる（相法27Ⅴ）。

4 期限後申告

2の提出期限後において下記6(2)ア〜カの事由が生じたため，新たに相続税の申告書

を提出すべき要件に該当することとなった者（相法30 I）又は相続若しくは遺贈による財産の取得をしないこととなったため新たに贈与税の申告書を提出すべき要件に該当することとなった者（相法30 II）は，期限後申告書を提出することができる。

5　修正申告

　相続税若しくは贈与税の申告書又はこれらの申告書に係る期限後申告書を提出した者（相続税若しくは贈与税について決定を受けた者を含む。）は，下記6(2)ア〜カの事由が生じたため，既に確定した相続税額若しくは贈与税額に不足を生じた場合には，修正申告書を提出することができる（相法31 I，IV）。

　上記相続税の申告書等を提出した者は，相法第4条（遺贈により財産を取得したとみなす場合）に規定する事由が生じたため，既に確定した相続税額に不足を生じた場合には，当該事由が生じたことを知った日の翌日から10月以内（その者が納税管理人の届出をしないでその期間内にこの法律の施行地に住所及び居所を有しないこととなるときは，当該住所及び居所を有しないこととなる日まで）に修正申告書を納税地の所轄税務署長に提出しなければならない（相法31 II）。

6　更正の請求

(1)　国税通則法による場合

ア　原則

　納税申告書を提出した者は，次の各号のいずれかに該当する場合には，当該申告書に係る国税の法定申告期限から5年以内に限り，税務署長に対し，その申告に係る課税標準等又は税額等につき更正をすべき旨の請求をすることができる（国通法23 I）。

(ア)　当該申告書に記載した課税標準等若しくは税額等の計算が国税に関する法律の規定に従っていなかったこと又は当該計算に誤りがあったことにより，当該申告書の提出により納付すべき税額が過大であるとき

(イ)　(ア)の理由により，当該申告書に記載した純損失等の金額が過少であるとき又は当該申告書に純損失等の金額の記載がなかったとき

(ウ)　(ア)の理由により，当該申告書に記載した還付金の額に相当する税額が過少であるとき，又は当該申告書に還付金の額に相当する税額の記載がなかったとき

イ　例外

　納税申告書を提出した者又は決定を受けた者は，次の各号のいずれかに該当する場合（納税申告書を提出した者については，各号に定める期間の満了する日が前項に規定する期間の満了する日後に到来する場合に限る。）には，アの規定にかかわらず，その事由が発生した日の翌日から起算して2月以内において，更正の請求をすることができる（国通法23 II）。

225

(ア)　その申告，更正又は決定に係る課税標準等又は税額等の計算の基礎となった事実に関する訴えについての判決（判決と同一の効力を有する和解その他の行為を含む。）により，その事実が当該計算の基礎としたところと異なることが確定したとき

(イ)　その申告，更正又は決定に係る課税標準等又は税額等の計算に当たってその申告をし，又は決定を受けた者に帰属するものとされていた所得その他課税物件が他の者に帰属するものとする当該他の者に係る国税の更正又は決定があったとき

(ウ)　その他当該国税の法定申告期限後に生じた前2号に類する政令で定めるやむを得ない理由があるとき

ウ　申告書の提出

　　更正の請求をしようとする者は，その請求に係る更正前の課税標準等又は税額等，当該更正後の課税標準等又は税額等，その更正の請求をする理由，当該請求をするに至った事情の詳細その他参考となるべき事項を記載した更正請求書を税務署長に提出しなければならない（国通法23Ⅲ）。

(2)　**相法による場合（特例）**

　　相続税又は贈与税について申告書を提出した者又は決定を受けた者は，次の各号のいずれかに該当する事由によりその申告又は決定に係る課税価格及び相続税額又は贈与税額（その申告書を提出した後又は決定を受けた後修正申告書の提出又は更正があった場合には，その修正申告又は更正に係る課税価格及び相続税額又は贈与税額）が過大となったときは，その各号に規定する事由が生じたことを知った日の翌日から4月以内に限り，納税地の所轄税務署長に対し，その課税価格及び相続税額又は贈与税額につき更正の請求をすることができる（相法32）。

ア　分割されていない財産について民法の規定による相続分又は包括遺贈の割合に従って課税価格が計算されていた場合において，その後当該財産の分割が行われ，共同相続人又は包括受遺者が当該分割により取得した財産に係る課税価格が当該相続分又は包括遺贈の割合に従って計算された課税価格と異なることとなったこと

イ　民法に規定する認知の訴え又は推定相続人の廃除等の規定による認知，相続人の廃除又はその取消しに関する裁判の確定，相続回復請求権に規定する相続の回復，相続の承認及び放棄の撤回及び取消しの規定による相続の放棄の取消しその他の事由により相続人に異動を生じたこと

ウ　遺留分による減殺の請求に基づき返還すべき，又は弁償すべき額が確定したこと

エ　遺贈に係る遺言書が発見され，又は遺贈の放棄があったこと

オ　条件を付して物納の許可がされた場合（税務署長の調査によりその許可が取り消され，又は取り消されることとなる場合に限る。）において，その条件に係る物納に充てた財産の性質その他の事情に関し政令で定めるものが生じたこと

カ　前各号に規定する事由に準ずるものとして政令で定める事由が生じたこと

キ　相法第4条 (遺贈により財産を取得したとみなす場合) に規定する事由が生じたこと

ク　相法第19条の2 (配偶者に対する相続税額の軽減) に規定する，分割されない財産が申告期限から3年以内に分割されたこと (2項ただし書き) により，その分割が行われた時以後において同条第一項の規定を適用して計算した相続税額がその時前において同項の規定を適用して計算した相続税額と異なることとなったこと

ケ　次に掲げる事由が生じたこと

(ア) 所得税法第137条の2第13項 (国外転出をする場合の譲渡所得等の特例の適用がある場合の納税猶予) の規定により，この規定の適用を受ける国外転出をした者に係る納税猶予分の所得税額に係る納付の義務を承継したその者の相続人が，当該納税猶予分の所得税額に相当する所得税を納付することとなったこと。

(イ) 所得税法第137条の3第15項 (贈与等により非居住者に資産が移転した場合の譲渡所得等の特例の適用がある場合の納税猶予) の規定により，この規定の適用贈与者等に係る納税猶予分の所得税額に係る納付の義務を承継した当該適用贈与者等の相続人が，当該納税猶予分の所得税額に相当する所得税を納付することとなったこと。

(ウ) (ア)及び(イ)に類する事由として政令で定める事由

コ　贈与税の課税価格計算の基礎に算入した財産のうちに相続開始の年においてその相続に係る被相続人から受けた贈与により取得したもので相続税の課税価格に加算されるものがあったこと

(3) 贈与税の場合

贈与税について申告書を提出した者に対する国税通則法第23条の規定の適用については，同条第1項中「5年」とあるのは，「6年」とする。

7　未分割の場合

相続若しくは包括遺贈により取得した財産に係る相続税について申告書を提出する場合又は当該財産に係る相続税について更正若しくは決定をする場合において，当該相続又は包括遺贈により取得した財産の全部又は一部が共同相続人又は包括受遺者によってまだ分割されていないときは，その分割されていない財産については，各共同相続人又は包括受遺者が民法の規定による相続分又は包括遺贈の割合に従って当該財産を取得したものとしてその課税価格を計算するものとする。ただし，その後において当該財産の分割があり，当該共同相続人又は包括受遺者が当該分割により取得した財産に係る課税価格が当該相続分又は包括遺贈の割合に従って計算された課税価格と異なることとなった場合においては，当該分割により取得した財産に係る課税価格を基礎として，納税義務者において申告書を提出し，若しくは更正の請求をし，又は税務署長において更正若しくは決定をすることを妨げない (相法55)。

第5　相続税の納付

1　原則

(1)　相続税の期限内申告書を提出した者はその申告書に記載した相続税額に記載した相続税を前記第4　2の申告期限までに国に納付しなければならない（相法33）。申告期限と同様に期限が土曜日，日曜日，祝日等に当たるときは，これらの日の翌日が納税の期限となる。また，納税は金銭で一度に行うのが原則である。納税は税務署，金融機関，郵便局の窓口で行う。

(2)　平成21年1月21日から，一定の要件のもとコンビニエンスストアで納付することができるようになった（通則法34の3，通則規2）。

　（要件）

ア　納付金額が30万円以下であること

イ　確定した相続税額について納税者から納付書の発行依頼があったこと

　　（注）利用可能なコンビニエンスストアは納付書裏面に記載されている

2　延納

(1)　相続税は金銭での一括納付を原則とするが以下の要件のもと年賦で納付（以下「延納」という。）することができる。この延納期間中は利子税の納付が必要となる。

(2)　**延納を受けるための要件（相法38）**

ア　納付すべき相続税が10万円を超えていること

イ　納税義務者について納期限までに，又は納付すべき日に金銭で納付することを困難とする事由があること

ウ　延納税額に相当する担保を提供すること

　　ただし，その延納税額が100万円以下で，かつ，その延納期間が3年以下である場合は，この限りでない。

　　なお，延納の担保とそして提供できる財産は次のものに限る（通則法50）

(ア)　国債及び地方債

(イ)　社債その他の有価証券で税務署長が確実と認めるもの

(ウ)　土地

(エ)　建物，立木，登記される船舶などで保険に附したもの

(オ)　鉄道財団，工場財団など

(カ)　税務署長が確実と認める保証人の保証

(3) 延納期間

区 分		延納期間（最高）
不動産等の割合が 75%以上の場合	①動産等に係る延納相続税額	10年
	②不動産等に係る延納相続税額（③を除く）	20年
	③計画伐採立木の割合が20%以上の計画伐採立木に係る延納相続税額	20年
不動産等の割合が 50%以上、75%未満の場合	④動産等に係る延納相続税額	10年
	⑤不動産等に係る延納相続税額（⑥を除く）	15年
	⑥計画伐採立木の割合が20%以上の計画伐採立木に係る延納相続税額	20年
不動産等の割合が 50%未満の場合	⑦動産等に係る延納相続税額	5年
	⑧不動産等に係る延納相続税額（⑩を除く）	5年
	⑨特別緑地保全地区内の土地に係る延納相続税額	5年
	⑩計画伐採立木の割合が20%以上の計画伐採立木に係る延納相続税額	5年

(4) 手続（相法39）

延納の許可を申請しようとする者は，その延納を求めようとする相続税の納期限までに，金銭で納付することを困難とする金額及びその困難とする理由，延納を求めようとする税額及び期間，分納税額及びその納期限その他の財務省令で定める事項を記載した申請書に担保の提供に関する書類として財務省令で定めるものを添付し，当該納期限までに，又は納付すべき日に，これを納税地の所轄税務署長に提出する必要がある。

3 物納

(1) 相続税は金銭での一括納付を原則とするが，納付すべき相続税額を延納によっても金銭で納付することが困難である場合には，納付を困難とする金額を限度として一定の相続財産により納付（以下「物納」という）することができる（相法41）。

(2) 物納に充てることができる財産

物納に充てることができる財産は，相続税の課税価格計算の基礎となった財産で日本国内にあるものとし，管理処分不適格財産に該当しないものとする。また，物納の順位は以下となる。

第一順位　国債及び地方債

第二順位　不動産及び船舶

第三順位　社債（特別の法律により法人の発行する債券を含み，短期社債等を除く。）及び株式（特別の法律により法人の発行する出資証券を含む。）並びに証券投資信託又は貸付信託の受益証券

第四順位　動産

(3) **手続き（相法42）**

　　物納の許可を申請しようとする者は，その物納を求めようとする相続税の納期限まで
に，金銭で納付することを困難とする金額及びその困難とする事由，物納を求めようとす
る税額，物納に充てようとする財産の種類及び価額その他の一定の事項を記載した申請
書に物納の手続に必要な書類として財務省令で定めるもの（以下「物納手続関係書類」
という。）を添付し，これを納税地の所轄税務署長に提出しなければならない。

4　連帯納付義務

　　相続税の納税義務は，原則として，相続又は遺贈（相続時精算課税制度の適用を受
ける財産に係る贈与を含む。）により財産を取得した者がそれぞれ負う。しかし，納付義
務を限定してしまうと，租税債権の確保の上で適当でないことから，租税債権確保のた
め連帯納付の義務を規定している。

(1) **相続人又は受遺者が2人以上いる場合の相続税**

　　同一の被相続人から相続又は遺贈（相続時精算課税に係る贈与を含む。）により財産
を取得したすべての者は，その相続税について，その相続又は遺贈により受けた利益の
価額に相当する金額を限度として，互いに連帯納付の責めに任ずる（相法34①）。

(2) **被相続人に係る相続税又は贈与税**

　　同一の被相続人から相続又は遺贈（相続時精算課税に係る贈与を含む。）により財産
を取得したすべての者は，その被相続人に係る相続税又は贈与税について，その相続又
は遺贈により受けた利益の価額に相当する金額を限度として，互いに連帯納付の責めに
任ずる（相法34②）。

(3) **贈与、遺贈、寄附行為があった場合の連帯納付の義務**

　　相続税又は贈与税の課税価格計算の基礎となった財産につき贈与，遺贈又は寄附行
為による移転があった場合においては，その贈与若しくは遺贈により財産を取得した者
又はその寄附行為により設立された法人は，その贈与，遺贈又は寄附行為をした者が納
付すべき相続税又は贈与税の額のうち，相続又は贈与を受けた財産の価額に対応する
部分の金額について，その受けた利益の価額に相当する金額を限度として，連帯納付の
責めに任ずる（相法34③）。

(4) **財産を贈与した者の連帯納付の義務**

　　財産を贈与した者は，その贈与により財産を取得した者のその年分の贈与税額のうち，
贈与した財産の価額に対応する金額について，その財産の価額に相当する金額を限度と
して，連帯納付の責めに任ずる（相法34④）。

(5) **連帯納付の義務を負わない場合**

　　平成24年4月1日以後に申告期限が到来する次の場合の相続税については，連帯納
付の義務を負わない。

ア　申告期限から5年を経過した場合（相法34①一）

イ　延納の許可を受けた場合（相法34①二）

ウ　納税猶予の適用を受けた場合（相法34①三）

第6　贈与税（暦年単位課税）

1　贈与とは

　　贈与とは，当事者の一方が自己の財産を無償で相手方に与える意思を表示し，相手方が受諾をすることによって，その効力を生ずる契約をいう（民549）。

　　書面によらない贈与は，履行の終わった部分を除き，各当事者が撤回することができる（民550）。また，夫婦間でした契約は，第三者の権利を害することがない限り，婚姻中いつでも，夫婦の一方からこれを取り消すことができる（民754）。

　　通常の贈与の他に，①定期贈与（民552），②負担付贈与（民553）及び③死因贈与（民554）があるが，このうち③死因贈与については遺贈に関する規定を準用するため，相続税の課税対象となる（相法1の3Ⅰ）。

2　贈与税の納税義務者

(1) 居住無制限納税義務者（相法1の4Ⅰ①）

　　贈与により財産を取得した個人で，その財産を取得した時において日本国内に住所を有するもの

(2) 非居住無制限納税義務者

ア　贈与により財産を取得した日本国籍を有する個人で，その財産を取得した時において日本国内に住所を有していないもの（その個人又はその贈与をした者が，その贈与前5年以内のいずれかの時において，日本国内に住所を有していたことがある場合に限る。）（相法1の4Ⅰ②イ）。

イ　贈与により財産を取得した日本国籍を有しない個人（その贈与をした者がその贈与の時において，日本国内に住所を有していた場合に限る。）（相法1の4Ⅰ②ロ）。

(3) 制限納税義務者

　　贈与により日本国内にある財産を取得した個人で，その財産を取得した時において日本国内に住所を有しないもの（非居住無制限納税義務者に該当する人を除く。）（相法1の4Ⅰ③）。

3　課税財産の範囲

(1)　無制限納税義務者

居住無制限納税義務者又は非居住無制限納税義務者については，その者が贈与により取得した財産の全部に対し，贈与税が課される（相法2の2Ⅰ）。

(2)　制限納税義務者

制限納税義務者に該当する者については，その者が贈与により取得した財産で日本国内にあるものに対し，贈与税が課される（相法2の2Ⅱ）。

4　贈与税の課税対象財産

(1)　本来の贈与財産

本来の贈与財産とは，贈与税が相続税の補完であることから，相続税における本来の相続財産と同様の範囲に属するものである。

なお，財産とは，金銭に見積ることができる経済的価値のあるすべてのものをいい，①物権，②債権，③無体財産権，④信託受益権等の他，⑤営業権のように法律上の根拠を有しないが，経済的価値が認められるものが含まれる（相基通11の2-1）。

(2)　みなし贈与財産

ア　生命保険金（相法5）

生命保険契約の保険事故（傷害，疾病その他これらに類する保険事故で死亡を伴わないものを除く。）又は損害保険契約の保険事故（偶然な事故に基因する保険事故で死亡を伴うものに限る。）が発生した場合において，これらの契約に係る保険料の全部又は一部が保険金受取人以外の者によって負担されたものであるときは，これらの保険事故が発生した時において，保険金受取人が，その取得した保険金（その損害保険契約の保険金については，政令で定めるものに限る。）のうち保険金受取人以外の者が負担した保険料の金額のこれらの契約に係る保険料でこれらの保険事故が発生した時までに払い込まれたものの全額に対する割合に相当する部分をその保険料を負担した者から贈与により取得したものとみなす。

イ　定期金（相法6）

定期金給付契約（生命保険契約を除く。）の定期金給付事由が発生した場合において，その契約に係る掛金又は保険料の全部又は一部が定期金受取人以外の者によって負担されたものであるときは，その定期金給付事由が発生した時において，定期金受取人が，その取得した定期金給付契約に関する権利のうちその定期金受取人以外の者が負担した掛金又は保険料の金額のその契約に係る掛金又は保険料でその定期金給付事由が発生した時までに払い込まれたものの全額に対する割合に相当する部分をその掛金又は保険料を負担した者から贈与により取得したものとみなす。

ウ　低額譲渡（相法7）

著しく低い価額の対価で財産の譲渡を受けた場合においては，その財産の譲渡があった時において，その財産の譲渡を受けた者が，その対価とその譲渡があった時におけるその財産の時価（その財産の評価について特別の定めがある場合には，その規定により評価した価額）との差額に相当する金額を，その財産を譲渡した者から贈与（その財産の譲渡が遺言によりなされた場合には，遺贈）により取得したものとみなされる。

ただし，その財産の譲渡が，その譲渡を受ける者が資力を喪失して債務を弁済することが困難である場合において，その者の扶養義務者からその債務の弁済に充てるためになされたものであるときは，その贈与又は遺贈により取得したものとみなされた金額のうちその債務を弁済することが困難である部分の金額については，この限りでない。

エ　債務免除等（相法8）

対価を支払わないで，又は著しく低い価額の対価で債務の免除，引受け又は第三者のためにする債務の弁済による利益を受けた場合においては，その債務の免除，引受け又は弁済があった時において，その債務の免除，引受け又は弁済による利益を受けた者が，その債務の免除，引受け又は弁済に係る債務の金額に相当する金額（対価の支払があった場合には，その価額を控除した金額）をその債務の免除，引受け又は弁済をした者から贈与（その債務の免除，引受け又は弁済が遺言によりなされた場合には，遺贈）により取得したものとみなす。

ただし，その債務の免除，引受け又は弁済が次の各号のいずれかに該当する場合においては，その贈与又は遺贈により取得したものとみなされた金額のうちその債務を弁済することが困難である部分の金額については，この限りでない。

㈦　債務者が資力を喪失して債務を弁済することが困難である場合において，その債務の全部又は一部の免除を受けたとき

㈣　債務者が資力を喪失して債務を弁済することが困難である場合において，その債務者の扶養義務者によってその債務の全部又は一部の引受け又は弁済がなされたとき

オ　その他利益享受（相法9）

ア～エの他，対価を支払わないで，又は著しく低い価額の対価で利益を受けた場合においては，その利益を受けた時において，その利益を受けた者が，その利益を受けた時におけるその利益の価額に相当する金額（対価の支払があった場合には，その価額を控除した金額）をその利益を受けさせた者から贈与（その行為が遺言によりなされた場合には，遺贈）により取得したものとみなす。

ただし，その行為が，その利益を受ける者が資力を喪失して債務を弁済することが困難である場合において，その者の扶養義務者からその債務の弁済に充てるためになされたものであるときは，その贈与又は遺贈により取得したものとみなされた金額のうちその債務を弁済することが困難である部分の金額については，この限りでない。

カ　信託に関する権利（相法9の2～6）

233

信託 (退職年金の支給を目的とする信託その他の信託で政令で定めるものを除く。)
の効力が生じた場合において，適正な対価を負担せずにその信託の受益者等 (受益者
としての権利を現に有する者及び特定委託者をいう。) となる者があるときは，その信
託の効力が生じた時において，その信託の受益者等となる者は，その信託に関する権
利をその信託の委託者から贈与 (その委託者の死亡に基因してその信託の効力が生じ
た場合には，遺贈) により取得したものとみなす。

5 贈与税の非課税財産

贈与税は，原則として贈与を受けたすべての財産に対して課されるが，その財産の性
質や贈与の目的などからみて，次に掲げる財産については贈与税が非課税とされている。

(1) 法人からの贈与により取得した財産 (相法 21 の 3 I ①)

(2) 夫婦や親子，兄弟姉妹などの扶養義務者から生活費や教育費に充てるために取得し
た財産で，通常必要と認められるもの (相法 21 の 3 I ②)

(3) 宗教，慈善，学術その他公益を目的とする事業を行う者が取得した財産で，その公益
を目的とする事業に使われることが確実なもの (相法 21 の 3 I ③)

(4) 奨学金の支給を目的とする特定公益信託や財務大臣の指定した特定公益信託から交
付される金品で一定の要件に当てはまるもの (相法 21 の 3 I ④)

(5) 地方公共団体の条例によって，精神や身体に障害のある人又はその人を扶養する人が
心身障害者共済制度に基づいて支給される給付金を受ける権利 (相法 21 の 3 I ⑤)

(6) 公職選挙法の適用を受ける選挙における公職の候補者が選挙運動に関し取得した金
品その他の財産上の利益で，公職選挙法の規定による報告がなされたもの (相法 21 の
3 I ⑥)

(7) 特定障害者扶養信託契約に基づく信託受益権 (相法 21 の 4)

国内に居住する特定障害者 (特別障害者又は特別障害者以外で精神上の障害により
事理を弁識する能力を欠く常況にあるなどその他の精神に障害がある者として一定の要件
に当てはまる人) が特定障害者扶養信託契約に基づいて信託受益権を贈与により取得し
た場合には，その信託の際に「障害者非課税信託申告書」を信託会社などの営業所を経
由して特定障害者の納税地の所轄税務署長に提出することにより，信託受益権の価額(信
託財産の価額) のうち，6,000万円 (特別障害者以外の者は3,000万円) までの金額に
相当する部分については贈与税が非課税となる。

(8) 個人から受ける香典，花輪代，年末年始の贈答，祝物又は見舞いなどのための金品で，
社会通念上相当と認められるもの (相基通 21 の 3-9)

(9) 直系尊属から贈与を受けた住宅取得等資金のうち一定の要件を満たすものとして，贈
与税の課税価格に算入されなかったもの (措法 70 の 2)

(10) 直系尊属から一括贈与を受けた教育資金のうち一定の要件を満たすものとして，贈与

税の課税価格に算入されなかったもの（措法70の2の2）

⑾ 相続や遺贈により財産を取得した者が，相続があった年に被相続人から贈与により取得した財産（相法21の2Ⅳ，19）

相続財産を取得した者が，相続があった同年中に被相続人から贈与により取得した財産は，相続税の対象となるため，贈与税は非課税となる。

しかし，この贈与について，次の特例を受ける場合には，特例の対象（非課税）となる部分は相続税の対象とはならない。

ア 夫婦の間で居住用の不動産を贈与したときの配偶者控除（相法21の6，21の5，措法70の2の4）

イ 直系尊属から住宅取得等資金の贈与を受けた場合の非課税（措法70の2）

ウ 直系尊属から教育資金の一括贈与を受けた場合の非課税（措法70の2の2）

なお，相続財産を取得しなかった者が，相続があった同年中に被相続人から贈与により取得した財産は，相続税ではなく贈与税の対象となる（相法21の2Ⅰ）。

6 贈与税の配偶者控除（相法21の6，21の5，措法70の2の4）

(1) 制度の内容

婚姻期間が20年以上の夫婦の間で，居住用不動産又は居住用不動産を取得するための金銭の贈与が行われた場合，基礎控除110万円のほかに最高2,000万円まで控除することができる。

(2) 適用要件

ア 夫婦の婚姻期間が20年を過ぎた後に贈与が行われたこと

イ 配偶者から贈与された財産が，自分が住むための国内の居住用不動産であること又は居住用不動産を取得するための金銭であること

ウ 贈与を受けた年の翌年3月15日までに，贈与により取得した国内の居住用不動産又は贈与を受けた金銭で取得した国内の居住用不動産に，贈与を受けた者が現実に住んでおり，その後も引き続き住む見込みであること

（注）配偶者控除は同じ配偶者からの贈与については一生に一度しか適用を受けることができない。

7 住宅取得等資金の贈与税の非課税制度（措法70の2）

(1) 制度の概要

平成27年1月1日から平成33年12月31日までの間に、父母や祖父母などの直系尊属から住宅取得等資金の贈与を受けた受贈者が、贈与を受けた年の翌年3月15日までにその住宅取得等資金を自己の居住の用に供する家屋の新築若しくは取得又はその増改築等の対価に充てて新築若しくは取得又は増改築等をし、その家屋を同日までに自

己の居住の用に供したとき又は同日以後遅滞なく自己の居住の用に供することが確実であると見込まれるときには、住宅取得等資金のうち一定の金額について贈与税が非課税となる。

(2) 適用要件

次の要件の全てを満たす受贈者が非課税の特例の対象となる。

ア　次のいずれかに該当する者であること

(ア)　贈与を受けた時に日本国内に住所を有すること

(イ)　贈与を受けた時に日本国内に住所を有しないものの日本国籍を有し，かつ，受贈者又は贈与者がその贈与前5年以内に日本国内に住所を有したことがあること

(ウ)　贈与を受けた時に，日本国内に住所も日本国籍も有しないが，贈与者が日本国内に住所を有していること

イ　贈与を受けた時に贈与者の直系卑属であること

ウ　贈与を受けた年の1月1日において20歳以上であること

エ　贈与を受けた年の合計所得金額が2,000万円以下であること

(3) 住宅取得等資金の範囲

住宅取得等資金とは，受贈者が自己の居住の用に供する家屋を新築若しくは取得又は自己の居住の用に供している家屋の増改築等の対価に充てるための金銭をいう。

なお，居住用の家屋の新築若しくは取得又はその増改築等には，次のものも含まれる。

ア　その家屋の新築若しくは取得又は増改築等とともにするその家屋の敷地の用に供される土地や借地権などの取得

イ　住宅用の家屋の新築（住宅取得等資金の贈与を受けた日の属する年の翌年3月15日までに行われたものに限る。）に先行してするその敷地の用に供される土地や借地権などの取得

ただし，受贈者の一定の親族など受贈者と特別の関係がある者との請負契約等により新築若しくは増改築等をする場合又はこれらの者から取得する場合には，この特例の適用を受けることはできない。

(4) 非課税限度額

平成27年1月1日から平成33年12月31日までの間に住宅取得等資金を贈与により取得した場合における受贈者1人についての非課税限度額は、住宅の種類や住宅用家屋の取得等に係る契約の締結日がいつになるかにより異なる。

ア　下記イ以外の場合

住宅用家屋の取得等に係る契約の締結日	省エネ等住宅	左記以外の住宅
〜平成27年12月31日	1,500万円	1,000万円
平成28年1月1日 〜平成32年3月31日	1,200万円	700万円

平成 32 年 4 月 1 日 〜平成 33 年 3 月 31 日	1,000 万円	500 万円
平成 33 年 4 月 1 日 〜平成 33 年 12 月 31 日	800 万円	300 万円

イ　住宅用家屋の取得等に係る対価の額又は費用の額に含まれる消費税等の税率が
10%である場合

住宅用家屋の取得等に係る契約の締結日	省エネ等住宅	左記以外の住宅
平成 31 年 4 月 1 日 〜平成 32 年 3 月 31 日	3,000 万円	2,500 万円
平成 32 年 4 月 1 日 〜平成 33 年 3 月 31 日	1,500 万円	1,000 円
平成 33 年 4 月 1 日 〜平成 33 年 12 月 31 日	1,200 万円	700 万円

(注1) 既に非課税の特例の適用を受けて贈与税が非課税となった金額がある場合には、その金額を控除した残額が非課税限度額となります。ただし、上記イの表における非課税限度額は、平成 31 年 3 月 31 日までに住宅用の家屋の新築等に係る契約を締結し、既に非課税の特例の適用を受けて贈与税が非課税となった金額がある場合でも、その金額を控除する必要はありません。また、平成 31 年 4 月 1 日以後に住宅用の家屋の新築等に係る契約を締結して非課税の特例の適用を受ける場合の受贈者ごとの非課税限度額は、上記ア及びイの表の金額のうちいずれか多い金額となります。

(注2) 「省エネ等住宅」とは、省エネ等基準(①断熱等性能等級 4 若しくは一次エネルギー消費量等級 4 以上であること、②耐震等級 (構造躯体の倒壊等防止) 2 以上若しくは免震建築物であること又は③高齢者等配慮対策等級 (専用部分) 3 以上であること) に適合する住宅用の家屋であることにつき、一定の書類により証明されたものをいいます。

8　教育資金の一括贈与を受けた場合の非課税制度 (措法 70 の2の2)

(1)　教育資金の一括贈与時の非課税

平成 25 年 4 月 1 日から平成 31 年 3 月 31 日までの間に，個人 (教育資金管理契約を締結する日において 30 歳未満の者に限る。) が，教育資金に充てるため，①その直系尊属と信託会社との間の教育資金管理契約に基づき信託の受益権を取得した場合，②その直系尊属からの書面による贈与により取得した金銭を教育資金管理契約に基づき銀行等の営業所等において預金若しくは貯金として預入をした場合又は③教育資金管理契約に基づきその直系尊属からの書面による贈与により取得した金銭等で証券会社の営業

所等において有価証券を購入した場合には，その信託受益権，金銭又は金銭等の価額のうち1,500万円までの金額（既にこの「教育資金の非課税」の特例の適用を受けて贈与税の課税価格に算入しなかった金額がある場合には，その算入しなかった金額を控除した残額）に相当する部分の価額については，贈与税の課税価格に算入されない。

(注)「金銭等」とは，金銭又は公社債投資信託の受益証券のうち一定のもの（いわゆるＭＲＦ又はＭＭＦ）をいう。

(2) 教育資金管理契約の終了時の課税

次の（イ）又は（ロ）の事由に該当したことにより教育資金管理契約が終了した場合において，その教育資金管理契約に係る非課税拠出額から教育資金支出額（学校等以外の者に，教育に関する役務の提供として直接支払われる金銭その他の教育のために直接支払われる金銭で一定のものについては500万円を限度とする。）を控除した残額があるときは，その残額については，（イ）又は（ロ）に該当する日の属する年の贈与税の課税価格に算入される。

(イ) 受贈者が30歳に達したこと

(ロ) 教育資金管理契約に係る信託財産の価額が零となった場合，教育資金管理契約に係る預金若しくは貯金の額が零となった場合又は教育資金管理契約に基づき保管されている有価証券の価額が零となった場合において受贈者と取扱金融機関との間でこれらの教育資金管理契約を終了させる合意があったことによりその教育資金管理契約が終了したこと

(注1)「非課税拠出額」とは，教育資金非課税申告書又は追加教育資金非課税申告書に教育資金の非課税の特例の適用を受けるものとして記載された金額を合計した金額（1,500万円を限度とする。）をいう。

(注2)「教育資金支出額」とは，取扱金融機関（受贈者の直系尊属又は受贈者と教育資金管理契約を締結した金融機関等をいう。）の営業所等において教育資金の支払の事実が確認され，かつ，記録された金額を合計した金額をいう。

9 結婚・子育て資金の一括贈与を受けた場合の非課税制度（措法70の2の3）

(1) 結婚・子育て資金の一括贈与時の非課税

平成27年4月1日から平成31年3月31日までの間に，個人（結婚・子育て資金管理契約を締結する日において20歳以上50歳未満の者に限る。）が，結婚・子育て資金に充てるため，①その直系尊属と信託会社との間の結婚・子育て資金管理契約に基づき信託の受益権を取得した場合，②その直系尊属からの書面による贈与により取得した金銭を結婚・子育て資金管理契約に基づき銀行等の営業所等において預金若しくは貯金として預入をした場合又は③結婚・子育て資金管理契約に基づきその直系尊属からの書面による贈与により取得した金銭等で証券会社の営業所等において有価証券を購入した場

合には，その信託受益権，金銭又は金銭等の価額のうち1,000万円までの金額（既に
この「結婚・子育て資金の非課税の特例」の適用を受けて贈与税の課税価格に算入しな
かった金額がある場合には，その算入しなかった金額を控除した残額）に相当する部分
の価額については，贈与税の課税価格に算入されない。

(注)「金銭等」とは，金銭又は公社債投資信託の受益証券のうち一定のもの（いわゆる
MRF又はMMF）をいう。

(2) 結婚・子育て資金管理契約の終了時の課税

次のア又はイの事由に該当したことにより結婚・子育て資金管理契約が終了した場合
において，その結婚・子育て資金管理契約に係る非課税拠出額から結婚・子育て資金
支出額（結婚に際して支出する費用については300万円を限度とし，租税特別措置法第
70条の2の3第10項第2号の規定により相続等により取得したものとみなされる管理残
額を含む。）を控除した残額があるときは，その残額については，ア又はイに該当する日
の属する年の贈与税の課税価格に算入される。

ア　受贈者が50歳に達したこと

イ　結婚・子育て資金管理契約に係る信託財産の価額が零となった場合，結婚・子育
て資金管理契約に係る預金若しくは貯金の額が零となった場合又は結婚・子育て資金
管理契約に基づき保管されている有価証券の価額が零となった場合において受贈者と
取扱金融機関との間でこれらの結婚・子育て資金管理契約を終了させる合意があった
ことによりその結婚・子育て資金管理契約が終了したこと

(注1)「非課税拠出額」とは，結婚・子育て資金非課税申告書又は追加結婚・子育て
資金非課税申告書に結婚・子育て資金の非課税の特例の適用を受けるものとして記
載された金額を合計した金額をいう（1,000万円を限度とする。）。

(注2)「結婚・子育て資金支出額」とは，取扱金融機関（受贈者の直系尊属又は受贈者
と結婚・子育て資金管理契約を締結した金融機関等をいう。）の営業所等において
結婚・子育て資金の支払の事実が確認され，かつ，記録された金額を合計した金
額をいう。

10 贈与税の計算

(1) 課税価格の計算

その年1月1日から12月31日までの1年間に贈与により取得した財産の価格を合計し
た金額から，贈与税の配偶者控除額及び基礎控除額を控除した金額を課税価格とする
（相法21の7）。

贈与財産の価額の合計額−配偶者控除額（最高2,000万円）−基礎控除（110万円）
＝基礎控除後の課税価額

(2) 贈与税額の計算

贈与税額は，課税価格を次の速算表により計算した金額とする。

ア　平成 26 年 12 月 31 日までの贈与

基礎控除後の課税価格	税率	控除額
200 万円以下の金額	10%	―
300 万円以下の金額	15%	10 万円
400 万円以下の金額	20%	25 万円
600 万円以下の金額	30%	65 万円
1,000 万円以下の金額	40%	125 万円
1,000 万円超の金額	50%	225 万円

イ　平成 27 年 1 月 1 日以後の贈与

平成 27 年以後は，暦年課税の場合において，直系尊属（父母や祖父母など）からの贈与により財産を取得した受贈者（財産の贈与を受けた年の 1 月 1 日において 20 歳以上の者に限る。）については，特例税率を適用して税額を計算する。この特例税率の適用がある財産のことを「特例贈与財産」という。また，特例税率の適用がない財産（一般税率を適用する財産）のことを「一般贈与財産」という。

(ア)　一般贈与財産用速算表（一般税率）

基礎控除後の課税価格	税率	控除額
200 万円以下の金額	10%	―
300 万円以下の金額	15%	10 万円
400 万円以下の金額	20%	25 万円
600 万円以下の金額	30%	65 万円
1,000 万円以下の金額	40%	125 万円
1,500 万円以下の金額	45%	175 万円
3,000 万円以下の金額	50%	250 万円
3,000 万円超の金額	55%	400 万円

(イ)　特例贈与財産用速算表（特例税率）

基礎控除後の課税価格	税率	控除額
200 万円以下の金額	10%	―
400 万円以下の金額	15%	10 万円
600 万円以下の金額	20%	30 万円
1,000 万円以下の金額	30%	90 万円
1,500 万円以下の金額	40%	190 万円
3,000 万円以下の金額	45%	265 万円
4,500 万円以下の金額	50%	415 万円
4,500 万円超の金額	55%	640 万円

11 申告と納税

(1) 申告書の提出義務

贈与により財産を取得した個人で，その年1月1日から12月31日までの間に取得した財産の金額が贈与税の基礎控除額 (110万円) を超える者は，贈与税の申告書を提出する義務がある (相法28)。

なお，人格のない社団又は財団等に対し，財産の贈与又は遺贈があった場合には，その社団又は財団等を個人とみなして贈与税を課す。この場合において，贈与により取得した財産について，当該贈与をした者の異なるごとに，当該贈与をした者の各一人のみから財産を取得したものとみなして算出した場合の贈与税額の合計額をもって当該社団又は財団の納付すべき贈与税額とする (相法66)。

(2) 申告期限

贈与を受けた年の翌年2月1日から3月15日までの間に，課税価格，贈与税額その他一定の事項を記載した申告書をその者の納税地 (相法62) を所轄する税務署長に提出しなければならない (相法28 I)。

なお，贈与税の申告書を提出すべき者が，贈与を受けた年の翌年1月1日から3月15日までの間に納税管理人の届出をしないで日本国内に住所及び居所を有しないこととなるときは，当該住所及び居所を有しないこととなる日までに提出しなければならない (相法28 I)。

(3) 納税

贈与税の申告書を提出した者は，その申告書の提出期限までに，その申告書に記載した贈与税額を国に納付しなければならない (相法33)。

(4) 延納

ア 延納を受けるための要件 (相法38)

次の要件をすべて満たした場合に，5年以内の年賦により納付することができる。

(ア) 申告による納付税額が10万円を超えていること

(イ) 金銭で一度に納めることが難しい理由があること

(ウ) 担保を提供すること

ただし，延納税額が100万円未満で延納期間が3年以下の場合，担保は不要となる。

イ 手続 (相法39)

延納しようとする贈与税の納期限又は納付すべき日 (延納申請期限) までに，延納申請書に担保提供関係書類を添付して所轄税務署長に提出しなければならず，税務署長はその延納申請書に基づいて延納の許可又は却下をする。

なお，延納の許可を受けた税額には一定の利子税が加算されることとなる。

第7　相続時精算課税制度による贈与

1　制度の概要

　相続時精算課税とは，原則として60歳以上の父母又は祖父母から，20歳以上の推定相続人である子又は孫に対し，財産を贈与した場合において選択できる贈与税の制度である。

　この制度を選択すると，その選択に係る贈与者から贈与を受ける財産については，その選択をした年分以降全てこの制度が適用されるため，暦年課税へ変更することはできない。

　また，この制度を適用した贈与者である父母又は祖父母（特定贈与者）が亡くなったときは，相続税の課税価格にこの制度の適用を受けた財産の価額（贈与時の時価）を加算して相続税額を計算する。

　このように，相続時精算課税は，贈与税・相続税を通じた課税が行われる制度である。

2　適用要件

(1)　原則

　贈与者（特定贈与者）は贈与をした年の1月1日において60歳以上の父母又は祖父母で，受贈者（相続時精算課税適用者）は贈与者の推定相続人である子又は孫のうち贈与を受けた年の1月1日において20歳以上の者であることが要件となる。

　なお，養子については，養子縁組する前にその贈与者から贈与を受けた財産については相続時精算課税の適用を受けることはできない（相基通21-9-4）が，贈与者の養子となった時以後にその贈与者から贈与を受けた財産については，相続時精算課税の適用を受けることができる。

　また，その後に養子縁組を解消して特定贈与者の推定相続人でなくなった場合でも，その特定贈与者からの贈与により取得した財産については，引き続き，相続時精算課税が適用されることとなる。

(2)　特例

　ア　特例の概要

　　平成31年6月30日までの間に，父母又は祖父母から住宅取得等資金の贈与を受けた20歳以上（贈与を受けた年の1月1日において20歳以上の者に限る。）の子又は孫が次のいずれかの要件を満たすときは，贈与者の年齢が60歳未満であっても相続時精算課税を選択することができる。

　(注)「直系尊属から住宅取得等資金の贈与を受けた場合の非課税の特例」の適用を受ける場合には，同特例適用後の住宅取得等資金について贈与税の課税価格に算入

される住宅取得等資金がある場合に限り，この特例の適用がある。

(ｱ) 贈与を受けた年の翌年の3月15日までに，住宅取得等資金の全額を居住用の家屋の新築又は取得のための対価に充てて新築又は取得をし，同日までに自己の居住の用に供したとき又は同日後自己の居住の用に供することが確実であると見込まれるとき

(ｲ) 贈与を受けた年の翌年の3月15日までに，住宅取得等資金の全額を自己の居住の用に供している家屋について行う一定の増改築等の対価に充てて増改築等をし，同日までに自己の居住の用に供したとき又は同日後自己の居住の用に供することが確実であると見込まれるとき

イ　受贈者の要件

次のすべてに該当しなければならない。

(ｱ) 次のいずれかに該当すること。

a　贈与を受けた時に日本国内に住所を有すること

b　贈与を受けた時に日本国内に住所を有しないものの日本国籍を有し，かつ，受贈者又は贈与者がその贈与前5年以内に日本国内に住所を有したことがあること

c　贈与を受けた時に，日本国内に住所も日本国籍も有しないが，贈与者が日本国内に住所を有していること

(ｲ) 贈与者の直系卑属である推定相続人である子又は孫であること

(ｳ) 贈与を受けた年の1月1日現在において20歳以上であること

3　適用の手続

相続時精算課税の適用を受けようとする受贈者は，贈与を受けた財産の申告期限内に「相続時精算課税選択届出書」を贈与税の申告書に添付し納税地の所轄税務署長に提出しなければならない。なお，「相続時精算課税選択届出書」は贈与者ごとに作成しなければならないため注意が必要である。また，「相続時精算課税選択届出書」は撤回することが出来ないためこちらも注意が必要である。

4　課税価格の計算方法

相続時精算課税制度では特別控除額2,500万円が設けられており，これを超える部分については，一律20%の税率により贈与税が課税される。なお，この特別控除額2,500万円については年間ではなく生涯で2,500万円が上限であるため注意が必要である。

5　申告と納税

(1)　申告・納税の期限

受贈者が贈与を受けた年の翌年2月1日から3月15日までに申告書を納税地の所轄税務署長に提出し，贈与税を納めなければならない。

なお，この期限内に申告しなければ特別控除が受けられないため注意が必要である。

（注）相続時精算課税に係る贈与税額を計算する際には，暦年課税の基礎控除額110万円を控除することはできないので，贈与を受けた財産が110万円以下であっても贈与税の申告をする必要がある。

索　引

■用　語

い

遺骨	59
遺言事項	135
遺言執行	153
遺言執行者	154
遺言能力	123, 136
遺言の解釈	152
遺言の検認	151
遺言の探索	151
遺言の撤回	144, 149
遺言の方式	124, 126, 132
遺言の無効事由	162
遺言無効確認の訴え	163
遺産の管理費用	60
遺産の範囲	48
遺産の評価	63
遺産の評価の基準時	64
遺産分割協議	12
遺産分割協議書	15
遺産分割審判	24, 194, 195
遺産分割調停	19, 194, 198
遺産分割の瑕疵	113
遺産分割の禁止	18, 140
遺産分割の当事者	27

遺贈‥ 146, 203, 204, 206, 207, 208, 209,
　210, 211, 221, 223, 224, 225, 226, 227,
　230, 231, 233, 234, 235, 241

遺族給付	58
遺体	59
遺留分	167, 226
遺留分額	170
遺留分減殺請求権	174
遺留分侵害額	174
遺留分の放棄	173

え

延納	228, 229, 231, 241
延納期間	228, 229, 241

か

外国税額控除	211
価額弁償	185
果実	56
貸付事業用宅地等	222, 223
課税価格の合計額	209, 210, 223
株式	54, 70
可分債権	56
可分債務	58
換価分割	110
鑑定	65

き

期限後申告	210, 224, 225

基礎控除額　204, 208, 209, 223, 239, 241,
　244

寄附	207, 230

教育資金の一括贈与を受けた場合の非課税
　　　　　　　　　　　　　　　235, 237

共有分割	111
寄与行為	96

居住無制限納税義務者‥‥‥204, 205, 224,

245

231, 232

寄与分‥‥‥‥‥‥‥‥‥‥‥‥‥‥‥‥ 90

け

経済的利益‥‥‥‥‥‥‥‥‥‥‥ 81, 213

契約に基づかない定期金に関する権利‥‥206

結婚・子育て資金の一括贈与を受けた場合の
非課税 ‥‥‥‥‥‥‥‥‥‥‥‥‥‥‥238

決定‥‥‥‥‥‥‥‥‥‥‥ 225, 226, 227

現金‥‥‥‥‥‥‥‥‥‥‥‥‥‥ 51, 69

限定承認‥‥‥‥‥‥‥‥‥‥‥‥‥‥ 40

現物分割‥‥‥‥‥‥‥‥‥‥‥‥‥‥108

こ

更正‥‥‥‥‥‥‥‥‥‥ 225, 226, 227

公正証書遺言‥‥‥‥‥‥‥‥‥‥‥‥129

更正の請求‥‥‥‥‥‥‥‥‥‥‥‥‥225

香典‥‥‥‥‥‥‥‥‥ 60, 207, 234

国債‥‥‥‥‥‥‥54, 215, 216, 228, 229

ゴルフ会員権‥‥‥‥‥‥‥‥ 55, 71, 218

さ

祭祀財産‥‥‥‥‥‥‥‥‥‥‥‥‥ 59

在船者の遺言‥‥‥‥‥‥‥‥‥‥‥‥134

再転相続‥‥‥‥‥‥‥‥‥‥‥‥‥ 82

債務控除‥‥‥‥‥‥‥‥‥‥‥‥‥‥207

し

死因贈与‥‥‥‥‥‥‥‥‥ 164, 205, 231

指定相続分‥‥‥‥‥‥‥‥‥‥‥‥ 74

使途不明金‥‥‥‥‥‥‥‥‥‥‥‥ 61

自筆証書遺言‥‥‥‥‥‥‥‥‥‥‥‥126

死亡危急者の遺言‥‥‥‥‥‥‥‥‥‥133

死亡退職金‥‥‥‥‥‥‥‥‥ 58, 85, 206

社債‥‥‥‥‥‥‥‥‥ 54, 215, 228, 229

修正申告‥‥‥‥‥‥‥‥‥‥‥‥‥‥225

住宅取得等資金の贈与税の非課税制度‥‥235

障害者控除‥‥‥‥‥‥‥‥‥‥‥‥‥210

す

推定相続人‥‥‥‥‥‥‥‥ 226, 242, 243

せ

制限納税義務者‥‥‥‥ 204, 205, 210, 231,
232

生命保険‥‥‥‥‥ 51, 57, 84, 204, 206, 232

生命保険契約に関する権利‥‥‥‥ 206, 219

前提問題‥‥‥‥‥‥‥‥‥‥‥‥‥ 10, 11

船舶避難者の遺言‥‥‥‥‥‥‥‥‥‥134

そ

葬儀費用‥‥‥‥‥‥‥‥‥‥‥‥‥ 60

相次相続控除‥‥‥‥‥‥‥‥‥‥‥‥211

相続開始前3年以内の贈与‥‥‥‥‥‥‥208

相続欠格‥‥‥‥‥‥‥‥‥‥‥‥‥ 34

相続財産管理人‥‥‥‥‥‥‥‥‥‥ 44

相続させる遺言‥‥‥‥‥‥‥‥ 139, 157

相続時精算課税‥‥‥‥ 205, 208, 211, 221,
223, 224, 230, 242, 243, 244

相続時精算課税選択届出書‥‥‥‥‥‥‥243

相続時精算課税適用者‥‥‥‥208, 211, 223,
242

相続税額の加算‥‥‥‥‥‥‥‥ 209, 210

相続税の総額の計算‥‥‥‥‥‥ 204, 209

相続人の存否不明‥‥‥‥‥‥‥‥‥ 44

相続人の範囲‥‥‥‥‥‥‥‥‥ 31, 203

相続の開始があったことを知った日‥‥224

相続分の譲渡‥‥‥‥‥‥‥‥‥‥‥ 42

相続分の放棄‥‥‥‥‥‥‥‥‥‥‥ 44

相続放棄‥‥‥ 41, 203, 204, 205, 206, 222,
226

贈与税‥‥‥‥‥ 208, 210, 211, 224, 225,
226, 227, 230, 231, 232, 234, 235, 236,
237, 238, 239, 241, 242, 243, 244

贈与税額控除‥‥‥‥‥‥‥‥ 208, 210, 211

贈与税の納税義務者‥‥‥‥‥‥‥‥‥231

贈与税の非課税財産・・・・・・・・・・・・・・・・・234
その他の利益の享受・・・・・・・・・・・・・・・・・206

た

胎児・・・・・・・・・・・・・・・・・・・・・・・・・・・・・ 32
代襲相続人・・・・・・・・・・・・・・・・ 31, 204, 209
宅地・・・・・・・・・・・・・・・・・・・・・・・ 212, 221
代償財産・・・・・・・・・・・・・・・・・・・・・・・・・ 57
代償分割・・・・・・・・・・・・・・・・・・・・・・・・・109
退職手当金・・・・・・・・・・・・・・・・・ 204, 206
段階的進行モデル・・・・・・・・・・・・・・・・・・・ 9
単純承認・・・・・・・・・・・・・・・・・・・・・・・・・ 37

ち

直系卑属・・・・ 31, 203, 204, 209, 236, 243

て

低額譲渡・・・・・・・・・・・・・・・・・・・・・・・・・232
定期金・・・・・・・・・・・・・ 206, 219, 220, 232
手続行為能力・・・・・・・・・・・・・・・・・・・・・・194
伝染病隔離者の遺言・・・・・・・・・・・・・・・・・134

と

当事者参加・・・・・・・・・・・・・・・・・・・・・・・・194
投資信託・・・・・・・・・・ 55, 216, 229, 238, 239
特定居住用宅地等・・・・・・・・・・・・・ 221, 223
特定事業用宅地等・・・・・・・・・・・・・ 221, 223
特定事業用等宅地等・・・・・・・・・・・・・・・・・223
特定贈与者・・・・・・・・・・・・・・・ 208, 211, 242
特定同族会社事業用宅地等・・・・・・ 222, 223
特定納税義務者・・・・・・・・・・・ 205, 210, 224
特別縁故者・・・・・・・・・・・・・・・・・・・・・・・・ 46
特別受益証明書・・・・・・・・・・・・・・・・・・・・ 19
特別障害者・・・・・・・・・・・・・・・・・・・ 210, 234
特別方式・・・・・・・・・・・・・・・・・・・・・・・・・132
特別養子・・・・・・・・・・・・・・・・・・・・・ 32, 204
取戻権・・・・・・・・・・・・・・・・・・・・・・・・・・・ 43

な

内縁関係・・・・・・・・・・・・・・・・・・・・・ 33, 203

の

農地・・・・・・・・・・・・・・・・・・・・・・・・ 55, 213

は

配偶者・・・・・・・・・・ 33, 75, 203, 210, 235
配偶者控除・・・・・・・・・・・・・・・・・・・・・・・235
配偶者に対する相続税額の軽減・・・・・・・210
廃除・・・・・・・・・・・・・・・・・・・・・・・・・・・・・ 35

ひ

非課税財産・・・・・・・・・・・・・・・・・ 206, 234
非居住無制限納税義務者・・・・204, 205, 231,
　　232
非嫡出子・・・・・・・・・・・・・・・・・・・・・・・・・ 32
秘密証書遺言・・・・・・・・・・・・・・・・・・・・・131

ふ

付言事項・・・・・・・・・・・・・・・・・・・・・・・・・136
付随問題・・・・・・・・・・・・・・・・・・・・・・ 10, 12
負担付贈与・・・・・・・・・・・・・・・・・・・・・・・172
普通方式・・・・・・・・・・・・・・・・・・・・・・・・・126
普通養子・・・・・・・・・・・・・・・・・・・・・・・・・ 32
物納・・・・・・・・・・・・・・・・・・・・・・・・・・・・・229
不動産・・・・・・・・・・・・・・・・・・・・・・・・・・・ 51
不動産賃借権・・・・・・・・・・・・・・・・・・・・・・ 51

ほ

法定遺言事項・・・・・・・・・・・・・・・・・・・・・135
法定相続人・・・・・・・・・・・・・・・・・・・・・・・204
法定相続分・・・・・・・・・・・・・・・・・・・ 75, 203
保証期間付定期金に関する権利・・・・・・・206
保証債務・・・・・・・・・・・・・・・・・・・・・・・・・ 59

み

未成年者控除・・・・・・・・・・・・・・・・・・・・・210
みなし贈与財産・・・・・・・・・・・・・・・・・・・・232
未分割・・・・・・・・・・・・・・・・・・・・・・・・・・・227

む

無制限納税義務者・・・・ 204, 205, 231, 232

247

も

持戻し免除の意思表示················· 88

よ

預貯金債権··························· 56

り

利子税························· 228, 241

れ

暦年課税············ 210, 240, 242, 244

連帯債務···························· 58

連帯納付義務························230

■裁判例（年代順）

大判大4.7.3民録21-1176 ・・・・・・・・・128

大判大11.9.25大審院民集1-534・・・・・・ 34

大判大10.11.29法律新聞1951.20 ・・・・171

大判昭5.6.16大審院民集9-550・・154,159

大判昭6.7.10大審院民集10-736 ・・・128

大判昭7.11.4法学2-7-829 ・・・・・・・・・ 34

大判昭9.1.30大審院民集13-103・・・・・・ 59

大判昭10.11.29大審院民集14-1934 ・・ 58

大判昭11.6.17大審院民集15-1246・・・・171

大判昭12.2.9大審院判決全集4-4-20・・ 39

大判昭13.2.26大審院民集17-275 ・・・・178

大判昭18.9.10大審院民集22-948 ・・・・ 58

静岡地浜松支判昭25.4.27判夕45-47・・164

東京高決昭27.5.26高民5-5-202・・・・・155

最判昭29.4.8民集8-4-819 ・・・・・・・・・ 56

最判昭30.5.10民集9-6-657・・・・・154,158

最判昭30.5.31民集9-6-793・・・・・・・・・108

東京高決昭30.9.5家月7-11-57 ・・・・・・ 60

最判昭32.5.21民集11-5-732 ・・・・・・・・165

最判昭34.6.19民集13-6-757 ・・・・・・42,58

東京家審昭34.9.14家月11-12-109 ・・・・113

仙台高決昭34.10.15家月12-8-133 ・・・・133

東京高判昭34.10.27判時210-22 ・・・・148

最判昭35.7.19民集14-9-1779 ・・・・174,185

最判昭37.6.21家月14-10-100 ・・・・・・・ 38

大阪地判昭37.4.26下民13-4-888 ・・・・113

最判昭37.6.8民集16-7-1293 ・・・・・・・・130

最判昭37.11.9民集16-11-2270 ・・・・・・ 59

最判昭37.12.25民集16-12-2455 ・・・・ 34

千葉家審昭38.12.9家月16-5-175 ・・・・ 46

大阪家審昭38.12.23家月16-5-176・・・・ 47

最判昭39.3.6民集18-3-437・・・・・・148,159

札幌高決昭39.11.21家月17-2-38・・・・・・ 64

最判昭40.2.2民集19-1-1 ・・・・・・・・・・ 57

大阪家審昭40.3.11家月17-4-70 ・・・・・ 46

最決昭41.3.2民集20-3-360 ・・・・・・・119

大阪家審昭41.5.27家月19-1-55 ・・・・・ 47

最判昭41.7.14民集20-6-1183・・・・174,178

大阪家審昭41.11.28家月19-7-96 ・・・・ 46

東京地判昭41.12.17判時476-43 ・・・・ 35

東京高決昭42.4.19家月19-10-123 ・・・133

最判昭42.4.27民集21-3-741 ・・・・・・・ 37

最判昭42.4.28民集21-3-780 ・・・・・・・ 34

最判昭43.5.31民集22-5-1137 ・・・・ 148, 154

最判昭43.6.6集民91-219・・・・・・・・・・・165

最判昭43.12.20民集22-13-3017 ・・・・130

東京家審昭44.5.10家月22-3-89・・・・・ 60

鹿児島家審昭44.6.25家月22-4-64 ・・ 81

東京高決昭44.9.8高民22-4-634 ・・・・156

東京高判昭45.3.17高民23-2-92・・・・・ 35

福岡高決昭45.7.31家月22-11・12-91 ・・ 88

札幌高判昭46.4.27訟月17-8-1284・・・・117

最判昭47.5.25民集26-4-805 ・・・・・・・165

名古屋高決昭48.1.17家月25-6-139 ・・ 47

最判昭48.4.24家月25-9-80 ・・・・・・・ 13

最判昭48.6.29民集27-6-737 ・・・・・・・ 57

最判昭49.9.20民集28-6-1202 ・・・・・・ 42

東京家審昭49.3.25家月27-2-72・・・・・ 89

最判昭49.4.26民集28-3-540 ・・・・・157

大分家審昭49.5.14家月27-4-66・・・・・ 81

東京家審昭49.8.9家月27-6-63 ・・・・・ 98

最判昭49.12.24民集28-10-2152・・128,129

大阪高決昭50.6.25家月28-8-49 ・・・・・ 39

神戸家審昭50.5.31家月28-4-110 ・・・ 97

最判昭51.3.18民集30-2-111 ・・70,87,172

東京高決昭51.4.16判夕347-207・・・・・ 89

神戸家審昭 51.4.24 判時 822-17 ‥‥‥ 46

最判昭 51.7.19 民集 30-7-706 ‥‥ 154,163

最判昭 51.8.30 民集 30-7-768 ‥ 174,184,
185

大阪家審昭 51.11.25 家月 29-6-27 ‥85,98

長崎家審昭 51.12.23 家月 29-9-110 ‥‥ 116

徳島家審昭 52.3.14 家月 30-9-86‥‥‥ 81

最判昭 52.4.19 家月 29-10-132 ‥‥‥‥ 128

松山簡判昭 52.4.25 判時 878-95 ‥‥‥ 38

最判昭 52.9.19 家月 30-2-110 ‥‥‥‥ 56

東京高判昭 52.10.13 家月 31-1-77 ‥‥ 113

最判昭 52.11.21 家月 30-4-91 ‥‥‥‥ 127

最判昭 52.11.29 家月 30-4-100‥‥‥‥ 127

東京高決昭 53.8.22 判時 909-54‥‥‥ 47

最判昭 54.2.22 家月 32-1-149 ‥‥‥‥ 56

大阪高決昭 54.3.22 家月 31-10-61 ‥‥ 38

最判昭 54.5.31 民集 33- 4-445 ‥‥‥ 127

最判昭 54.7.10 民集 33-5-562 ‥‥‥‥ 184

大阪高決昭 54.8.11 家月 31-11-94 ‥‥ 69

横浜家小田原支審昭 55.12.26 家月 33-6-43
‥‥‥‥‥‥‥‥‥‥‥‥‥‥‥‥‥‥‥ 47

東京家審昭 55.2.12 家月 32-5-46 ‥‥ 85

福島家白河支部審昭 55.5.24 家月 33-4-75
‥‥‥‥‥‥‥‥‥‥‥‥‥‥‥‥‥ 82

最判昭 55.11.27 民集 34-6-815‥‥‥‥ 58

東京高判昭 55.11.27 判時 990-195 ‥‥ 127

東京地判昭 55.12.23 判時 1000-106 ‥ 147

最判昭 56.4.3 民集 35-3-431‥‥‥‥‥ 35

福岡家小倉支審昭和 56.6.18 家月 34-12-63
‥‥‥‥‥‥‥‥‥‥‥‥‥‥‥‥ 114

最判昭 56.9.11 民集 35-6-1013‥‥ 125,164

最判昭 56.12.18 民集 35- 9-1337 頁 ‥129

最判昭 57.3.19 民集 36-3-432 ‥‥‥‥ 33

最判昭 57.3.4 民集 36-3-241‥ 185,188,189

最判昭 57.4.30 民集 36- 4-763‥‥‥‥ 166

東京高決昭 57.8.27 家月 35-12-84 ‥‥ 125

最判昭 57.11.12 民集 36-11-2193 ‥‥‥ 189

最判昭 58.1.24 民集 37-1-21 ‥‥‥‥‥ 165

最判昭 58.3.18 集民 138-277 ‥‥‥‥ 152

最判昭 58.10.14 集民 140-115 ‥‥‥‥ 58

最判昭 59.4.27 民集 38-6-698 ‥‥‥‥ 38

和歌山家審昭 59.1.25 家月 37-1-134‥ 94,98,
99

東京高判昭 59.3.22 判時 1115-103 ‥‥ 127

大阪家審昭 59.4.11 家月 37-2-147 ‥‥ 58

東京地判昭 59.7.12 判時 1150-205 ‥‥ 60

最判昭 60.1.31 集民 144-75 ‥‥‥‥‥ 58

東京地判昭 61.1.28 家月 39-8-48‥‥‥ 60

大阪家審昭 61.1.30 家月 38-6-28‥‥‥ 99

最判昭 61.3.20 民集 40-2-450 ‥‥‥‥ 40

盛岡家審昭 61.4.11 家月 38-12-71 ‥ 93,100,
102

東京地判昭 61.9.26 判時 1214-116 ‥‥ 181

最判昭 61.11.20 民集 40-7-1167 ‥ 148,162

最判昭 62.10.8 民集 41-7-1471 ‥ 126,127,
129

最判昭 62.3.3 集民 150-305 ‥‥‥‥‥ 58

最判昭 62.4.23 民集 41-3-474 ‥‥‥‥ 159

長崎家諫早出審昭 62.9.1 家月 40-8-77‥102

東京高判平元 3.27 高民集 42-1-74 ‥‥ 38

最判平元 2.9 民集 43-2-1 ‥‥‥‥‥‥ 117

最判平元 2.16 民集 43-2-45 ‥‥‥‥‥ 128

最判平元 7.18 家月 41-10-128 ‥‥‥‥ 59

東京高決平元 12.28 家月 42-8-45 ‥‥ 93

最判平 2.10.18 民集 44-7-1021 ‥‥‥‥ 51

大阪高決平 2.9.19 家月 43-2-144 ‥‥‥ 95

最判平 2.9.27 民集 44-6-995 ‥‥‥‥ 118

福島家審平 2.12.10 家月 44-4-43 ‥‥‥ 69

最判平 3.4.19 民集 45-4-477‥ 116,139,157

千葉家一宮支審平 3.7.31 家月 44-4-46 ‥ 99

東京高決平 3.12.24 判タ 794-215 ‥‥ 96

最判平 4.4.10 家月 44-8-16 ‥‥‥‥ 51

盛岡家一関支審平 4.10.6 家月 46-1-123‥ 99

福岡高判 H4.10.29 判タ 813-282 ‥‥‥ 118

長野家審平 4.11.6 家月 46-1-128 ‥‥‥ 99

最判平5.1.19（民集 47- 1- 1）‥‥‥‥ 153

千葉家一宮支審平 5・5・25 家月 46-11-42

‥‥‥‥‥‥‥‥‥‥‥ 65

最判平5.10.19 家月 46-4-27 ‥‥‥‥‥ 127

最判平5.10.19 判時 1477-52 ‥‥‥‥‥ 125

最判平5.12.16 集民 170-757‥‥‥‥‥ 116

東京地判平 6.1.17 判タ 870-248 ‥‥‥ 60

最判平 6.12.16 判時 1518-15 ‥‥‥‥‥ 35

広島高決平 6.3.8 家月 47-2-151 ‥‥ 95

山口家萩支審平 6.3.28 家月 47-4-50 ‥ 99

最判平 6.6.24 家月 47-3-60 ‥‥‥‥‥ 128

最判平 6.7.18 民集 48-5-1233 ‥‥‥‥ 57

東京地判平 6.11.25 家月 48-2-156 ‥‥ 117

最判平7.1.24 判時 1523-81 ‥‥‥‥‥ 157

最判平7.3.7 民集 49-3-893 ‥‥‥‥‥ 80

最判平8.1.26 民集 50-1-132 ‥‥‥‥‥ 188

東京高決平 8.8.26 家月 49-4-52 ‥‥‥ 89

高松高決平 8.10.4 家月 49-8-53 ‥‥‥ 98

東京高判平 8.11.7 判時 1637-31 ‥‥‥ 172

最判平8.11.26 民集 50-10-2747 ‥‥‥ 174

最判平8.12.17 民集 50-10-2778 ‥‥‥ 69

最判平9.1.28 民集 51-1-184 ‥‥‥ 35,147

最判平9.2.25 民集 51- 2-448 ‥‥ 184,187

東京高決平9.3.17 家月 49- 9-108 ‥‥ 155

東京高決平9.6.26 家月 49-12-74 ‥‥‥ 69

東京地判平9.6.24 判タ 954-224 ‥‥‥ 127

最判平9.11.13 民集 51-10-4144 ‥‥‥ 150

最判平10. 2.26 民集 52-1-274 ‥‥ 180,181

最判平10.3.10 民集 52-2-319 ‥ 178, 188

最判平10.3.24 民集 52-2-433 ‥171,180,182

東京高裁平 10.3.25 判タ 968-129 ‥‥ 145

最判平10. 6.11 民集 52-4-1034 ‥‥‥ 178

名古屋高決平 10.10.13 家月 51-4-87 ‥ 114

福岡高宮崎支決平 10.12.22 家月 51-5-49

‥‥‥‥‥‥‥‥‥‥‥ 38

最判平11.6.11 民集 53-5-898 ‥‥‥‥ 42

最判平11.6.24 民集 53- 5-918‥‥‥‥ 190

最判平11.12.16 民集 53- 9-1989‥‥‥ 157

最決平 12.3.10 民集 54-3-1040‥‥‥‥ 33

東京地判平 12.3.21 家月 53-9-45‥‥‥ 39

東京家審平 12.3.8 家月 52-8-35 ‥ 89,93,100

東京高判平 12.3.8 高民 53-1-93 ‥ 166,180

東京高判平 12.6.27 判時 1739-67 ‥‥ 130

最判平 12.7.11 民集 54-6-1886‥‥ 109,185

最決平 12.9.7 家月 54-6-66 ‥‥‥‥‥ 109

最判平 13.3.27 家月 53-10-98 ‥‥‥‥ 125

最判平 13.7.10 民集 55-5-955 ‥‥‥‥ 43

最判平 13.11.22 民集 55- 6-1033‥‥ 169,177

大阪高決平 14.6.5 家月 54-11-60 ‥ 108,111

大阪高決平 14.7.3 家月 55-1-82 ‥‥‥ 38

最判平 14.9.24 家月 55- 3-72 ‥‥‥‥ 132

最判平 14.11. 5民集 56-8-2069 ‥‥‥ 172

最判平 15.4.25 判時 1822-51 ‥‥‥‥ 116

東京高判平 15.5.28 家月 56-3-60‥‥‥ 165

最判平 15.11.13 民集 57-10-1531 ‥‥‥ 26

東京地判平 15.11.17 家月 57-4-67 ‥‥ 86

最決平 16.10.29 民集 58-7-1979‥ 57,84,85

広島高岡山支決平 17.4.11 家月 57-10-86

‥‥‥‥‥‥‥‥‥‥‥ 83

最判平 17.9.8 民集 59-7-1931 ‥‥‥‥ 56

最決平 17.10.11 民集 59-8-2243 ‥‥‥ 83

東京高決平 17.10.27 家月 58-5-94 ‥‥ 85

大阪家堺支審平 18.3.22 家月 58-10-84 ‥ 85

名古屋高決平 18.3.27 家月 58-10-66 ‥ 85

大阪地判平 18.8.29 判タ 1235-282 ‥‥ 127

東京高判平 18.10.25 判時 1955-41 ‥‥ 128

東京高判平 18.12.12 判タ 1283-30 ‥‥‥ 4

大阪家審平 19.2.8 家月 60-9-110 ‥ 101,102

大阪家審平 19.2.26 家月 59-8-47 ‥ 101,102

東京高決平 19.8.10 家月 60-1-102 ‥‥ 38

東京高決平 19.10.23 家月 60-10-61 ‥‥ 160

東京地判平 19.12.3 判タ 1261-249 ‥‥ 156

大阪高決平 19.12.6 家月 60-9-89 ‥ 84,101

最判平 20.1.24 民集 62-1-63 ‥‥‥ 184,186

京都地判平 20.2.7 判タ 1721-181 ‥‥‥‥ 165

最判平 21.1.22 民集 63-1-228 ‥‥‥ 50,70

東京家審平 21.1.30 家月 62-9-62 ‥‥‥ 84

最判平 21.3.24 民集 63- 3-427 ‥ 176,177

最判平 21.12.18 民集 63-10-2900 ‥‥ 179

東京高判平 22.7.15 判タ 1336-241 ‥ 137

東京高決平 22.9.13 家月 63-6-82 ‥ 93,100

広島家呉支審平 22.10.5 家月 63-5-62 ‥ 100

最判平 23.2.22 民集 65-2-699 ‥‥‥‥ 144

東京高判平 23.8.3 金融法務事情 1935-118

‥‥‥‥‥‥‥‥‥‥‥‥‥‥‥‥ 50

東京地判平 24.1.25 判時 2147-66 ‥‥ 158

最決平 24.1.26 集民 239-635 ‥‥ 74,172,

180,182,183

東京高判平 25.3.6 判タ 1395-256 ‥‥ 137

最決平 25.9.4 民集 67-6-1320 ‥‥‥‥ 76

東京高判平 25.12.25 第一法規 D-1 LAW

‥‥‥‥‥‥‥‥‥‥‥‥‥‥‥‥ 137

最判平 26.2.25 民集 68-2-173 ‥‥‥‥ 55

最判平 26.12.12 集民 248-155 ‥‥‥‥ 55

最判平 27.11.20 民集 69-7-2021 ‥‥‥ 150

最判平 28.6.3 民集 70-5-1263 ‥‥‥‥ 128

最判平 28.12.19 金融商事 1508-10 ‥‥ 51

最判平 29.1.31 最高裁ウェブページ ‥‥ 32

あとがき

　諸々の経緯からガイドブックの執筆・編集のとりまとめを担当することになり，若輩の当職に果たして務まるのものかと案じましたが，執筆者，編集者，当会理事者，当委員会委員，当会事務局，キリシマ印刷の皆様など多くの皆様の協力をもって発行にこぎ着けることになりました。ご協力いただいた皆様に厚く御礼申し上げます。

　当初は旧版の改訂版という形で作業を開始しましたが，既に旧版発行から15年以上経過し，旧版の記載をベースとしたままでは，現在の実務に対応できない部分がありました。そこで，方針を変更して，旧版の記載を参考にしつつも，全面的に書き直す形にしました。

　第1編から第4編については，若手の委員が中心になり，条文，裁判例，信頼性の高い学術書，実務家執筆の書籍，判例タイムズの記事，二弁フロンティア掲載の講演録，その他研修会資料等を参考にしたうえで，民法の解説にとどまらず，出来るだけ各制度の手続も意識した形でたたき台を作りました。それを実務経験豊富な委員が検討して修正を加えると共に，時間の許す限り裁判例等の最新の情報を反映させて完成させました。

　ガイドブックという，即時に調べる実務のツールとするために，出来るだけ読みやすく，コンパクトなものを作ることを目指しました。そこで，項目立てをする，各所に目次を配置する，文字の配置にゆとりを持たせる，索引やインデックスをつける等，レイアウトその他形式面に工夫を施しました。他方で，記載をなるべくコンパクトにしたために，裁判例，文献等については，原典の意図するところが伝えきれないところはあろうかと思います。読者の皆様におかれましては，是非とも本ガイドブックを手がかりに，原典に当たるなどして，さらなる調査・研究をしていただきたく存じます。

　第5編については，家事事件手続法が制定されたことを踏まえて，同法の概要を紹介すべく，当会の大森啓子先生に，第6編については，税法に関して，渋谷税理士法人の皆様に担当していただきました。

　執筆・編集作業は，多忙な業務の傍ら，限られた時間の中で行ったものであり，至らない点もあろうかと思いますが，多少なりとも相続・遺言問題に携わる弁護士の業務の一助になればと願い，ひとまず本書を発行する次第です。

平成28年2月

第二東京弁護士会法律相談センター運営委員会

副委員長　赤　塚　順一郎

補訂版あとがき

　昨年 2 月に『相続・遺言ガイドブック』を発刊致しましたが，おかげさまで皆様の好評を得，弁護士会館ブックセンターにおける 2016 年度の売れ筋 1 位を獲得することができました。

　当委員会においては昨年 9 月に増刷の方針を決めていましたが，同年 10 月に預貯金債権の扱いに関する最高裁の弁論が開かれたため，増刷を一旦見送り，同年 12 月 19 日の大法廷決定を受けて，改めて補訂版の発行をすることになりました。

　主要な補訂部分は，上記大法廷決定に関連する部分のほか，使途不明金の扱いに関する記載の変更，前回発行以降の最高裁裁判例（最判平成 28 年 6 月 3 日民集 70-5-1263，最判平成 29 年 1 月 31 日裁判所ウェブページ）の追加です。また，相続税法に関しては渋谷税理士法人の先生方に補訂作業をご担当頂きました。なお，使途不明金の扱いについては，昨年 1 月に判例タイムズ 1418 号「東京家庭裁判所家事第 5 部における遺産分割事件の運用」において，使途不明金の扱いに関する記事が掲載されたことを受けたものです。判例タイムズ 1418 号の同記事は使途不明金の問題に限らず，家事事件手続法施行後の東京家庭裁判所家事第 5 部の遺産分割・調停の運用について詳細な解説がなされておりますので是非ともご参照ください。

　まだまだ改めるべき点等多々あろうかと思いますが，取り急ぎ補訂版を発行致します。

平成 29 年 3 月
第二東京弁護士会法律相談センター運営委員会
副委員長　赤　塚　順一郎

■執筆者■

第1編　弁護士倫理　　　：弁護士赤塚順一郎　弁護士渋村晴子

第2編　遺産分割　　　　：弁護士赤塚順一郎　弁護士上野貴史　　弁護士木場真彦
　　　　　　　　　　　　：弁護士小海範亮　　弁護士近藤弘　　　弁護士田中東陽
　　　　　　　　　　　　：弁護士辻広司　　　弁護士鶴田信一郎　弁護士東麗子
　　　　　　　　　　　　：弁護士布施明正　　弁護士渕脇明裕　　弁護士毛受久

第3編　遺言　　　　　　：弁護士赤塚順一郎　弁護士楠慶　　　　弁護士白井由里
　　　　　　　　　　　　：弁護士辻広司　　　弁護士松井創

第4編　遺留分　　　　　：弁護士赤塚順一郎　弁護士楠慶　　　　弁護士渋村晴子
　　　　　　　　　　　　：弁護士辻広司

第5編　家事事件手続法　：弁護士大森啓子

第6編　相続税　　　　　：渋谷税理士法人
　　　　　　　　　　　　（税理士山下健人，税理士宇梶精一，税理士梅原道夫，
　　　　　　　　　　　　　中庭正詞，高村大，中村剛士，福富靖乃，設楽貴弘）

■編集者■

弁護士赤塚順一郎　　弁護士上野貴史　　　弁護士奥野滋　　　弁護士渋村晴子
弁護士辻広司　　　　弁護士鶴田信一郎　　弁護士松井創　　　弁護士毛受久

■執筆以外の協力者■

弁護士井田光俊　　　弁護士栗宇一樹　　　弁護士笹森真紀子　弁護士鈴木昌太
弁護士武山茂樹　　　弁護士外村玲子　　　弁護士米澤裕賀

(敬略)

相続・遺言ガイドブック

2016 年 2 月 2 日初版
2017 年 3 月 27 日補訂版

　編　集　　第二東京弁護士会
　　　　　　法律相談センター運営委員会
　発　行　　第二東京弁護士会
　　　　　　東京都千代田区霞が関 1 − 1 − 3
　　　　　　弁護士会館 9 階
　　　　　　電　話　03 (3581) 2255 ㈹
　　　　　　http://niben.jp
　印　刷　　株式会社キリシマ印刷